돌봄의 철학과
미학적 실천

돌봄의 철학과 미학적 실천

초판 1쇄 발행 2017년 6월 28일
초판 4쇄 발행 2026년 2월 10일

지은이 공병혜

펴낸곳 서울대학교출판문화원
주소 08826 서울 관악구 관악로 1
도서주문 02-889-4424, 02-880-7995
홈페이지 www.snupress.com
페이스북 @snupress1947
인스타그램 @snupress
이메일 snubook@snu.ac.kr
출판등록 제15-3호

ISBN 978-89-521-1893-6 93100

이 저서는 2013년 정부(교육부)의 재원으로
한국연구재단의 지원을 받아 수행된 연구임(NRF-2013S1A6A4015097).

돌봄의 철학과 미학적 실천

공병혜 지음

머리말

돌봄은 인간관계가 이루어지는 삶의 도처에서 좋은 삶을 기획하고 증진하기 위한 삶의 기본 방식이다. 돌봄은 또한 간호나 의료 행위, 사회 사업, 상담과 교육 등의 사회적 실천 영역에서 다루어지는 핵심 주제이기도 하다. 필자는 독일에서 철학과 미학을 전공하였다. 필자는 독일로 유학을 가기 이전에 국내에서 간호학을 전공하였는데, 간호사로서 첫발을 내딛은 곳은 나환자 병원과 낙도(지역사회보건사업), 그리고 정신 병원이었다. 독일 유학 이후에 다시 돌봄의 학문을 가르치는 간호학과에 몸담게 된 것도 순전히 수년간의 직업으로서의 돌봄의 체험 덕분이다. 젊은 시절 간호사로서 첫 인연을 맺은 돌봄의 체험과 12년간의 유학 생활 동안 탐구했던 돌봄과 철학 및 미학의 접목은 현재까지도 지속적으로 '진정한 돌봄이란 무엇인가?', '돌봄의 행위가 어떻게 아름다울 수 있는가?', '아름다움의 경험이 건강과 치유에 어떠한 영향을 주는가?', '과연 돌봄은 치유로서 실천예술이 될 수 있는가?' 하는 질문을 하게 한다. 필자의 돌봄의 체험은 철학과 미학에 대한 학문적 관심과 만나면서 실제 돌봄과 치유에 대한 실천적 적용을 향한 탐구로 나아가게 하였다. 이 책은 돌봄의 의미에 대한 학문적·실천적 관심이 철학과 미학, 그리고 간호학을 비롯한 실천 학문들과 만나는 학제 간의 대화를 통해 이루어진

탐색의 결과라고 말할 수 있다.

필자는 우선 국내에서 돌봄의 실천을 철학적으로 근거 지을 수 있는 체계적이고 학술적인 저서나 연구가 거의 없는 상황에 주목하게 되었다. 물론 돌봄의 철학에 대한 학술서(S. D. Edwards, *Philosophy of Nursing*, Palgrave, 2001)가 '돌봄과 치유의 철학'이라는 제목으로 번역되어 소개되었지만, 이 저서는 돌봄의 철학에 대한 포괄적이고 체계적인 전문 서적이라기보다는 돌봄의 학문에 대한 철학적 토대와 실천적 지식의 방법론에 대한 연구서라고 말할 수 있다. 물론 과학적·기술적 사유 방식과는 다른, 존재를 돌보는 사유 방식과 태도로서 돌봄의 철학에 접근한 글들이 있지만, 국내에서 돌봄에 대한 연구는 주로 윤리적 접근에서 이루어졌다. 특히 돌봄의 윤리는 여성주의 철학, 사회적·정치적 시각에 따른 사회적 돌봄의 윤리와 동양의 유가와 불교, 노자의 철학 등 다양한 시각에서 연구되어 왔으며, 사회학, 정치학, 교육학, 여성학, 간호학 등 다양한 실천 학문의 목적에 맞게 그 응용이 확산되어 왔다. 그뿐만 아니라 철학적 돌봄이라는 사유의 방식을 철학 교육의 방향이나 여성주의 철학상담 방법론의 모델로서 제안한 연구물들도 있다.

이 책은 돌봄의 철학에 대한 포괄적이며 체계적인 탐구를 위한 철학과 실천 학문들의 대화, 그리고 이론과 실천의 대화 시도라고 말할 수 있다. 이러한 시도는 필자가 지금까지 발표해 온 철학적 미학, 응용현상학, 돌봄의 윤리, 특히 의료철학과 간호철학 영역의 다양한 논문들을 기반으로 하여 가능할 수 있었다. 필자는 그동안 연구해 온 다양한 영역의 연구물들을 발전시켜, 돌봄의 실천이 포괄하고 있는 존재론적·현상학적·해석학적·윤리적 층과의 연결 고리를 만들어 가면서 체계적인 탐구를 기획할 수 있었다. 또한 필자가 전공한 철학적 미학을 돌봄의 실천 현장에서 경험할 수 있었던 감성적이며 예술적인 측면에 적용해 봄으로써 실천예술의 가능성을 생각해 볼 수 있었다.

이 책의 제1부에서는 돌봄의 존재론적·현상학적·해석학적·윤리적 차원을 탐구하였고, 제2부에서는 돌봄의 미학적 실천 방식으로서의 치유예술에 대한 접근을 시도하였다. 제1부에서 다루어지고 있는 돌봄은 인간 실존의 자유를 실현하는 삶의 방식이다. 실제로 이러한 돌봄은 몸이 거주하는 생활 세계의 현상학적 차원에서 실현되는 것이다. 또한 돌봄은 인간 상호 간에 대화가 이루어져 실천적 지혜가 발휘되는 이해의 과정 속에서 실현된다. 이 책에서 필자는 특히 돌봄의 실천이 지닌 윤리적 차원을 강조하였다. 그래서 인간 상호 간의 배려의 윤리와 취약한 상황에 처한 타자를 위한 보호와 책임의 윤리가 실제 전문적 돌봄을 실천하는 의료 현장에서 어떻게 구현되는지 구체적인 사례를 통해 제시하고자 하였다. 제2부에서는 돌봄의 실천이 지닌 감성적·도덕적 특성이 어떻게 치유예술로서의 돌봄을 가능하게 하는지를 간호 실천에 적용해 기술하였다. 그리하여 우리 시대의 좋은 삶을 위한 자기 돌봄과 사회적 치유의 힘이 될 수 있는 실천예술의 가능성을 보여 주고자 하였다.

이 책은 돌봄의 실천을 철학적으로 근거 짓는 체계적이고 포괄적인 학술서로 기획되었다. 이 책이 돌봄의 철학에 대한 학술서가 거의 부재한 상황에서 부족하나마 돌봄의 다양한 차원의 이해를 위한 포괄적인 안내 역할을 하고, 나아가 그것이 돌봄의 실천 현장에 적용될 수 있는 단초가 될 수 있기를 바란다. 그리하여 돌봄의 실천을 목적으로 하는 다양한 학문 영역에서의 돌봄에 대한 철학적·윤리적·미학적 사유의 계기를 마련해 줄 수 있기를 바란다. 더불어 이 책에서 제시한 다양한 돌봄의 실천 사례를 통해 간호학, 의학, 교육학, 상담학, 유아교육학, 사회복지학, 예술 치료 등의 학문 간의 소통이 이루어질 수 있기를 바란다. 특히 자본주의와 성과주의, 기술적·전략적 사고 일변도로 치닫고 있는 오늘날, 자기와 타자에 대한 돌봄, 공동체적 돌봄이라는 사회적 실천을 향한 사유 방식과 태도를 이해하는 데 이 책이 도움이 되기를 바라는 마음이다.

2017년 6월

공병혜

차례

제2부 / 돌봄의 미학적 실천

서론

돌봄은 인간관계가 이루어지는 삶의 도처에서 좋은 삶을 기획하고 증진하기 위한 삶의 기본 방식이며, 삶의 올바른 방향을 제시해 주는 기술이다. 이러한 돌봄은 또한 전문적 직업 행위를 위한 사회적 실천 현장에서 의학, 간호학뿐만 아니라, 교육학, 심리학, 상담학 등 인간관계 속에서 돌봄을 탐구하는 실천 학문의 핵심 주제이며 과제이기도 하다. 필자는 이 책에서 인간 존재 방식의 특성으로서의 돌봄에 대한 이해를 바탕으로 인간관계 속에서 돌봄의 현상이 내포하는 현상학적·해석학적·윤리적 층위에 대한 의미 구조를 밝혀 보고자 한다. 더불어 돌봄이 함축하고 있는 다양한 차원의 철학적 탐색을 기초로 하여 돌봄이 지니는 감성적 특성과 치유예술이라는 미학적 실천 방식을 탐구해 보고자 한다. 이를 위해서는 돌봄의 실천이 인간 존재에 대한 이해를 바탕으로 현상학적·해석학적·윤리적 층위와 더불어 그것이 어떻게 미학적 차원까지 복합적으로 함축하고 있는지를 살펴볼 필요가 있다.

하이데거(M. Heidegger)는 돌봄(Sorge, cura)이란 이 세상을 살아가는 인간 현존재의 특징으로, 본래의 자기를 이해하는 인간 실존의 가능성이라고 하였다. 이 세계에 던져진 유한한 존재는 자신의 삶을 기획할 수 있는 자유를 지니며, 인간 본성을 완성하는 자기 돌봄의 과제를 지닌다. 이러한 인간 실존의 가능성으로서의 돌봄은 이 세상과 관계 맺으며 거주하는 몸에 대한 이해를 전제로 한다. 인간은 신체적 생명체로서 탄생과 성장, 그리고 노화의 과정을 거쳐 결국 죽음에 이를 수밖에 없다. 인간은 오로지 자신의 몸을 통해 이 세상에서 거주하지만, 자신의 의지에 따라 삶을 기획하여 실천할 수 있는 상황 속에서의 자유를 지닌다. 따라서 돌봄은 인간의 한계적 상황 속에서 실존적 자유를 실현할 수 있는 몸의 능력에 대한 현상학적 이해를 바탕으로 각각의 상황에 적합한 실천을 필요로 하는 것이다. 메를로-퐁티(M. Merleau-Ponty)나 드레퓌스(H. L. Dreyfus)를 비롯한 현상학자들의 연구는 몸의 곤경 상태가 인간 삶의 실존적 위기이며 부자유의 경험임을 보여 주면서, 생활 세계에 거주할 수 있는 몸의 자유를 실현할 수 있도록 하는 돌봄의 근거를 제공한다.

이렇듯 인간의 실존적 자유를 획득하도록 도와주는 돌봄은 서로 다른 인간이 언어적 소통을 통해 상호 이해에 이르는 해석학적 차원을 지니기도 한다. 대화는 인간의 자기 체험을 타인에게 말하고 전달하면서 다른 사람을 통해 자기를 발견하고 이해하게 하는 것이며, 동시에 구체적인 상황에서 좋은 삶을 향해 어떻게 행위할 것인지에 관한 실천적 지혜의 획득 과정이라고 말할 수 있다. 따라서 자기 해석이 서로 교환되는 대화의 과정을 통해서 대화자들은 곧 '나는 누구인가'라는 자기 정체성을 형성하는 이야기를 함께 만들어 나간다. 이러한 대화를 통해 이야기를 만들어 나가는 과정은 자기 관심에서 비롯한 자기 존중이 서로 교류하고 영향을 주는 상호 돌봄의 과정인 것이다.

인간 실존과 몸의 자유, 그리고 대화적 이야기의 차원을 지닌 돌봄은 그 자체로 도덕적·정서적 차원을 함축한다. 돌봄은 대화적 관계를 지닌 상호성의 윤리와 더불어 인간의 존엄성을 보호하기 위한 윤리를 요구한다. 돌봄의 실천은 특히 인간의 존엄성의 훼손의 위협에 노출된 취약한 상황에 처한 개인의 인격을 보호하기 위한 윤리적 차원을 지닌다. 이러한 돌봄의 윤리는 인간관계의 차원을 넘어 정의로운 제도 내에서 우리가 모르는 익명의 타자들을 위한 돌봄과도 관계한다. 따라서 돌봄의 실천은 인간관계의 배려와 정의로운 제도 내에서의 타자에 대한 보호와 책임이라는 윤리적 차원을 지닌다.

한편 돌봄의 미학적 실천은 감성적 인식과 도덕적 차원을 동시에 지니는 치유예술이다. 돌봄 학자들은 돌봄의 감성적·도덕적 성격을 '돌봄예술' 혹은 '도덕 실천예술'이라는 표현을 통해 기술한다. 이러한 감성적 능력의 육성을 통한 미적 성품을 지닌 돌봄예술가는 치유의 힘을 발휘하는 돌봄이라는 실천예술을 출현하게 한다. 이러한 돌봄예술은 인간 자연의 치유력을 스스로 회복하게 하여 생명력을 발휘할 수 있도록 도와줄 뿐만 아니라, 도덕적 지위를 지닌 인간으로서의 인격적 가치를 존중하고 보호하기 위한 도덕·실천예술로 기능한다. 이때 예술이 삶에서 어떻게 자기 돌봄과 총체적 인간성 회복을 위한 치유력을 발휘할 수 있는지에 대해서도 탐구해야 할 것이다.

기술한 바와 같이 진정한 돌봄의 실천은 인간의 존재론적 차원과 몸의 현상학적 차원, 대화적 이야기가 담고 있는 실천적·해석학적 차원, 그리고 돌봄의 도덕적 차원이 내포하고 있는 배려 및 보호와 책임의 윤리를 모두 포괄할 수 있는 철학적 토대 위에서 고찰되어야 한다. 나아가 이러한 돌봄의 현상이 함축하고 있는 다양한 층위와 구성 요소가 인간관계가 형성되는 삶의 현장, 그리고 전문적 실무 현장에서 어떻게 실현될 수 있는지에 대한 이론적 탐색이 필요하다. 또한 돌봄의 실천이 지닌 감성적 치유의 특성이 어떻게 미학적 실천, 즉 실천예술로 발휘될 수 있는지는 철학적 미학에 근거하여 탐구되어야 할 것이다. 이 책을 통해 필자는 특히 오늘날의 과학과 기술의 지배, 그리고 제도적 권력에 저항하는 예술의 역할을 통한 자기 돌봄의 방식을 제시함으로써 총체적 인간성 회복에 기여하고자 한다.

이 책은 '제1부: 돌봄의 철학'과 '제2부: 돌봄의 미학적 실천'으로 나뉘어 다음과 같이 전개될 것이다.

제1부 돌봄의 철학

제1장에서는 자기 돌봄이 삶의 방향을 찾는 기술이라는 점에 주목하여, 하이데거의 인간에 대한 존재론적 사유를 통해 돌봄의 근원적 의미를 고찰할 것이다. 하이데거에 있어서 인간 실존의 의미는 자기 진실성에 '거주함'이라는 돌봄의 사유를 통해 드러난다. 실존적 삶의 위기에 처해 있는 인간에게 자기를 이해하여 자기 진실성에 머물게 하는 '거주함'에 대한 사유는 돌봄의 태도와 실천의 방향을 제시해 준다. 특히 이 장에서는 이러한 돌봄의 사유를 노인 돌봄의 실천에 적용해 볼 것이다.

제2장에서는 돌봄의 조건인 몸에 대한 현상학적 이해와, 한계 상황 속에서 실존적 자유를 실현할 수 있는 몸의 통합적 능력과 돌봄의 실천에 대해 탐구할 것이다. 우선 리쾨르(P. Ricoeur)의 의지의 철학에 제시된 몸의 능력에 대한 이해를 바탕으로 돌보는 사람이 갖추어야 할 몸에 대한 총체적 돌봄에 관한 시각을 제공할 것이다. 나아가 메를로-퐁티의 몸의 현상학에 기초하여, 몸의 실존적 능력과 상황적 자유에 대해 탐구하고, 각각의 상황에 적합한 돌봄의 실천에 대한 현상학적 탐구를 제시할 것이다. 특히 생리적·문화적·실천적 차원을 함축하는 인간의 몸의 능력이 세상을 살아가는 인간 삶의 실존적 방식과 어떠한 관계가 있는지를 살펴보고, 각각의 상황에 적합한 돌봄의 실천에 대한 과제와 그 사례를 살펴볼 것이다.

제3장에서는 돌봄의 실천이 지니는 언어적·대화적·해석학적 이야기의 차원을 탐구할 것이다. 다른 사람과의 대화를 통해 자기를 발견하고 이해하는 돌봄의 과정을, 철학적 해석학의 전통을 잇는 가다머(H. G. Gadamer)의 대화의 해석학에서 그 모델을 찾아 기술할 것이다. 이때 대

화의 해석학에 따른 소크라테스의 무지의 지에 이르는 변증법적 대화와 아리스토텔레스의 실천적 지혜에 대한 이론을 돌봄의 상황에 적용할 것이다. 그리하여 서로 다른 사람들 사이의 대화가 자기 발견과 자기 성찰의 과정일 뿐만 아니라, 좋은 삶을 향해 구체적 상황마다 어떻게 행위할 것인지에 대해 실천적 지혜가 발휘되는 상호 돌봄의 과정임을 보일 것이다. 한편 이러한 이야기를 통해 상호 돌봄이 이루어지는 이야기의 과정은 자기정체성을 구성해 주는 역할을 하게 된다. 이에 착안하여, 이야기적 대화를 통한 자기정체성의 구성으로서의 돌봄의 과정을 리쾨르가 제시한 이야기 이론을 바탕으로 탐구할 것이다.

제4장에서는 돌봄의 실천을 수행하기 위한 덕 윤리와, 자기 존중에 기초한 상호 배려의 윤리적 차원을 살펴볼 것이다. 특히 매킨타이어(A. MacIntyre)의 실천의 개념을 바탕으로 덕 윤리의 특성을 고찰해 봄으로써 돌보는 사람이 갖추어야 돌봄의 태도를 덕 윤리의 차원에서 탐구할 것이다. 한편 인간관계의 배려의 구조는 자기 존중과 타자에 대한 존중이 상호 교류함으로써 형성된다. 이 구조를 우정(philia)을 토대로 탐구하고, 더하여 이러한 좋은 삶을 위한 배려의 윤리가 돌봄의 실천 현장에서 구현되는 사례를 제시할 것이다.

제5장에서는 돌봄이 지닌 인간관계의 정서적·윤리적 차원에 주목할 것이다. 돌봄의 실천은 각각의 상황마다 인간관계 속에서 발생하는 공감, 연민 등의 정서적 참여를 통한 관계의 윤리와 더불어 취약한 상황에 처한 인간의 존엄성을 보호하기 위한 도덕적 책임을 요구한다. 우선 길리건(C. Gilligan)과 노딩스(N. Noddings) 등이 강조한 정서적 공감에 기초한 상호 교호적인 여성적 윤리(feminine ethics)가 돌봄의 실천 현장에서 어떻게 적용되는지를 보일 것이다. 그리고 고통받는 취약한 상황에 처한 인간에 대한 도덕적 감수성과 타자에 대한 보호와 책임을 강조한 레비나스(E. Levinas)의 윤리를 통해 돌봄의 윤리적 관점에 대해 탐구할

것이다.

제2부 돌봄의 미학적 실천

제6장에서는 돌봄을 감성적 인식과 도덕적 차원을 동시에 지니고 있는 실천예술로서 이해하고, 그것을 미학적 실천이라는 관점에서 탐구할 것이다. 우선 돌봄 학자들에 의해 이론적으로 제시된 간호예술, 돌봄예술이라는 미학적 실천 방식들을 검토할 것이다. 그리고 인간 생명의 자연력을 스스로 회복하게 도와주는 자연 치유예술로서의 돌봄 모델을 나이팅게일의 간호관을 통해 제시할 것이다.

제7장에서는 예술로서의 돌봄을 실천하는 돌봄예술가들이 갖추어야 할 미적 성품과 자질에 대해 살펴볼 것이다. 실천예술로서 돌봄을 실천하는 자는 오늘날 이성적·기술적 사고에 통제되어 있는 총체적 감성적 능력의 육성과 더불어 조화로운 총체적 인성이 계발되어야 한다. 미적인 인간으로서 돌보는 사람의 조화로운 감성적 능력의 계발을 바움가르텐(A. G. Baumgarten), 실러(F. Schiller)의 철학적 미학에서 다루어지는 인간 교양에 대한 이론을 통해 살펴볼 것이다. 그리고 돌봄의 실천을 위해 갖추어야 할 공감적 의사소통 능력을 칸트(I. Kant)의 공통감 이론에 근거하여 탐구해 보고, 그것을 실천 사례들에 구체적으로 적용해 보도록 할 것이다.

제8장에서는 삶의 고통을 해석하여 세계 인식 방식과 삶을 변화시키는 예술의 치유적 역할을 살펴보고, 이를 통한 자기 돌봄의 방식에 대해 살펴볼 것이다. 쇼펜하우어(A. Schopenhauer)와 니체(F. W. Nietzsche)는 예술이나 철학은 고통받는 삶의 위로나 성장하거나 하강하는 삶의 치유 및 영혼의 자기 돌봄이 될 수 있다고 말한다. 쇼펜하우어는 예술 감상이나 창작을 통해 삶의 본질로서의 고통을 인식할 수 있다고 하면서, 그 고통에 대처하는 윤리적 치유의 기술로서의 예술의 역할을 제시

한다. 한편 니체는 삶의 예술로서 실존미학을 제시한다. 그의 실존미학은 인간 삶의 고통을 적극적으로 받아들여 자기를 극복해 삶을 건강하게 만드는 삶의 예술을 목표로 한다. 이에 착안하여, 쇼펜하우어와 니체의 철학에 드러난 인간 삶의 근원으로서의 고통에 대한 해석과 그 고통에 대처하는 예술의 미학적·윤리적 치유의 변용 과정을 살펴보고, 그것이 어떻게 인간 삶에서 자기 돌봄의 방식으로 작용하는지에 대하여 고찰해 볼 것이다.

제1부

돌봄의 철학

제1장
돌봄의 존재론

인간은 죽을 수밖에 없는 유한한 존재이지만, 시간 속에서 자기와 타자, 그리고 사물을 돌보며 이 세상에서 자신의 삶을 기획할 수 있는 실존의 가능성을 지닌다. 이 장에서는 하이데거의 인간 현존재에 대한 존재론적 사유를 통해 돌봄의 근원적 의미에 대해 고찰할 것이다. 하이데거는 오늘날 주체에 의해 존재를 지배하는 기술적 사유 방식으로부터 존재의 진리를 보살피는 사유 방식으로의 전향을 통해서 인간의 진정한 존재 방식에 대한 사색이 가능하다고 말한다. 특히 그는 인간은 이 대지 위에서 존재자의 주인으로 만물을 지배하는 자가 아니라, 사물을 돌보는 존재의 목동인 시인으로서 대지 위에 거주해야 한다고 주장한다. 이에 이 장에서는 우선 하이데거의 인간 현존재의 실존의 가능성과 존재의 진리가 머무는 '터'에 '거주함'이라는 돌봄의 사유에 대해 집중적으로 탐구할 것이다. 그래서 실존적 삶의 위기에 처해 있는 인간에 대한 실존적 돌봄과 그 실천 방식을 제시할 것이다.

1. 자기 돌봄과 타자에 대한 돌봄

1) 하이데거의 인간 존재 방식으로서의 돌봄

하이데거의 철학에는 유한한 인간이 세상을 살아가는 방식으로서의 '돌봄'에 대한 근원적 사유가 있다. 하이데거는 『존재와 시간』에서 돌봄(Sorge, cura)을 인간을 인간답게 하는 실존적 근거로 해석하였다.[1] 그는 인간 존재의 의미를 밝히는 자신의 기초 존재론에 대해 탐구하기 이전에, 인간 존재의 의미에 대한 역사적 증거를 로마 신화에서 다루어지는 쿠라(cura)에 대한 해석에서 찾았다.[2] 부르다흐(K. Burdach)의 논문 「파우

1 M. Heidegger, *Sein und Zeit* (이하 *SuZ*), Tübingen: Max Niemeyer Verlag, 1984, p. 198; M. 하이데거, 이기상 옮김, 『존재와 시간』, 까치, 1998, 269쪽. 이 장에서는 돌봄을 하이데거 철학에서의 '염려'(Sorge)로 표현할 것이다. 하이데거 철학의 'Sorge'를 '염려'로 번역하는 것은 하이데거의 『존재와 시간』 번역본(이기상 옮김, 까치, 1998)을 따른 것이다. 그러나 많은 하이데거 전공자들은 'Sorge'를 '돌봄', '보살핌' 등으로 혼용하여 사용한다.

2 라이히(W. R. Reich)는 괴테의 『파우스트』에 나오는 염려의 의미를 세 가지 유형으로 분리하여 도덕적으로 해석하고 있다. 첫째, 소극적인 의미에서 염려는 불안으로 해석된다. 불안은 위대한 인간성을 돌보기 위한 가능성이다. 둘째, 염려는 좋고 나쁜 것에 대한 판단을 실행하는 일종의 양심에 해당하는 의식이며, 아리스토텔레스의 실천적 지혜라는 의미를 지닌다. 셋째, 염려는 배려(Fuersorge)이다. 이것은 우리 자신은 물론 취약하고 도움이 필요한 다른 사람들을 도와주는 사려 깊은 숙고와 준비된 배려인 것이다. 이때 타자를 위한 배려는 도덕적 행위 혹은 삶의 근본적인 덕목이고 또한 윤리적 규범의 대상이 될 수 있다. 라이히는 이 세 가지 염려의 유형이 파우스트의 구원을 향한 영혼의 자기 돌봄의 의미를 지닌다고 말한다. W. R. Reich, "Sorge in Goethes Faust: Goethe als Moralist" in *Erziehlen und Moral Narrativitaet im Spannungsfeld von Ethik und Aesthetik* (D. Mieth (hrsg.)), Attempo: Tübingen, 2000, pp. 160-162 참조. 여기서 라이히는 괴테의 『파우스트』에서 인간성의 완성을 향한 염려가 지닌 도덕적 의미와 하이데거의 『존재와 시간』에서 인간 현존재의 특징으로 염려가 지닌 의

스트와 쿠라」를 읽으면서 인간 현존재의 본질 구조를 돌봄으로 해석하기 위한 증거를 쿠라에 대한 신화에서 발견하게 된 것이다. 하이데거는 『존재와 시간』에서 인간 현존재의 특성을 쿠라, 즉 '염려'로서 해석하고 있는 이야기를 다음과 같이 인용한다.

> 쿠라가 강을 건너갈 때, 그녀는 점토를 발견했다. 생각에 잠겨 그녀는 한 덩어리를 떼어 내어 빚기 시작했다. 빚어 낸 것을 바라보며 곰곰이 생각하고 있는데, 유피테르가 다가왔다. 쿠라는 빚어 낸 점토 덩어리에 혼을 불어넣어 달라고 유피테르에게 간청했다. 유피테르는 쾌히 승낙했다. 쿠라가 자신이 빚은 형상에 자기 이름을 붙이려고 하자 유피테르가 이를 금하여 자기의 이름을 주어야 한다고 요구하며 나섰다. 이름을 가지고 쿠라와 유피테르가 다투고 있을 때, 텔루스[대지]도 나서서 그 형상에 자기의 몸 일부가 제공되었으니 자신이 이름이 붙어야 한다고 요구했다. 이를 두고 다투던 이들은 사트르누스[시간]을 판관으로 모셨다. 사트르누스는 다음과 같이 얼핏 보기에 정당한 결정을 내려 주었다. "그대, 유피테르, 그대는 혼을 주었으니, 그가 죽을 때 혼을 받고, 그대, 텔루스는 육체를 선물했으니, 육체를 받아 가라. 하지만 쿠라는 이 존재를 처음으로 만들었으니, 이것이 살아 있는 동안 이 존재를 가지거라, 그것을 그대의 것으로 삼을지니라, 그러나 이름 때문에 싸움이 생겼고, 바로 그것이 후무스[흙]로 만들어졌으니, '호모'[인간]라고 부를지니라.[3]

하이데거는 자신의 기초 존재론 이전의 로마 신화 속에 나오는 쿠라가 지니는 근원적인 의미를 다음과 같이 해석하고 있다. 쿠라는 인간

미가 모두 역사적으로 전해 내려오는 로마 신화의 영향을 받았음을 강조한다.

3 *SuZ*, p. 198.

현존재가 '살아 있는 동안' 평생 함께 존재할 뿐만 아니라, 육체[대지]와 정신이 합쳐진 것이라는 의미로 이해해야 한다. 쿠라가 처음으로 이 존재자[인간]를 흙으로 만들었으며, 이는 인간의 본질이 근원적으로 쿠라라는 것을 의미한다. 이 쿠라는 곧 '세계 내 존재'로서, 이 세상에서 몸을 지니고 시간에 지배되는 인간 존재 방식의 특징인 것이다. 하이데거는 이 신화에서 쿠라가 지닌 역사적 의미를 통해 인간의 근본 구조가 애초부터 이 세계에서 시간의 변화에 철저히 지배받는 존재 양식에 기원한다는 점에 주목한다. 즉, 그는 인간 현존재의 근본 구조를 쿠라를 통해 파악한다. 그에 따르면 인간은 한편으로는 이 세상에 던져진 '세계 내 존재'로서 '근심으로 가득 차' 있지만, 동시에 이 세계에 대해 숙고(Sorgfalt)하고 헌신(Hingabe)하며 자신의 삶을 기획하는 자유를 지닌다. 하이데거는 세네카의 마지막 편지[서한 124]를 다음과 같이 언급한다.

> 네 가지 실재하는 본질[나무, 동물, 인간, 신] 가운데 나중의 둘에만 이성이 부여되어 있는데, 신은 죽지 않지만 인간은 죽는다는 점에서 서로 구별된다. 양자 중 일자, 즉 신의 선은 신의 본성을 완성하고, 다른 일자, 즉 인간은 쿠라가 그 본성을 완성한다.[4]

쿠라는 인간을 완성하게 하는데, 그것은 바로 그의 가장 고유한 가능성을 자유롭게 기획하면서 그 무엇이 될 수 있게 하는 것이다. 이러한 하이데거의 세네카에 대한 해석은 쿠라가 지닌 이중적 의미를 드러낸다. 즉, 인간 현존재란 근원적으로 이 세상에 내던져진 유한한 존재이지만, 동시에 시간 속에서 자신의 삶을 기획할 수 있는 자유의 가능성

4 *SuZ*, p. 199.

을 지닌다. 하이데거에게는 삶을 염려하고 삶에 몰두할 수 있는 인간 현존재의 조건이야말로 근원적인 돌봄(Sorge, cura, 염려)의 존재론적 의미인 것이다.[5]

2) 타자에 대한 배려와 실존적 돌봄

하이데거의 돌봄의 존재론적 사유는 타자에 대한 배려라는 실천적 관점으로 나아간다. 우선 하이데거는 인간 현존재의 의미를 자기 자신과 자신을 에워싸는 세계와의 관계 속에서 기술한다. 자기 존재의 의미는 자기의 고유한 존재에 관심을 가지고 자기 존재의 가능성을 돌보는 것에 있다. 이러한 자기 존재의 가능성을 돌보는 인간은 이미 이 세상에 던져져 있는 존재로서 항상 자신의 주위 세계를 둘러보며 관심을 쏟고 사물들을 사용하는 방식으로 살아간다. 이때의 주위 세계는 인식의 대상처럼 주체와 분리된 실체성·물질성을 지닌 사물의 세계가 아니라, 우리의 적합성·유용성에 의해 규정되는 그 자체로서의 존재 가능성을 지닌다. 이것을 하이데거는 "도구"(Zeug)라고 부른다. 그래서 그는 자신을 에워싸는 사물들에 관심을 쏟으며 그것을 사용하는 세계와의 도구적 관계를 "손안에 있음"(Zuhandensein)이라 부른다.[6] 반면 하이데거는 주체가 사물을 단지 이론적으로 인식의 대상으로 바라보는 관계를 "손 앞에 있음"(Vorhandensein)이라고 칭한다. "손안에 있음"의 예로는 농부가 신고 있는 신발이나 간호사의 주사기, 장님의 지팡이, 즐겨 앉는 의자, 집 앞의 나무 등을 들 수 있다. 이 사물들은 인식의 대상으로 존재하는 것이

5 *SuZ*, p. 199; M. 하이데거, 이기상 옮김, 『존재와 시간』, 271쪽.

6 하피터, 「하이데거와 역사학의 문제」, 『철학과 현상학 연구』 제40집, 2009, 317쪽.

아니라, 현존재가 상황마다 사용함(Besorgen)으로 인해 도구로서 파악될 수 있는 것이다. 이처럼 인간 현존재가 주위 세계와 맺는 도구적 관계란 이미 친숙한 세계와의 근원적 관계이다. 즉 인간 현존재는 이미 우리의 관심을 끌고 우리에게 익숙한 도구들에 둘러싸여 있는 친숙한 세계에 의존해서 살고 있는 것이다. 우리를 에워싸고 있는 이 세계란 단지 눈앞의 사물의 세계가 아니다. 이 세계는 과거로부터 이어져 와 미래를 위해 열려 있는 무엇을 하기 위한 도구의 가능성을 지닌 문화적·사회적 세계인 것이다. 따라서 이러한 도구적 세계에 속해 있는 현존재는 그때마다 자신이 처한 상황에 의해 규정되며, 언제나 과거로부터 미래를 향해 자신의 존재 가능성을 계획할 수 있는 역사성을 지니는 문화적 세계 속에 참여하고 있는 것이다.

이렇듯 인간 현존재는 이러한 도구적 세계에 둘러싸여 타자와 '함께 있음'(Mit-sein)으로써 타자를 배려(Fürsorge)하는 공동의 세계 속에서 살아간다. 이러한 공동의 세계 속에서 타자와 함께 있음이란 타자를 배려하는 관계로서 표현된다. 이러한 타자를 배려하는 형태에는 사랑, 희생, 그리고 타자에 대한 무관심이나 경멸에 이르기까지 다양한 방식이 있지만, 하이데거는 특히 타자에 대한 배려의 긍정적인 두 가지 양태에 주목한다. 첫 번째 배려는 타자의 염려를 빼앗아 버려 그들 대신 염려를 떠맡는 방식이다. 이러한 염려는 타자를 위해서 타자의 염려와 짐을 자기가 떠맡게 되기 때문에, 타자는 의존적이며 암묵적으로 지배받는 사람이 된다. 반면 두 번째 배려는 타자를 위해서 대신 나서기보다는 타자의 실존의 가능성을 스스로 열 수 있게 하는 방식이다. 이 경우 타자를 위한 배려란 타자에게서 염려를 빼앗아 버리는 것이 아니라, 오히려 "그의 존재 가능성으로 나아가서 그의 존재 가능성을 열어 주는" 염려를 찾게 하는 것이다.[7] 이러한 배려는 본래의 자신에 대한 염려를 하게 함으로써 자기 스스로에게 투명해지고 걱정과 근심에서 벗어날 수 있도록 도와주는 것이다. 즉, 첫 번째 배려는 타자를 의존적으로 만들고 암묵적으로 지배하는 배려인 반면에, 두 번째 배려는 본래의 자기에 대한 관심을 통해 자기 스스로 돌보도록 하는 염려인 것이다. 하이데거는 이러한 생활 세계에서 함께하는 타자에 대한 배려는 타자에 대한 고려와 관용을 통해서 존재 가능성을 자유롭게 열어 준다고 말한다.[8] 여기서 배려는 자신을 에워싸고 있는 세계를 도구적 세계로서 신뢰하고, 그 세계 속에서 함께 더불어 사는 타자에게 자기 돌봄의 자유를 지니도록 도와주는 것이다.

이러한 인간 현존재의 특성으로서 주위 세계와 타자에 대한 돌봄은 간호에서 돌봄의 실천과 관련하여 어떠한 의미를 지니는가? 돌봄 학자인 베너(P. Benner)와 루벨(J. Wrubel)은 인간을 '자신을 해석하는 존재'로 보고, 인간이 속한 세계의 문화적 배경의 의미를 하이데거가 말한 세계와의 도구적 관계 속에서 이해한다.[9] 전문적 간호 행위의 본질로서의 돌봄의 실천은 인간의 주위 세계가 문화적 배경 의미로 둘러싸인 친숙한 생활 세계 속에서 이루어진다. 간호사는 자신의 과제를 수행하기 위한 도구의 가능성에 둘러싸인 친숙한 환경 속에서 각각의 상황에 처한 환자에 대한 돌봄을 수행할 수 있다. 베너와 루벨은 하이데거의 "손안에 있음"이라는 용어를 이론에 우선하여 상황에 적합한 돌봄을 실천하기 위한 간호에서의 실천적 지식의 특성을 기술하는 데 사용하였다.[10]

7 *SuZ*, p. 100.

8 *SuZ*, p. 117.

9 P. Benner & J. Wrubel, *The Primacy of Caring, Stress and Coping in Health and Illness*, Menlo Park, CA: Addison-Wesley, 1989, p. 42.

10 숙련된 행위와 관련된 지식의 모델에서 이론이 실천을 이끄는 것이 아니라 실천이 이론을 이끈다는 주장은 라일이나 메를로-퐁티에게서도 그 이론적 근거를 찾을 수 있다. S. D. Edwards, *Philosophy of Nursing: An Introduction*, London:

이에 따라 '손안에 있는 지식'이란 우리의 관심을 끌고 우리에게 익숙한 도구들에 둘러싸여 있는 친숙한 세계에서 이미 주어진 실천적 지식이 된다. 간호사를 에워싸고 있는 친숙한 세계는 단지 눈앞의 객관적 사물이 아니라, 이미 무엇을 실천하기 위해 열린 도구의 가능성을 지닌 문화적·사회적 세계이다. 따라서 여기서 도구적 세계와 관계하는 실천적 지식이란 환자가 처한 상황의 의미를 이해하고 그 상황 속에 참여할 수 있는 숙련된 돌봄의 기술이다. 이것은 이론적 지식이나 규칙 등의 방법적 절차에 따라 각 상황에 적용된 것이 아니라, 이미 상황 속에서 숙련되고 친숙해진 실무 경험을 바탕으로 한 상황적 지식이다. 예를 들어 중환자실이나 정신과 병동에서 일하는 간호사는 익숙한 도구들로 둘러싸인 익숙한 환경 속에서 환자가 처한 상황을 이해하여 돌봄을 실천할 수 있다.

이러한 돌봄의 실천은 또한 환자를 에워싸고 있는 주위 세계에 대한 이해와 상황에 대한 헌신을 필요로 한다. 왜냐하면 상황에 대해 객관적이고 초연하며 무관심한 사람은 그 상황과 관련된 문제에 대해 어려움을 겪지만, 간호를 위한 목적에 익숙한 사람은 그 상황과 관련된 문제에 대해 숙련된 대처를 할 수 있기 때문이다.[11] 간호사는 환자가 처한 전체적 상황의 의미를 이해함으로써 상황에 대한 감각을 잃어버린 환자에게는 '상황 속에 있다'는 친숙한 느낌을 회복시켜 주는 것이 중요하다. '상황 속에 있다'는 감각의 회복은 주위 사물들과의 친숙한 신뢰의 관계 속에서 살아가는 인간의 존재 의미와 관계된다. 이러한 돌봄은

Palgrave, 2001; S. D. 에드워즈, 공병혜·홍은영 옮김, 『돌봄과 치유의 철학』, 철학과 현실사, 2004, 71쪽.

11 베너는 하이데거의 용어인 "손 안에 있음", "손 앞에 있음"을 간호사가 환자가 처한 상황에 몰입하고 개입하는 수준을 서술하는 데 응용한다. P. Benner & J. Wrubel, *The Primacy of Caring, Stress and Coping in Health and Illness*, p. 82 참조.

낯선 '상황 밖'에 처한 환자로 하여금 그가 신뢰할 수 있는 친숙한 생활 세계로 복귀하도록 도와준다. 가령 환자가 개복 심장 수술과 대수술 과정 중에 깨어났을 때 그는 자주 상황에서 벗어나 있음을 느낀다. 지혜로운 회복실 간호사와 중환자실 간호사는 환자에게 신체적 자유를 제한하는 억제대, 튜브 등에 대한 정보를 가능한 빠르게 전달하며 상황의 변화를 느낄 수 있도록 해야 한다.[12] 고통은 개인적 삶의 상황적 맥락 속에서 체험되기 때문에 환자의 상황의 변화를 이해하여 대처하는 것이 무엇보다도 중요한 것이다.

그러면 이러한 무엇을 위한 '도구적 존재'로 둘러싸인 상황에 참여함으로써 어떻게 타자를 위한 돌봄을 실천할 수 있는가? 하이데거가 제시한 타자에 대한 염려로서의 긍정적인 돌봄의 두 가지 유형은 간호에서의 돌봄의 실천 가능성을 제시한다. 앞서 살펴보았듯이 첫 번째 유형은 다른 사람에 대한 배려가 그 사람의 자기 돌봄의 자유 능력을 빼앗아 그를 의존적으로 만드는 유형이며, 두 번째 유형은 본래적인 염려를 되돌려 줌으로써 자기 돌봄 속에서 자신의 실존 가능성을 되찾도록 도와주는 것이다. 여기서 진정한 배려는 타자를 의존적으로 만들고 지배하는 배려가 아니라, 자기 이해를 통해 미래를 향해 스스로 자기 삶을 기획할 수 있도록 하는 것이다. 베너는 하이데거의 이러한 돌봄의 유형을 근거로 하여 병환으로 인한 개인의 실존 가능성이 곤경 상태에 처해 있을 때 자기 돌봄의 능력을 옹호(advocacy)해 주고 촉진(facilitation)해 주는 것이 진정한 돌봄이라고 말한다.[13]

12 P. Benner & J. Wrubel, *The Primacy of Caring, Stress and Coping in Health and Illness*, p. 80.

13 P. Benner & J. Wrubel, *The Primacy of Caring, Stress and Coping in Health and Illness*, p. 49.

이러한 실존적 돌봄에 대한 이해는 간호에서의 돌봄에 대한 현상학적 연구를 통해서 제시된다. 특히 유산의 경험으로 고통받은 여성들이 원하는 돌봄에 대한 현상학적 연구는 다음의 다섯 가지 실존적 돌봄의 유형을 보여 준다. 첫째, 아기를 상실한 유산의 경험이 자신에게 고유한 것임을 "알게 하는 것", 둘째, 그 상황에 참여하여 그 여성과 "함께 있는 것", 셋째, 안위나 지지적인 수단들을 제공함으로써 그녀를 위해 "행위하는 것", 넷째, 상실에 대한 슬픔을 억압하는 것이 아니라, 오히려 그것을 "가능하게 하는 것", 그리고 다섯째, 그 여성들이 아이를 출산할 수 있다는 "믿음을 지속시키는 것".[14] 돌보는 사람은 자기 체험의 의미를 스스로 이해하게 하여 미래의 삶을 기획할 수 있도록 그들의 실존적 삶을 옹호해 주고 촉진해 주는 역할을 한다. 실존적 돌봄이란 유산의 경험으로 인한 상실의 감정에서 벗어나게 하거나 통제하는 것이 아니다. 그녀와 함께 있으며 이야기를 들어주는 위로와 안위의 제공은 자기 슬픔을 스스로 이해하게 하여 미래의 가능성, 즉 출산에 대한 희망을 갖게 하는 돌봄이다. 요컨대 실존적 돌봄이란 자기가 처한 상황의 의미를 이해하게 하며, 스스로 주위 세계를 신뢰하면서 살아갈 수 있는 실존적 자유를 찾을 수 있도록 도와주는 것이다.[15]

14 P. Benner & J. Wrubel, *The Primacy of Caring, Stress and Coping in Health and Illness*, p. 5.

15 베너는 간호에서 돌봄의 존재론적 근원을 하이데거의 인간 존재의 근원적 양태에 기초를 두고 설명한다. 즉, 돌봄을 여성적 윤리에서처럼 윤리적 경험으로 이해하는 것이 아니다.

2. 거주함과 돌봄의 실천

1) 거주함으로서의 돌봄

인간 현존재의 특징은 돌봄(Sorge, cura, 염려)이다. 이 돌봄은 이 세계에 던져진 시간적 존재로서 자신의 삶을 염려하고 삶을 기투하는 인간의 실존적 존재 구조를 특징짓는다.[16] 인간의 실존적 의미로서의 돌봄이란 인간을 인간답게 존재하게 하고 자신의 본질 밖에서 존재하지 않도록 염려하는 것이다. 또한 인간 현존재를 자신의 본질 속에 있게 하고, 자신의 본질 안으로 되돌려 감추게 하며, 그것을 손상으로부터 보호하고 지키는 것이다. 하이데거는 『존재와 시간』에서 인간 현존재의 특징으로서 '내 존재'(In-sein)의 어원을 '거주하다', '체류하다'의 'in'과 '익숙하다', '신뢰하다', '친숙하다'의 의미를 지닌 'an'과 결합된 'inan'에서 찾는다.[17] 여기서 하이데거는 인간 현존재의 특징이 인간 자신에게 맡겨진 존재를 지키고, 신뢰하고, 존재 가까이에서 체류하고, 숙고하고, 염려하는 돌봄에 있음을 보여 준다. 이러한 하이데거의 돌봄에 대한 사유는 자기 본질 안에 머무는 자기 실존의 가능성을 지닌다. 그러나 하이데거의 후기의 사유에서 돌봄은 자신을 에워싼 세계와 타자와의 관계 속에 '거주함'이라는 의미를 지닌다.

하이데거는 그의 강연 "건축함, 거주함, 사유함"에서 거주함에 대해 숙고하면서 "거기 있음"(Da sein)으로서의 인간 존재의 돌봄의 특징

16 강학순, 「하이데거의 보살핌에 관한 현상학적 존재 사유」, 한국현상학회 엮음, 『보살핌의 현상학』, 철학과 현실사, 2002, 151-153쪽.

17 *SuZ*, p. 54.

이 곧 거주함이라고 말한다.[18] 여기서 인간 존재의 거주함이란 거기 있음의 근본 특성이다. 거주함이란 일상적으로 통용되는 의미가 아니라, 존재 안에 숨어 있어 망각된 존재의 진리가 그때그때마다 생기는 열린 터전에 '있음'을 의미한다. 인간 현존재는 열린 터전으로서 사방 세계 안에, 즉 대지와 하늘, 신적인 것들과 죽을 자들과 함께 그 안에서 개방적으로 존재한다. 인간이 죽을 자들로서 이 땅에서 진정으로 거주한다는 것은 이 땅 위에 존재하는 각각의 것들이 그들 각자의 본질 그대로 존재하도록 소중히 보살피면서 서로 공존하고 상생하는 방식으로 살아간다는 것이다. 그래서 인간은 자신과 함께 존재하는 사방 세계, 즉 대지와 하늘, 신적인 것들과 죽을 자들을 소중히 보살피는 방식으로 거주한다. 죽을 자들이 거주하는 방식은 "대지를 구원하고", "하늘을 하늘로서 받아들이고", "신적인 것들을 신적인 것들로서 기다리고", "죽을 자들을 인도하는" 한에서 거주하는 것이다.[19]

대지 위에서, 그리고 하늘 아래서 거주한다는 돌봄의 의미는 무엇인가? 우선 죽을 자들이 대지를 구원하는 한에서 거주한다는 말을 살펴보자. 대지는 자신을 내세우며 군림하지 않는다. 대지는 스스로 숨으면서 자신을 낮추고, 자신의 품 안에서 자라는 모든 것을 따뜻하게 보살피면서 그것들이 자유롭게 존재하도록 지탱해 주는 신뢰와 자비의 한없는 기반이다.[20] 하이데거는 대지를 자신으로부터 산출된 지상의 모든 동식물들에게 알맞은 거처를 아낌없이 마련해 주고 보살펴 주는, 그 깊이를 헤아릴 수 없는 무한한 자비의 숨겨진 지반으로 사유한다. 따라서 언젠

18 M. Heidegger, "Bauen, wohnen, Denken" in *Vortraege und Aufsaetze*, Pfullingen, 1985, p. 142.
19 M. Heidegger, "Bauen, wohnen, Denken", pp. 144-145.
20 신상희, 「사방세계 안에 거주함」, 『철학과 현상학 연구』 제29집, 2006, 66쪽.

가 죽을 자들로서의 인간이 자신들의 체류를 위해 대지를 구원한다는 것은 땅의 고유한 존재를 깨닫고 감사하는 돌봄의 삶의 방식을 의미한다. 인간과 대지의 참된 관계는 이 땅 위에 거주하기 위해 삶의 자리를 지어 나가는 행위를 통해 실현된다. 대지 위에 삶의 자리를 짓는다는 것은 농부가 밭을 돌본다는 의미와 더불어 집을 짓거나 작품을 건립하는 제작을 통해 구체적인 자리를 지어 나가는 것을 의미한다.

이렇듯 인간은 죽을 자들로서 땅을 구원하는 한에서 거주할 뿐 아니라, 동시에 하늘을 하늘로서 받아들이는 한에서 거주한다. 여기서 하늘은 태양과 달과 별들이 운행하고 사계절이 변화하고 밤낮이 교차하는 곳이다. 하늘은 물리학적·기하학적 공간이 아니라, 인간 삶의 경험 속에서 누구에게나 소박하게 이해되고 받아들여지는 세계인 것이다. 그러나 하이데거에게 거주함의 본질적 의미는 시원적으로 자신의 존재의 집을 지어 나가는 시작(dichten, 詩作)에 있다. 하이데거는 "시작은 거주함의 차원을 본래적으로 가늠하는 활동으로서 시원적인 '짓기'이다. 시작은 인간의 거주함을 비로소 그것의 본질 안으로 들어서게 한다. 시작은 인간을 근원적으로 거주하게 함이다."라고 말한다.[21] 시를 짓는 것은 인간이 이 대지 위에, 하늘 아래 거주함의 본질적 차원을 근거 지어 나가는 방식이다. 그래서 시를 짓는 행위는 인간이 자신의 본래적인 삶의 근원을 찾아 나서, 사방 세계를 수호하는 존재의 집[언어]을 지어 나가는 시원적 행위인 것이다. '인간이 거주함'이란 자기 존재의 근원을 사색하며, 자기를 에워싼 사방 세계를 보호하고 지키며 자신의 본질의 차원에서 시를 짓는 행위이다. 여기서 시를 짓는 행위는 사방 세계에 대해 '머무름', '참고 견딤', '기다림', '물러남', '그대로 둠'의 용어로 표현된다.

21 M. 하이데거, 이기상·신상의·박찬국 옮김, 「인간은 시적으로 거주한다」, 『강연과 논문』, 이학사, 2008, 264쪽.

이렇듯 시를 짓는 행위로서 '거주함'이란 사방 세계를 대상화해 개념화하고 지배하려는 과학적 태도나 실용적 태도와는 거리를 둔 사물에 대한 돌봄의 방식이다.

하이데거에 따르면 인간은 땅을 구원하고 하늘을 받아들이는 가운데 거주할 뿐만 아니라, 동시에 신적인 것들을 신적인 것들로 기다리면서 거주한다. 성스러운 것(Heiligkeit)의 빛남은 스스로 물러나면서 머무른다. 성스러운 것이 뒤로 물러나면서 자신의 도래를 선사한다.[22] 성스러운 영역으로서 신적인 것들은 신성을 눈짓으로 알려 오는 사자, 즉 전달자 혹은 매개자이다. 세계의 한 방역으로서 신적인 것들이란 흘러가는 구름처럼 하늘에 귀속해 있는 존재의 성스러운 영역들이며, 그곳은 신들의(das goettliche) 언어가 존재의 숨결로 드러나는 신성이 감추어진 본질의 영역이다. 인간은 신이 부재하는 궁핍한 시대에 척박하게 살아갈지라도, 감추어진 성스러운 구원의 손길을 신적인 것을 향해 갈구한다. "오직 하나의 신만이 우리를 구원할 수 있다."[23]

죽을 자로서의 인간은 신적인 것을 기다리는 한에서 거주할 뿐 아니라, 그들을 죽음의 본질로 인도하는 한에서 거주한다. 하이데거는 "죽을 자들은 인간들이다. 죽는다는 것은 죽음을 죽음으로 맞이할 능력이 있다는 것을 의미한다. 그래서 인간만이 죽는다. 동물은 그저 끝날 뿐이다."라고 말한다. 죽는다는 것은 사방 세계 안에서 신적인 것들 앞에 늘 깨어 있는 참된 나로서 거주하며 살아간다는 것이다. 신적인 것들 앞에 이렇게 깨어 있는 참된 나로서 살아가는 인간은 자신과 더불어 사는 이웃이 자신의 고유한 본질을 되찾도록 배려하고 인도해야 한다.

지금까지 하이데거의 거주함으로서의 돌봄의 의미를 종합해 보면,

22 M. Heidegger, *Unterwegs zur Sprache*, Stuttgart: Neske, 1993, p. 44.

23 M. Heidegger, "Bauen, wohnen, Denken", p. 147.

"거주함이란 죽을 자들이 이 땅 위에 존재하는 방식"이며, "죽을 자들이 대지를 구원하는 한에서 거주하는 방식"이다. 인간이 거기 있는 '터'에서 자신과 주위 세계와 타자를 보살피면서 사는 방식이 거주함인 것이다.[24] "인간은 존재의 열린 장 가운데서 대지와 하늘, 그리고 신적인 것과 죽을 자를 가깝게 모아들이는 사물들 곁에 친밀히 거주하면서, 사방세계를 소중히 아끼고 돌보며, 이러한 사방을 사물들 속으로 참답게 보살피는 자이다."[25] 따라서 거주함이란 '죽을 자들'로서의 인간들이 자신을 에워싸고 있는 대지와 하늘, 신적인 것들, 이웃으로서의 죽을 자들과 참된 관계를 맺는 것이며, 동시에 삶의 자리를 짓는 행위인 것이다. 이것은 곧 "인간이 관계적 존재로서 죽을 자들과 상생하는 관계 속에 더불어 있음"을 의미한다.[26] 그래서 인간이 자신의 터에 거주한다는 것은 자신이 몸담고 있는 친숙한 세계 속에서 참된 관계를 맺으며 자신의 본질 안에 머문다는 것이다. 자신을 에워싸고 있는 주위 이웃과 사물들, 그리고 신적인 것들을 받아들이며 그 사물들 가까이에 체류하는 것이다. 또한 사물들 가까이 체류한다는 것은 사물들을 가까이 데려옴으로서 사물을 사물로서 소중히 보살피는 것이다. 하이데거의 돌봄으로서의 거주함은 '죽을 자'로서의 자신을 이해하고 자신을 에워싸는 이 세계와 참된 관계를 맺으며 살아가는 방식이다. 하이데거의 이러한 사유는 이 세상에 던져진, 결국 언젠가는 죽을 수밖에 없는 시간적 존재로서의 인간이 주위 세계와 참된 관계를 맺고 자신의 본질을 돌보며 삶을 기획하

24 공병혜, 「한국사회에서의 노인 돌봄」, 『한국여성철학』 제13집, 2010, 6-7쪽. '터'란 자기 존재의 근원적 진실성이 발생하는 곳이며, 그 터에 거주함은 자기 삶의 친숙함이 배어 있는 주위 세계와 친밀한 관계를 맺으며 죽음을 향해 다가가며 자기 자신 속에 머무는 방식이다.

25 M. Heidegger, "Bauen, wohnen, Denken", p. 146.

26 신상희, 「사방세계 안에 거주함」, 62-65쪽.

는 인간 실존 가능성에 대한 통찰을 준다.

2) 거주함으로서의 노인 돌봄

하이데거의 거주함으로서의 돌봄에 대한 사유는 돌봄의 태도와 실천에 대한 중요한 시각을 보여 준다. 돌봄은 무엇보다 자신의 본질 속에 있게 하고, 자신의 본질에서 멀어지는 것으로부터 혹은 그것이 해쳐짐으로부터 보호하는 것이다. 거주함으로서의 돌봄의 태도는 사물에 대한 시작의 태도로서, '머무름', '참고 견딤', '기다림', '물러남', '그대로 둠'의 용어로 표현된다. 이러한 돌봄에 대한 존재론적 사유와 그것의 태도에 대한 사유는 진정한 돌봄에 관한 근원적인 사유를 하게 한다. 오늘날 첨단 의료 장비와 관료화된 의료 환경에서 돌봄을 실천하는 직업적 행위는 보호하고, 지키고, 참고, 견디고, 기다리며 돌볼 수 있는 친숙한 거주 환경과는 철저하게 동떨어져 있다. 그래서 하이데거의 '터에 거주함'에 대한 돌봄의 사유는 실존적 삶의 위기에 처해 있는 사람들에게 다른 사람들의 도움을 받아 자기 진실성에 머무는 자기 돌봄을 할 수 있는 거주 환경을 만들어 주는 것이 무엇인지를 생각해 보게 한다. 그 터에 거주하게 하는 돌봄은 거기 존재하는 인간 자신의 삶의 친숙함이 배어 있는 주위 세계와 친밀한 관계를 맺고, 자기 자신 속에 체류하도록 도와주는 것이다. 죽음에 다가가는 노인이나 암 말기 환자의 예를 들어 보자. 그들을 위한 거주함으로서의 돌봄은 죽음을 앞둔 자기 삶의 역사가 배어 있는 처소에서 주위 사람들 및 사물들과 친숙한 관계를 맺고 미래를 기다리며 자신 속에 머물 수 있도록 지켜 주고 보호해 주는 것이다.[27]

27 공병혜, 「실존적 현상학과 돌봄의 실천」, 『간호행정학회지』 제19권 제1호, 2013, 139-145쪽.

이러한 돌봄의 태도는 특히 한국 사회에서 노인 돌봄을 위한 실천적 관점을 제시해 줄 수 있다. 하이데거의 거주함으로서의 돌봄에 대한 존재론적 사유를 통해 우리 사회의 노인 돌봄을 위한 실천적 과제에 대해 생각해 보기로 하자.

3) 노인 돌봄의 실천

인간은 유한한 신체를 지닌 취약한 존재로서, 자기 삶을 꾸려 가기 위해서는 자기 자신에 대한 돌봄과 다른 사람의 돌봄을 받으며 살 수밖에 없다. 노년은 몸이 늙어 가는 것을 인식하면서 생리적 노화나 병적 노화를 경험하게 되는 시기이다. 생리적 노화는 불가피한 생명의 자연스러운 흐름이며 전 생애 동안 지속적으로 서서히 진행되는 과정이지만, 병적 노화는 각종 질환의 발병의 가능성이 커지는 노화이다.[28] 몸이 늙어 가는 경험은 자신의 몸을 생활 세계에서 뜻대로 움직일 수 없음으로 인해 삶을 꾸려 나가는 자기 돌봄의 결핍을 경험하게 한다. 인생의 말기에는 지금까지 자기가 살아온 삶의 친숙한 터에 거주하는 자기 돌봄의 방식이 요구된다. 그 터에 거주하도록 하는 돌봄이란 자기 관심, 생활 습관, 가치관 등의 의미가 육화된 몸의 능력을 보존하고 보호해 주어 자기 돌봄이 지속될 수 있도록 도와주는 것이다. 일상적으로 반복되는 생활 세계에서의 삶의 리듬에 적응하고 거기서 자신의 역할에 철저하게 몰두할 수 있는 능력을 유지하는 것은 주위 세계와 가족이나 사회라는 인간관계 속에서 상호 의존하여 서로에 대한 돌봄을 주고받을 때 가능한 것이다. 말년의 삶에서는 결국 자신과 관계를 맺고 있는 주위 세계의 사람

28 고성희 외, 『실버를 골드로: 고령화시대의 아름다운 노년 맞이 방안』, 하나출판사, 2006, 35쪽.

들 및 사물들과의 관계 속에서 삶의 의미와 가치를 부여받으며, 이러한 상생의 관계를 통해서 삶의 결실이 일어난다. 말년의 삶에서 자기 거주의 위협은 자기가 관계 맺고 있는 사방 세계로부터 자신의 존재의 의미가 상실되는 실존적 경험이다. 곧 죽을 자로서 자기를 보살핀다는 것은 주위 세계에 자신을 개방하고 사물과 인간관계 속에서 친밀성을 나누며 자기 진실성 속에 머무는 거주의 방식인 것이다.

그렇다면 하이데거의 자기 자신의 진실성에 머물며 자신의 터에 거주하는 방식으로서의 돌봄의 사유는 노인 돌봄에 어떠한 실천적 관점을 제시해 주는가? 이미 위에서 기술했듯이 인간이 자기를 돌본다는 것은 '죽음으로 가는 존재'로서 자기의 존재 가능성에 대해 늘 관심을 가지며 그것을 이해하고 실존하는 것을 의미한다. 인간은 이 세상에 몰두하면서 존재의 불안으로부터 도망치며 죽음을 망각하고 억압하며 살아간다. 그러나 인생의 말년에는 죽을 자로서의 자기 실존의 한계에 부딪히는 경험을 하게 된다. 하이데거가 말한 대로 인간이 자신의 터에 거주한다는 것은 인간이 하늘 아래, 땅 위에서 사물들 곁에 친숙하게 머물며 사물들을 모으면서 만물의 보호자로 존재한다는 것을 의미한다. 따라서 지상에 거주하는 자로서 "인간은 존재의 열린 장 가운데서 대지와 하늘, 그리고 신적인 것과 죽을 자들을 가깝게 모아들이는 사물들 곁에 친밀히 거주하면서, 사방 세계를 소중히 아끼고 돌보는 자"이다.[29] 여기서 사방 세계란 대지와 하늘, 신적인 것들, 이웃으로서의 죽을 자들을 말한다. 죽을 자들로서의 인간은 하늘 아래에서, 이 땅 위에서 존재하는 방식으로 자신을 돌보며 거주한다. 보내는 자는 떠나는 자의 죽음의 순간의 기억을 자신의 실존적 자각의 계기로 삼을 수 있으며, 다가오는 죽음

29 M. Heidegger, "Bauen, wohnen, Denken", p. 146.

의 가능성을 자기 삶의 실존적 과제로 받아들일 수 있다. 거주함으로서의 돌봄은 자신을 죽을 자로서 인식하면서 자신을 에워싸고 있는 사방세계와 참된 관계를 맺으며 삶의 자리를 짓는 행위인 것이다. 이는 곧 "인간이 관계적 존재로서 죽을 자들과의 상생적 상호 관계 속에 더불어 있음"을 의미한다.[30] 인간이 자신의 터로서의 생활 세계에 거주한다는 것은 주위 이웃과 사물들, 그리고 신적인 것들을 받아들이며 거기에 체류한다는 것이다. 그래서 노년의 삶에서 자기 돌봄이란 각자가 구체적인 삶의 자리를 에워싸는 사방 세계와 더불어 죽을 자로서의 자신을 이해하며 이 세계 안에서 거주하는 방식인 것이다.

이러한 노년의 삶에서 거주함은 '터에 거주함'이다. 우리의 삶에서 터란 자기 존재의 근원적 진실성이 발생하는 곳이다. 그 터에 거주함은 자신의 삶의 친숙함이 배어 있는 주위 세계와 친밀한 관계를 맺으며 죽음을 향해 다가가는 자기 자신 속에 머무는 것이다. 따라서 노인의 삶에서 거주의 의미는 자신이 몸담고 살아온, 자기 삶의 진실성이 배어 있는 처소에서 주위 세계와 친밀한 관계를 맺으며 죽을 자들로서의 이웃과 더불어 자신을 유지하고 지키며 사는 방식에 있다.

이러한 사방 세계를 보호하고 지키며 상생하며 사는 거주의 방식으로서의 자기 돌봄은 우리 사회의 전통적인 노인 돌봄 문화에서 중요한 의미를 지닌다. 전통 사회에서 노인 돌봄은 어떻게 이루어지는가? 그것은 가족과 그 가족이 속한 지역 사회에서 이루어진다. 일차적인 가족에서의 돌봄은 부모와 자식 사이에 상호 호혜적이며 위계적으로 이루어진다. 자손은 은공의 보답으로서 노부모를 돌보아야 하며 노인의 신체적·

30 인간이 인간답게 거주해야 할 근원적 처소로 귀환하기 위한 노력은 인간의 거주함의 본래적 의미인 자기 돌봄의 방식을 되새겨 보는 일이다. 신상희, 「사방 세계 안에 거주함」, 62-65쪽 참조.

영적·정서적 측면을 총체적으로 보살핀다. 노인 돌봄의 이차적 주체는 노인이 거주하는 마을에 사는 친족이나 친구들이다. 마을에서 이루어지는 돌봄을 통해 노인들은 가족으로부터 충족될 수 없는 사회적 소속감과 연대감을 통해 친밀한 인간관계를 유지하며 안정감을 얻는다.[31]

이렇듯 우리 사회의 돌봄의 문화가 지닌 특징은 가족과 이웃이 서로 의존적인 관계 속에서 정을 나누며 돌봄을 대물림 받고 살아가는 삶의 방식에 있다. 노인의 삶에서 거주의 의미는 자기 삶의 진실성이 배어 있는, 자신이 몸담고 살아온 처소에 있다. 거기서 그들은 주위 세계와 친밀한 인간관계 속에서 정을 나누는 상호 의존적 관계 속에서 인정받고 존중받는다. 이러한 한국의 전통적 돌봄의 문화는 하이데거의 사방세계로서 대지를 구원하고, 하늘을 받아들이고, 신성을 기다리며 죽을 자들의 곁에서 이웃들과 사물들을 가까이 모으면서 자신을 지키고 보호하고 사는 거주의 방식을 보여 준다. 노인을 '모시다'라는 표현은 동거, 수발, 공양, 제사 행위를 포함한다. 특히 조상과 함께하는 생활 공간의 구조, 제사와 초상을 비롯한 죽음의 의례들은 노인이 죽음에 대한 준비를 하게 도와주는 돌봄의 차원을 지닌다. 이와 관련하여 하이데거의 '대지와 하늘, 신적인 것들과 죽을 자들'에 대한 돌봄은 사물들 곁에 친숙히 거주하고 죽음을 준비하며 자신이 살아온 터에 거주하는 노인의 삶의 방식을 생각해 보게 한다.

우리 전통 사회에서 돌봄의 문화가 지닌 특징은 자기가 살던 처소

31 노인 돌봄에는 효의 개념에 기초한 부모에 대한 봉양, 보호, 존중, 가르침에 대한 배움, 인내, 조화, 헤아림, 정, 관심과 더불어 죽음에 대한 준비로서의 돌봄이 포함된다. 노인 돌봄에서 특히 중요한 것은 사후 세계의 영혼의 평안을 도모하기 위한 돌봄이다. 그것은 묏자리와 옷, 물질을 준비해 주는 것이다. 고성희, 「문화간호를 위한 한국인의 민간 돌봄에 대한 연구: 노인 돌봄을 중심으로」, 『간호와 한국문화』, 수문사, 1992, 549쪽 참조.

에서 땅을 구원하고 하늘을 받아들이며 조상을 섬기며 남녀노소가 서로 의존적인 관계 속에서 정을 나누며 주위를 에워싼 사방 세계를 받아들이며 사는 기본적 삶의 방식에 있다.[32] 하이데거의 거주에 대한 사고는 사물과 이웃을 가까이 모으며 열린 사방 세계와의 상생적 관계 속에서 자기 존재의 의미를 보호받고 존중받는 것이 특히 죽음에 다가가는 말년의 삶에서 중요함을 보여 준다. 오늘날 한국 사회의 노인의 삶에서 진정한 자기 돌봄이란 사방 세계와의 열린 관계 속에서 죽을 자들로서의 이웃과 대지와 사물들을 가까이 하며 자신을 지키고 보호받으며 거주하는 존재 방식에 있는 것이다.

32 한국인의 정(情)은 한국인의 생활 세계에 뿌리내리고 있는 인간관계의 정서이며, 돌봄은 근원적으로 대인 관계의 토대를 이루는 정의 표현이다. 정은 궁극적으로 하나가 됨을 지향하는데, 이에 따라 한국인의 돌봄은 돌봄을 행하는 사람과 받는 사람의 구분이 사라지면서 하나가 되는 통일적 경험이 된다. 정을 통해 돌보는 사람과 돌봄을 받는 사람이 정든 관계 안에서 상호 작용하여 서로의 마음을 이해하게 되는 것이다. 홍성하, 「간호학에서 돌봄에 대한 현상학적 연구」, 『철학과 현상학 연구』 제50집, 2011, 233-234쪽 참조.

제2장
돌봄의 현상학

제1장에서 제시한 인간 현존재의 실존 가능성으로서의 돌봄은 이 세상과 관계 맺으며 거주하는 몸에 대한 이해를 전제로 한다. 인간은 신체적 생명체로서 탄생과 성장, 그리고 노화의 과정을 거쳐 결국 누구나 죽을 수밖에 없지만, 오로지 자신의 몸을 통해 이 세상에 거주하며 자신의 의지적 삶을 실천할 수 있는 상황 속에서의 자유를 지닌다. 따라서 돌봄은 인간의 한계적 상황 속에서 실존적 자유를 실현할 수 있는 몸의 능력에 대한 현상학적 이해를 바탕으로 각각의 상황에 적합한 돌봄의 실천에 대한 탐색을 필요로 한다.

이 장에서는 돌봄의 조건인 몸에 대한 현상학적 이해를 통해 한계적 상황 속에서 실존적 자유를 실현할 수 있는 몸의 통합적 능력과 돌봄의 실천에 대해 탐구할 것이다. 우선 인간의 몸의 능력을 리쾨르의 의지의 철학에 기초하여 생명을 유지하는 생존의 관점과 이 세계를 향해 자신의 의지를 실현할 수 있는 행위의 관점, 그리고 탄생-성장-노화의 과정이라는 자연의 필연성의 관점에서 기술할 것이다. 그리고 메를로-퐁티의 몸의 현상학에 기초하여 몸의 실존적 능력과 상황적 자유에 대해 기술하고, 각각의 상황에 적합한 돌봄의 실천에 대한 현상학적 탐구와 그와 관련된 사례를 제공할 것이다.

1. 의지의 현상학과 돌봄

1) 리쾨르의 의지의 현상학

우선 과학적 의학이 기초하고 있는 기계론적 신체를 비판하고 몸의 현상을 자기 주체의 위치로 끌어올린 현상학자들의 신체에 대한 이해에 대해 고찰해 보자. 후설(E. Husserl)이 정초한 현상학적 흐름에서는 몸의 현상을 지각과 영향력, 힘, 욕망, 의지 등과 분리 불가능한 경험의 주체로서 바라본다.[1]

현상학의 정초자인 후설은 『데카르트적 성찰』 제5장에서 Leib와 Körper를 구분한다.[2] Leib는 '몸체', '살' 혹은 '자기 신체'로, Körper는 우리가 흔히 세계 속에서 발견하는 '사물' 또는 '물체'로 번역된다. 후설에 따르면 자기 신체는 자기다움을 지니기 때문에 세계 도처에 존재하는 물체와는 달리 양도 불가능하며, 우리는 신체라는 관점에서 세상을 바라보기 때문에 세상의 대상이 아니라 오히려 그 대상이 (그것에) 현상하도록 하는 구조를 갖는다. 메를로-퐁티의 『지각의 현상학』으로 이어지는 후설의 신체론은 후기 철학인 생활 세계의 현상학에서 비롯된다. 후설에게 생활 세계는 신체를 방위 중심(Orientierungszentrum)으로 하는 삶의 지평이며, 직접적이며 구체적인 지각에 의해 체험되는 세계이다. 즉, 신체는 외부 세계에 대해서 언제나 '여기'인 방위 중심으로서 지각의 지평, 즉 삶의 지평을 가능하게 한다. 이러한 신체는 내적으로 볼 때 감각 기관이며, 동시에 행위의 동기를 부여하는 자발적인 의지 기관이

1 윤성우, 「현대생명의료윤리학에서의 신체의 문제」, 『철학탐구』 제23집, 중앙철학연구소, 2008, 94쪽.

2 E. 후설, 이종훈 옮김, 『데카르트적 성찰』, 철학과 현실사, 1993, 163쪽.

다.[3] 여기서 신체의 내적인 능력으로서 신체 감각은 위치를 지닌 국소화된 감각이다. 신체 감각이란 단맛이나 신맛을 혀끝으로 느끼는 신체적 능력일 뿐만 아니라, 쾌감이나 통증 등 욕구와 의욕의 소재를 이루는 감각군으로서, 긴장감, 이완감, 내적인 장애감, 해방감 등을 체험하기도 한다. 신체 감각은 자발적으로 움직일 수 있는 의지 기관으로서의 신체의 운동 능력과 결합한다. 이러한 신체의 운동 능력은 신체 기관이 어떤 목표를 향하여 자발적으로 움직이게 하는 능력을 지니는 일종의 의지 기관이다. 그리고 우리는 이것을 지각의 지평에서는 행위의 동기를 부여받는 능력으로 체험하게 된다. 이렇듯 후설에 의해 이해된 신체는 외부세계에 대해서는 방위 중심이고, 내적으로는 감각 기관을 지녔으며 자유로운 의지 능력에 의한 자발적인 운동이 가능한 것이다. 신체는 주위환경과의 관계에 있어서 행위의 동기를 부여받는 능력인 것이다.[4] 이러한 후설의 후기 현상학에서 전개된 신체적 주관에 대한 사고는 리쾨르와 메를로-퐁티의 신체론에 영향을 주게 된다. 그러면 우선 신체를 의지 활동의 동기이며 동시에 의지를 실현시키는 기관으로 이해한 리쾨르 의지의 현상학을 통한 몸의 능력에 대해 고찰해 보기로 하자.

리쾨르는 신체의 능력을 의지 활동과 관련하여 현상학적으로 기술한다. 그는 의지 활동의 현상을 무엇을 하기로 계획하는 단계[결정 단계], 기획한 것을 실행해 옮기는 단계[행위 단계], 더 이상 결정하거나 실행할 수 없는 것들을 인정하고 따르는 단계[승복 단계]로 나눈다. 그래서 그는 신체의 능력을 의지의 세 가지 단계와 관련시켜 의지 활동의 동기를 부여하는 차원과 의지가 행위로 실현되는 차원, 그리고 의지가 승복할 수

3 한전숙, 『현상학』, 민음사, 1999, 233-236쪽.

4 조관성, 「인격적 자아의 실천적 삶과 행위 그리고 신체」, 『몸과 현상학』, 철학과현실사, 2000, 51쪽.

밖에 없는 필연성의 차원으로 구분하여 논의한다.[5] 첫 번째 차원은 인간의 의지에 동기를 부여하는 신체의 생명을 유지시키는 가치의 차원이다. 이 신체의 능력은 무엇을 하고자 기획하고 결정을 내리는 인간의 의지에 동기를 부여하는 근원적인 능력이다.[6] 이는 생명을 유지시키는 가치로서 목마름이나 배고픔과 같은 생리적 욕구, 신체적인 감응과 같은 통증 등을 통해 체험된다. 예를 들어 배가 고파서 무엇인가를 먹고자 하거나, 신체적 아픔에서 벗어나고자 하는 절박한 요청에는 바로 신체의 생명을 유지시키는 생리적 가치와 결합된 육화된 의지의 활동이 있게 된다.[7] 즉, 이러한 생명을 유지시키는 가치로서의 신체적 능력이 없으면 의지의 활동이 일어나지 않는다. 신체적 욕구는 단지 유기체의 생명 유지를 위한 결핍 상태를 경험할 뿐만 아니라, 이미 그것을 충족시켜 줄 대상을 향한 지향성을 지니고 있고, 그래서 무엇을 결정하고자 하는 의지와 결합하게 된다. 이러한 가장 기본적인 의지의 결정에 있어서의 근원적 동기가 바로 신체성이 지닌 생명을 유지시키는 가치인 것이다. 배가 고파서 무엇인가를 먹고자 하거나 신체적 아픔에서 벗어나고자 하는 것은 신체의 생명을 유지시키는 가치와 결합된 육화된 의지의 활동이 있기 때문이다.

또한 신체는 의지의 결정에 동기를 부여하는 원천일 뿐만 아니라, 그러한 의지를 현실 속에서 실현시키는 행위의 기관이기도 하다. 인간은 그 신체로부터 동기를 부여받아 신체를 거쳐서, 그리고 그 신체를 매개로 하여 이 세계 속에서 행위를 한다. 즉, 우리의 의지는 '신체를 통하

5 F. Dastur, "Das Problem des Anfangs. Willen und Freiheit bei Paul Ricoeur" in *Faccettenreiche Anthropologie* (S. Orth (hrsg.)), München, 2004, p. 40.

6 윤성우, 『폴 리쾨르의 철학』, 철학과 현실사, 2004, 19쪽.

7 공병혜, 「보살핌의 학문과 철학」, 『범한철학』 제48집, 범한철학회, 2008, 332쪽.

여' 행위에 이른다. 리쾨르는 인간의 (의지적) 행위 차원에서 그 의지와 분리 불가능한 신체의 기관성에 주목한다. 우리는 행위를 할 때 세계와의 관계에 빠져 자신의 신체를 자각하거나 생각하거나 표상하지 않는다. 이는 신체가 세계를 연결하는 유기적 매개체로서 그 의지를 세계 속에서 실행하는 자발성을 지니고 있기 때문이다.[8] 앞서 밝혔듯이 인간은 자신의 신체로부터 동기를 부여받아 신체를 거쳐서, 그리고 그 신체를 매개로 하여 이 세계 속에서 행위를 한다. 따라서 신체는 자아의 의지와 세계를 연결하는 유기적 매개체로서 그 의지를 세계 속에서 실행하는 행위의 기관으로 이해된다. 여기서 리쾨르는 이러한 유기적 매개체를 "신체적 자발성"(spontanneite corprelle)이라고 칭한다. 신체적 자발성이란 비의지적으로 혹은 직접적으로 행위의 신체적 기관이 될 수 있도록 의지에 힘이나 능력을 제공한다. 이러한 신체적 자발성은 신체를 통해 구체적인 형태들로 나타나며, 거기에는 무의식적인 신체의 움직임을 통해 무엇을 성취하고자 하는 전형성적 신체 능력과 놀라움, 충격, 열정 등의 신체를 통해 드러나는 정동(情動), 그리고 몸에 밴 습관들이 있다. 그중에서 습관은 자연스럽게 의지에 영향을 미치며 나의 의지 활동의 근거로서 무의식적으로 일정한 행위의 도식을 수행한다. 따라서 습관은 의지 활동의 근거로서 자아를 세계와 유기적으로 연결하여 세계 속에 의지를 실현시키는 신체적 행위를 가능하도록 한다.

이러한 습관에 대한 사고는 메를로-퐁티에게서도 찾아볼 수 있다. 그에게는 습관이야말로 몸이 상황을 맞이하여 친숙하게 그 상황에 거주하게 하는 행위의 도식이다. 이러한 습관은 의식적 삶의 배후에서 지각과 운동 능력, 그리고 의지와 결합하여 끊임없이 구체적 상황에 반응하

8 윤성우, 『폴 리쾨르의 철학』, 28쪽.

는 실천적 행위를 가능하게 한다.[9]

이렇듯 신체는 의지의 원천이며 비의지적인 행위의 유기적 기관으로서 세계에 참여하여 의지를 실현시키는 역할을 하지만, 동시에 의지를 필연적으로 구속하기도 한다. 그래서 신체는 숙명과 같은 자연의 필연성을 지닌다. 인간의 몸에 깃든 타고난 기질이나 무의식의 세계, 태어남과 성장, 그리고 늙어 감이라는 생명의 흐름에 의지는 어쩔 수 없이 승복(consentment)할 수밖에 없다. 리쾨르는 신체의 필연성의 세 가지 구체적 모습들과 계기들을 '성격'과 '무의식', '생명의 흐름'으로 구분하고, 이를 "절대적으로 비의지적인 형식들"(die Formen des absoluten Nicht-Willentlichen)이라고 칭한다.[10] 여기서 성격이란 의지로 만든 것이 아니라 비의지적으로 가질 수밖에 없는, 마치 본성처럼 되어 버린 삶의 고유한 방식이며 삶의 눈이다. 타고난 성격은 총체적 삶 전반에 영향을 미치는, 이미 내 것이 되어 버린 비의지적인 자연과 같은 것이기 때문에 자유의지에 의해서 어찌할 수 없는 것이다.[11] 또한 인간 신체의 무의식의 영역은 지성으로 완전히 파악될 수 없는 의지의 어두운 그늘을 보여 주며, 의지는 의식적으로 그러한 무의식을 해독할 수는 있지만 궁극적으로 받

9 메를로-퐁티에 따르면, 우리 몸의 자발적 능력은 구체적인 상황 속에서 무의식적인 습관에 따른 지각과 운동 능력을 우리의 의식적인 삶, 즉 실천적 의식과 결합시킬 수 있다. 그는 이러한 몸의 소질을 "지향호"(intentional arc)이라고 부른다. 모리스 메를로-퐁티, 유의근 옮김, 『지각의 현상학』, 문학과지성사, 2002, 157쪽 참조.

10 F. Dastur, "Das Problem des Anfangs. Willen und Freiheit bei Paul Ricoeur" p. 42.

11 리쾨르는 『타자로서의 자기』에서 인간의 자기동일성을 약속으로서의 '지켜진 말'과 '성격'이라는 두 극의 구체적 모습으로 제시한다. 이때 성격을 자기동일성의 불변적 요소로서 표현하고 있다. 따라서 성격은 개인의 정체성을 이해하는 데 중요한 요소가 된다. P. Ricoeur, *Das Selbst als ein Anderer*, Aus dem Franz. von J. Greisch, München: W. Fink Verlag, 1996, p. 147 참조.

아들일 수밖에 없다. 한편 성격과 무의식보다도 훨씬 더 근원적인 신체적 필연성이 탄생-성장-노화의 과정, 생명 조직이 가지는 비의지적 특성들이다. 생명의 흐름으로서의 탄생-성장-노화의 과정은 의지를 필연적으로 제한하는 자연성이다.[12] 이렇듯 의지는 성격과 무의식, 생명의 흐름이라는 신체성의 제약과 그 한계를 받아들여 자신의 것으로 전환시키는 특성을 지닌다. 따라서 신체는 생명을 유지시키는 유기적 힘의 근원이며, 이러한 근원적 힘의 결핍이 생존하고자 하는 의지의 동기로서 작용하게 된다. 한편 신체는 자신을 세계와 연결시키는 유기적 매개체이며 행위의 능력으로서 의지를 이 세계 속에 실현하게 하는 기반이다. 그러나 인간의 의지적 삶은 신체가 지닌 숙명과 같이 타고난 기질이나 무의식, 그리고 거역할 수 없는 생명의 흐름이라는 자연의 필연성을 받아들일 수밖에 없다. 즉, 탄생과 성장, 그리고 노화와 죽음은 신체적 생명체가 지닌 필연적인 비의지적 본성으로서 인간의 의지적 삶이 받아들일 수밖에 없는 것이다.

2) 의지의 기관으로서의 신체와 돌봄

리쾨르의 신체에 대한 현상학적 이해에 따르면 비의지적 기관으로서 신체는 생명을 유지시키는 유기체로서의 힘의 근원이다. 이러한 근원적 힘인 생명력의 결핍, 즉 배고픔이나 갈증 등이 의지의 동기로서 작용하게 된다. 그리고 신체는 자아를 세계와 연결시키는 유기적 매개체로서 세상에 참가하는 존재 능력이다. 즉, 자아의 의지는 오로지 행위 능력으로서의 신체라는 유기적 매개체를 통해 이 세계 속에 실현되는 것이다. 그러

12 윤성우, 『폴 리쾨르의 철학』, 38쪽.

나 인간의 의지적 삶은 또한 신체가 지닌 숙명과 같은 비의지적인 성격과 무의식, 그리고 거역할 수 없는 생명의 흐름이라는 필연성을 받아들여야 한다.

이렇듯 리쾨르는 신체를 생명을 유지시키기 위한 욕구로서 의지의 동기이며 그 의지를 실현하는 행위의 기관이지만 동시에 의지를 필연적으로 제한하는 것으로 이해한다. 이러한 리쾨르의 신체에 대한 이해는 환자의 신체에 대한 체험으로서 고통의 현상을 이해하는 데 통찰력을 제공한다. 예컨대 호흡 곤란, 연하 장애, 배변 장애와 관련된 통증의 호소는 단지 생리적 기능의 결핍에 대한 경험뿐만 아니라, 생리적 결핍 상태로부터 벗어나고자 하는 신체의 지향성을 지닌 육화된 의지의 표현이기도 하다. 또한 질병과 상해, 스트레스 등으로 인해 개인이 체험하는 신체적 부자유는 신체가 자신의 의지를 세계 속에서 실현시키는 하나의 유기적 매개체로서의 행위를 제대로 수행하지 못함을 의미한다. 특히 오랫동안 만성적으로 병에 시달리는 환자는 의지적 삶에 있어서 자신의 신체적 조건과 의지의 갈등으로 인해 더욱더 괴로워한다.[13] 즉, 이러한 육화된 의지의 주체는 '나는 할 수 있다'라는 신체적 자발성이 의지가 추구하는 가치와 다양한 욕구들 사이의 불일치로 인해 실현되지 못하기 때문에 더욱 고통을 겪게 되는 것이다. 예를 들어 질병으로 인해 환자가 겪는 고통의 체험은 신체의 기능적·구조적 결함보다는 신체적 지각과 운동의 결합이 자기 의지대로 자유롭지 못한 데서 비롯된다. 이는 질병이 지금까지 이어져 온 의지적 삶에 대한 위협이나 손상의 경험임을 보여 주는 것이다. 호흡 곤란, 통증, 불편함, 피로감 등은 육화된 의지의 표현이며, 세계와 유기적 관계를 맺고 세계 속에서 자신의 의지를 실현하

13 에릭 카셀, 강신익 옮김, 『고통 받는 환자와 인간에게 멀어진 의사를 위하여』, 코키토, 2002, 70-89쪽.

는 자신의 신체적 능력이 방해받고 있다는 고통의 호소이다.

이러한 신체성에 대한 이해를 바탕으로 신체적 돌봄을 필요로 하는 개인을 어떻게 이해할 수 있는지를 살펴보도록 하자. 생명 유지를 위한 생리적 기능의 결핍은 신체적 돌봄을 받고자 하는 의지의 동기가 될 수 있다. 호흡 곤란, 연하 장애, 배변 장애와 관련된 통증의 호소는 생리적 기능의 결핍에 대한 경험임과 동시에 그 결핍 상태로부터 벗어나고자 하는 호소로서 그 충족을 향한 신체의 지향성을 지닌다. 즉, 환자가 호흡 곤란, 두통 등 극심한 신체적 통증을 호소하는 것은 생리적 기능의 충족을 향한 육화된 의지의 표현이며, 간호에 대한 요구를 드러내고 있는 것이다. 여기서 돌보는 사람은 이러한 의지의 표현을 받아들여 생리적 욕구를 충족시키기 위한 신체적 돌봄을 해야 한다.

특히 환자가 생명을 유지하는 기능에 어떤 장애가 있음을 알리는 급성 질병(acute dieses)에 의한 극심한 신체적 통증은 신체 내의 기관이나 조직, 시스템의 기능과 구조에 교란이 일어나기 때문만이 아니라 그 통증으로부터 빨리 벗어나고자 하는 데 따른 신체적 호소이기도 하다. 그러나 누군가 병을 앓고 있다고 할 때 병이란 신체가 편치 않음을 느끼게 하는 감각상의 장애와 관련된 불편감으로서 인간의 의지적 삶 전반에 걸쳐 영향을 미친다.

또한 늙고 병들거나 사고 등으로 자신의 의지대로 신체를 움직일 수 없는 사람은 자신의 신체가 처한 상황에 자발적으로 반응하는 신체적 습관이 형성되어야 하는 것이다. 환자는 무의식적인 행위의 도식으로 습득된 신체적 자발성이 의지와 결합하는 일에 장애를 받기 때문에 신체적 부자유를 경험한다. 이러한 신체적 부자유로부터 오는 고통은 자신의 의지의 촉구와 신체적 습관에 의한 신체적 지각 및 운동의 결합이 자유롭지 못한 데서 오는 신체적 표현인 것이다. 그 고통은 의지가 추구하는 가치와 다양한 욕구를 습관에 의한 신체적 자발성으로 실현시키지 못하기 때문에 더욱 커지는 것이다. 따라서 돌보는 사람은 익숙한 상황에 대처할 수 있는 신체적 자발성을 의지와 통합시킬 수 있는 습관의 회복을 통해 의지를 실현할 수 있도록 도와주는 것이 중요하다.

더하여 돌보는 사람은 인간의 비의지적 성격, 그리고 탄생-성장-노화로 이어지는 신체적 생명체로서의 인간의 조건을 이해해야 한다. 인간 돌봄은 인간 신체의 필연적인 생명의 보편적 과정을 받아들여 실천되어야 한다.

2. 몸의 현상학과 돌봄의 실천

1) 메를로-퐁티의 몸의 지향성

돌봄은 인간이 신체를 통해서 타자와 관계를 맺으며 세계에 관여하고 참여하는 신체적 자아라는 이해를 전제한다. 여기서 신체란 단지 인간의 정신과 분리된, 해부학적·생리학적·병리학적으로 탐구될 수 있는 객관화된 대상이 아니라 우리의 생활 세계에 거주하고 그 세계를 체험하는 인격적 자아의 기반이다. 신체적 자아란 외부 환경과의 경계를 가능하게 하지만, 이 세계를 지각하고 이 세계를 향해 실천하는 의욕의 주체로서 자신의 삶의 지평을 형성한다. 메를로-퐁티의 몸의 현상학은 이 세상과 친숙하게 소통하고 거주하는 실존적인 주체로서의 몸의 지향성을 기술한다. 메를로-퐁티의 몸의 현상학은 과학적 탐구나 치료의 대상으로 객관화되어 인격으로부터 소외된 몸을 기술하는 것이 아니라, 이 세상을 지각하고 의욕하여 행위하는 인격적 주체의 근원으로서의 몸(신체)의 현상을 기술한다. 메를로-퐁티는 『지각의 현상학』에서 주체의 의식에 기초하여 세계를 대상화하는 지성주의의 지식 습득 모델을 비판하고, '세계로' 열린 몸의 실존적 능력을 바탕으로 실천적 지식의 근거를 제시한다. 그는 모든 감각을 통일시키고 감각들과 지성을 통합시키며 감각성과 운동성을 통일시키는 '지향호'(arc intentional, intentional arc)라는 몸의 실존적 능력을 실천적 지식의 근원으로 이해한다.[14] 이에 따라 상황에 대처하는 몸의 자유의 능력으로서의 지향호가 어떻게 성립이 되는가에 대한 이해는 돌봄의 실천적 지식의 특성에 대한 이론적 근거를 제공할 수 있게 된다. 이제 메를로-퐁티의 『지각의 현상학』에서 전개된 몸의 실존적 능력에 관한 논의를 살펴보도록 하자. 그리고 그에 기초해 돌봄의 실천적 지식의 특성을 이해하여 간호 현장에서 돌봄의 전문적 실천이 어떻게 이루어질 수 있는지 탐구해 보도록 하자.

메를로-퐁티에게 '세계로 열린 존재'로서 실존적 인간의 토대는 주체로서의 몸이다. 그에게 몸이란 생리학자가 관찰하는 객관적인 유기체도 아니고, 기하학적 범주에 속하는 연장성을 지닌 물리적 실체도 아니다. 그에게 몸은 정신이 들어 있는 육화된 의식으로서 지향적 작용을 한다. 메를로-퐁티는 『지각의 현상학』에서 과학적 탐구의 대상으로부터 벗어나 육화된 의식으로서 지향적 작용을 하는 몸에 대한 체험을 기술하는 현상학적 작업에 대하여 다음과 같이 기술하고 있다.

> 사람들은 과학 자체로부터, 즉 과학이 몸을 취급하면서 부가했던 것들로부터 몸 자신이 어떻게 스스로를 탈환하는가를 알게 될 것이다. 몸은 객관 세계로부터 자신에게 귀환함으로써 자신을 주위 환경과 연결시키는 지향적인 끈들(intentional threads)을 끌어낼 것이고, 종국에는 지각하

14 메를로-퐁티는 지성적인 범주적 개념을 통해 사태를 종합, 통일하여 이해하는 지성주의 인식론의 대표자로 칸트를 지적한다. 조광제, 『몸의 세계, 세계의 몸』, 이학사, 2004, 175쪽 참조.

는 주체를 지각되는 세계로서 드러낼 것이다.[15]

여기서 메를로-퐁티는 실존적 주체의 위치로 돌아간 몸의 지향적 작용이 어떻게 주위 환경인 세계와 연결하고 소통하게 하는지를 보여 주고자 한다.[16] 여기서 세계란 몸과 연결된 총괄적인 환경으로서 지각적 경험의 지평을 의미한다. 그는 우선 세계를 향한 몸의 지향적 작용이 어떻게 일어나는지를 기술한다. 우리의 몸에서는 시각, 청각, 후각, 미각이 서로 분리되어 작용하는 것이 아니다. 소리를 보고 색깔을 들으며 냄새를 보고 소리를 느낄 수 있듯이 우리 몸에서는 이질적인 감각 공간 사이의 소통이 일어나는 공감각이 형성되어 지각의 종합이 이루어진다. 또한 몸은 객관적 공간 속에 존재하는 물건들과 같이 병존하는 기관들로 모여 있는 것이 아니다. 몸은 기관들이 분할되지 않는 애매한 전체를 형성하고, 그 몸 안에서는 부분들의 위치를 알 수 있게 하는 공간의 통일이 일어난다. 메를로-퐁티는 이러한 공감각에 의한 지각의 통일과 소통이 일어나는 지각의 통일과 기관들 사이의 공간의 통일이 바로 몸 도식(schéma corporel, body image)에 의해서 가능하다고 말한다.

> 나는 내 몸 전체를 불가분적인 소유 상태로 지탱하고, 나는 내 사지의 각각의 위치를 인식하되, 그것들을 그것들 모두가 감겨 드는 곳인 하

15 M. Merleau-Ponty, *Phenomenology of Perception* (이하 *PP*), (C. Smith (tr.)), New York: Routledge, 2001, p. 83; 모리스 메를로-퐁티, 유의근 옮김, 『지각의 현상학』, 130쪽.

16 조광제, 『몸의 세계, 세계의 몸』, 74쪽. 여기서 '지각하는 세계'가 곧 '지각되는 세계'라는 생각은 『지각의 현상학』에서 견지된 중심 사상으로서, 주체와 객체를 분리시키는 전통적인 이분법이 메를로-퐁티의 몸의 현상학에서 파괴되고 있음을 보여 준다.

나의 몸 도식에 의해 인식한다.[17]

여기서 "몸 도식"은 '신체적 운동', '위치', '판단', '몸 이미지'라고도 번역되며, 다양한 자극과 몸짓에 수반되는 무수한 이미지들의 연합이다. 그것은 몸 전체에서 국소적 자극이 지닌 위치뿐만 아니라, 몸의 부분적 운동을 위한 기관의 위치 변화를 지시하는 인상들의 전체를 의미한다. 몸 도식에 의한 팔, 다리, 머리 등의 몸의 공간성은 외적 대상물과 같은 위치의 공간성에 더하여 몸이 세계를 향해 새로운 공간을 확보해 나가는 상황의 공간성(spatiality of situation)을 의미한다. 즉 이러한 몸 도식은 몸의 부분들, 가령 팔, 다리, 머리 등의 위치를 알 수 있는 반성적 인식을 제공하여 공간성을 확보하는 몸의 통일성만을 이루게 하는 것이 아니다. 몸 도식은 시각적 경험, 청각적 경험, 촉각적 경험이 서로 통일되어 지각 세계의 전 반성적인 통일을 이루게 한다. 그래서 몸이 세계 내에서 수행하고자 하는 과제가 다르면 세계를 향해 각기 주도적으로 발휘되는 몸 도식도 달라지며, 이에 따라서 다양한 감각들 사이에 소통이 이루어져 지각의 장이 통일되어 나타난다. 이러한 "몸 도식은 우리가 세계를 향해 내적으로 존재하는 것을 표현하는 방식"이며, 세계를 향한 개방 능력인 것이다.[18] 다시 말해 메를로-퐁티에게 몸 도식이란 우리가 세계와 소통할 수 있게 하는 근거이며, "대상을 향한 능동적인 몸의 정박, 자기 과제를 맞이하는 몸의 상황"을 의미한다.[19]

그러면 이러한 세계와 소통하는 몸 도식은 어떻게 성립되는가? 메를로-퐁티는 몸 도식에 따라 운동하는 것은 기계적인 것도 아니고 지

17 모리스 메를로-퐁티, 유의근 옮김, 『지각의 현상학』, 165-166쪽.
18 모리스 메를로-퐁티, 유의근 옮김, 『지각의 현상학』, 169쪽.
19 모리스 메를로-퐁티, 유의근 옮김, 『지각의 현상학』, 168쪽.

성에 따른 자의적인 것도 아닌, 몸의 습관적 운동에 따른 것이라고 말한다. 몸은 습관에 따라 세계 혹은 상황에서 주어지는 과제나 목적을 달성할 수 있도록 자신 전체를 수렴시켜 목표를 향해 운동한다.[20] 몸이 새로운 습관을 지닌다는 것은 몸이 세계 내의 목적을 향해 자신을 수렴시키고 운동해 가는 새로운 방식들을 계속해서 획득해 간다는 것이다. 또한 새로운 몸 습관은 세계와 연결하는 새로운 도구들을 다룰 수 있는 능력의 획득을 의미한다. 따라서 몸 습관은 우리의 의식의 배후에서 우리를 '세계를 향해 열린 존재'로 확장시켜 나가며 변화시키는 능력이며, 새로운 습관을 획득한다는 것은 몸 도식이 개조됨을 의미한다. 예를 들어 주사를 놓을 줄 모르는 사람이 주사를 놓는 새로운 습관을 획득하는 것은 자신의 몸에 주사를 놓는 형태를 구조화하는 것이며, 이는 곧 몸 도식의 개조를 의미한다. 그래서 습관에 의해 획득된 몸 도식은 특히 환각지나 무자각 증세를 지닌 환자를 통해 알 수 있다. 이들은 세계에 지속적으로 참여하기 위해 현존하지 않는 몸의 일부를 실재하는 것으로 착각하기도 하고, 현존하는 사지를 무감각 현상으로 받아들이기도 한다. 이러한 현상은 과거의 경험이 침전된 습관적 몸이 자신의 현재의 몸을 거부하고 세계를 지향하는 실존적 운동을 보여 준다.[21]

메를로-퐁티는 몸을 '습관적 몸과 현재의 몸'이라는 두 가지 차원으로 구분한다. 거기서 습관적 몸은 항상 주변의 익숙한 환경에 자신을 투사하여 자신의 몸에 맞는 구조를 형성한다. 그래서 환각지의 환자나 사지마비 환자처럼 자신의 몸이 친숙하게 거주할 수 있는 세계와의 교섭을 계속적으로 시도하다 실패하면 자신의 '현재의 몸'에 맞는 몸에 대한 구조를 습득해야 한다. 이렇듯 습관적 몸은 의식의 배후에서 자신의

20 조광제, 『몸의 세계, 세계의 몸』, 136-137쪽.

21 모리스 메를로-퐁티, 유의근 옮김, 『지각의 현상학』, 142-143쪽.

몸에 맞게 세계를 구조화한다. 혹은 습관적 몸이 거부된 현재의 몸이 세계로 나아가기 위해서는 새로운 몸 습관을 습득해야 하는 것이다.

메를로-퐁티에게서 몸 도식은 "사물과 세계의 상황이 내 몸의 부분들과 함께 나에게 주어지도록 한다." 몸 도식은 장님의 지팡이가 그의 몸의 일부가 되듯이 주변 대상과 분화되지 않는 하나의 체계를 형성하며 사물을 지각하고 행동하게 한다. 이때 장님의 지팡이는 지각의 대상이 아니라 '자신의 몸 습관의 일부'가 되어 세계를 획득하는 도구가 된 것이다.[22] 또한 가수가 노래를 잘 부를 수 있는 방식과 형태를 몸에 구조화하고, 피아노 연주가가 연주할 수 있는 형태를 몸에 구조화하는 것은 우리를 세계에 참여시켜 그 존재를 변화시킬 수 있는 능력을 표현하는 것이다.[23] 이러한 몸 도식이 모든 인식과 몸의 운동성에 근거한 실천적 지식에 선험적 근거를 제공하는 역할을 하는 것이다.

2) 몸의 실존적 자유 능력과 상황

몸 도식에 따른 몸 습관은 일종의 육화된 앎, 즉 손이나 눈 등으로 이미 우리의 몸속에 들어와 있는 암묵적 지식이다. 몸 습관은 세계에 대해 사고하지도, 상징적 기능이나 객관화하는 사고의 과정을 거치지도 않고 이미 근원적으로 세계를 손안에 쥐고 이해하는 실천적 지식의 토대가 되는 것이다.[24] 그러면 몸 습관이 실천적 지식의 토대가 된다고 한다면 과연 자신의 욕망과 의도를 실현하고 세계 속에서 지각하며 행위하는 실천적 삶은 어떻게 가능한가? 메를로-퐁티는 몸 습관을 토대로 해

22 모리스 메를로-퐁티, 유의근 옮김, 『지각의 현상학』, 241쪽.
23 모리스 메를로-퐁티, 유의근 옮김, 『지각의 현상학』, 229쪽.
24 모리스 메를로-퐁티, 유의근 옮김, 『지각의 현상학』, 224-225쪽.

몸의 지각과 운동, 그리고 의식적인 지성적 작용과 자신의 의도를 통일시키는 실존적 능력을 '지향호'라고 부른다. 지향호는 현실적인 것에 구속되어 상황에 자신을 놓는 구체적인 자유 능력이다.[25] 즉, 지향호는 현실적으로 몸이 상황에 참여할 수 있는 모든 지각과 지성과 운동을 통일시키는 몸의 구체적인 실존 능력인 것이다. 우리의 몸은 일상생활을 함에 있어 몸 습관에 기초해서 의도에 따라 몸의 지각과 운동의 통합이 일어나 구체적인 상황에 참여할 수 있다. 그래서 일반적으로 몸이 건강할 때 몸과 그 몸이 담고 있는 세계는 이미 의미화가 일어나 하나의 "표정"(physionomie)을 지닌다. 그러나 질병이나 상해 등으로 인하여 몸의 통합 능력에 장애가 오면 그 사람은 세계와의 친밀성, 즉 표정을 잃어버린다.[26] 세계와의 의사소통은 실존적인 몸의 자유의 차원, 몸의 지각과 운동, 그리고 지성이 통일되는 차원에서 이루어지는데, 이 경우는 바로 그 차원을 잃어버린 것이다. 이러한 몸의 실존적 운동은 구체적인 상황 속에서 사물들로 향하는 의식의 실천적 운동을 의미하며, '나는 생각한다'라는 사유에 종속되지 않고 "세계"와의 상호 감각적인 통일성을 향하도록 서로 결합하는 움직임이다.[27] 메를로-퐁티에 따르면 이러한 실존적 몸의 자유 능력은 "우리 주위에 과거와 미래를, 우리의 인간적 환경을, 우리의 물리적 환경을, 이데올로기적 상황을, 그리고 우리의 도덕적 상황"을 투사하는 능력인 것이다.[28]

이러한 몸의 통합적 능력에 대한 이해를 위해서 메를로-퐁티는 정신 의학에서 정신적인 실명으로 분류한, 후두골 손상을 입은 슈나이더

25 모리스 메를로-퐁티, 유의근 옮김, 『지각의 현상학』, 217쪽.
26 모리스 메를로-퐁티, 유의근 옮김, 『지각의 현상학』, 212쪽.
27 조광제, 『몸의 세계, 세계의 몸』, 193쪽.
28 모리스 메를로-퐁티, 유의근 옮김, 『지각의 현상학』, 218쪽.

라는 환자를 분석한다. 그에 따르면 정상인에게서는 몸 도식에 기초하여 세계에 대한 의미화가 일어나지만, 환자에게 주어지는 세계는 더 이상 표정을 갖지 않는다.[29] 환자는 세계와의 친밀성 혹은 의사소통이 이루어지는 몸의 지각과 운동, 그리고 지성이 통일되는 차원을 잃어버리는 것이다. 특히 슈나이더는 셈을 할 수 없으며, 모기에 물린 자리를 지적하지 못하고, "정치적·종교적 의견들을 마음속에 품지 못한다."[30] 슈나이더는 수 개념의 형성에 기반을 둔 운동의 과정에 관한 능력, 즉 미래로 나아가기 위해 과거를 전개하는 능력이 없기 때문에 셈을 못한다. 또한 그는 자신이 모기에 물린 것을 체험하는 지각의 세계를 폐쇄적으로 제한하여 자연적 운동에서 추상적 운동으로 나아가지 못하기 때문에 모기에 물린 자리를 지적할 수 없다. 그뿐만 아니라 그는 자신이 상상하는 의견들을 구체적인 몸의 운동으로 전개시키지 못하기 때문에 그것을 마음에 품기가 어렵다.[31] 이러한 슈나이더의 모든 장애는 추상적인 지성이 부족하기 때문에 발생하는 것이 아니라, 구체적인 상황 속에서 몸의 지각과 운동, 그리고 지성을 통일시키는 능력이 부족하기 때문에 발생하는 것이다. 즉, 그에게는 그 지성을 자유롭게 활용할 수 있게 하는 실존적 기반인 상황에 자신을 놓을 수 있는 구체적인 몸의 능력, 즉 '자

29 모리스 메를로-퐁티, 유의근 옮김, 『지각의 현상학』, 212쪽.

30 이 사례는 어떤 것을 취하는 구체적인 행동과 어떤 것을 가리키는 추상적 행동이 다름을 보여 준다. 예를 들어 정상인들은 시각이나 촉각의 경험을 하면 몸이 가능한 행동의 중심체가 되어서 마음속에서 여러 가지 상상을 하며 어떤 의도들을 선택하여 추상적 운동을 실행하는데, 환자는 지각의 세계를 폐쇄적인 것으로 제한한다. 즉 환자는 물린 자리에 대한 구체적인 자연적 운동만을 하면서 공간 속에서 자유로운 추상적 운동으로 나아가지 못하는데, 그의 몸의 운동이 '세계 내 존재'의 다양한 방식으로 전개될 수 없기 때문이다. 김형효, 『메를로-퐁티와 애매성의 철학』, 철학과 현실사, 1999, 116-117쪽 참조.

31 모리스 메를로-퐁티, 유의근 옮김, 『지각의 현상학』, 217쪽.

신을 상황화(狀況化)하는 자유 능력'이 부족한 것이다. 앞서도 밝혔듯, 메를로-퐁티는 이러한 구체적인 삶의 상황 속에 자신을 놓을 수 있는 자유 능력, '세계 내 존재'로서 실존하는 능력을 '지향호'라고 부른다.

> 의식의 삶—의식적인 삶, 욕망의 삶 혹은 지각적인 삶—은 지향호를 기초로 해서 이루어진다. 지향호는 우리 주위에 우리의 과거와 미래를, 우리의 인간적인 환경을, 우리의 물리적인 환경을, 우리의 이데올로기적인 상황을, 그리고 우리의 도덕적인 상황을 투사한다. 혹은 차라리 지향호는 우리가 이 모든 관계들하에서 상황을 맞이하게끔 한다. 감각들을 통일시키고 감각들과 지성을 통일시키며, 감각성과 운동성을 통일시키는 것이 바로 이 지향호이다. 질환에서 '풀려 버린' 것은 바로 이 지향호라는 것이다.[32]

이 인용문은 인간의 의식이란 본래 '나는 …라고 생각한다'에서 비롯된 것이 아니라, '나는 할 수 있다'라는 상황 속에서의 자유 능력에서 비롯된 것임을 보여 준다. 슈나이더의 시각적·운동적 장애는 표상하는 정신적 기능의 상실이 아니라, 실존의 운동의 장애이다. 여기서 실존의 운동이란 구체적인 상황에서 사물들로 향하는 의식의 실천적 운동을 칭하는데, '나는 …라고 생각한다'라는 사유에 종속되지 않고 세계를 향한 상호 감각적인 통일성을 향하도록 서로 결합하는 움직임이다.[33] 지향호란 구체적인 상황 속에서의 몸 도식에 근거한 지각과 운동 능력을 우리의 실천적 의식과 결합시켜 상황을 맞이하는 자유 능력이다. 지향호에 기초한 의식이야말로 철저히 상황적이며 실천 위주의 의식으로서 실천

32 모리스 메를로-퐁티, 유의근 옮김, 『지각의 현상학』, 218쪽; *PP*. p. 157.

33 *PP*, p. 159.

적 지식의 토대가 되는 것이다. 따라서 주체의 정신과 욕망, 지각적인 삶을 통일하는 인간의 실천적 삶은 지향호를 토대로 하여 이루어짐을 알 수 있다. 그렇다면 상황 속에서의 지향호에 따른 의식의 실천적 운동은 어떻게 이루어지는가?

> … 자신의 몸을 움직인다는 것은 몸을 거쳐서 사물들을 겨냥한다는 것이며, 그 어떤 표상도 없이 몸에 가해지는 사물들의 간청(call)에 몸이 응답(response)하는 것이다.[34]

의식의 실천적 운동이란 사물에 대한 의식에 앞서서 몸이 처한 상황이 있어 이에 대한 요청에 몸의 운동이 응답하는 것을 의미한다. 이처럼 상황에 반응하는 몸의 실천적 기술이란 우리 몸의 지각에 가해지는 상황과 사물의 요청에 따라 실천적인 의식을 숙련된 몸의 운동으로 통합시킬 수 있는 능력이다. 드레퓌스는 지향호란 몸의 지각과 숙련된 행동이 상호 결합하여 상황에 반응하고 대처하는 의식적인 실천적 행동의 근거가 되는 몸의 소질(disposition)이라고 말한다.[35]

상황에 반응하는 몸의 기술에는 신체의 선천적 구조와 몸 습관에 따른 기술, 그리고 문화적 기술 등이 있다. 신체의 선천적 구조는 생명을 보존하기 위한 동작을 보이며 생물학적 몸으로 제한된다. 반면에 춤과 같은 운동 습관은 "점차 최초의 동작에서 비유적 의미로 이행하면서 새로운 의미의 핵(a core of new significance)을 드러내며 상황에 참여하는

34 모리스 메를로-퐁티, 유의근 옮김, 『지각의 현상학』, 222쪽; *PP*, p. 161.

35 H. L. Dreyfus & S. E. Dreyfus, "The Challenge of Merleau-Ponty's Phenomenology of Embodiment for Cognitive Science" in *Perspective of Embodiment: The Intersections of Nature and Culture* (G. Weiss & H. F. Habor (eds.)), New York: Routledge, 2004, p. 104.

문화적 기술을 익힌다."[36] 그러나 세계를 지향하고자 하는 의미가 신체의 자연적 수단에 의해 성취될 수 없을 때 신체는 스스로 도구를 만든다. 장님이 지팡이를 신체의 일부로 사용하여 자기 존재를 확장시키는 기술을 습득하는 것은 자신의 몸 습관이 세계를 향해 개방된 존재로 확장되고, 새로운 도구들에 의해 존재를 변화시켜 세계에 참여할 수 있는 실존적 능력을 보여 주는 것이다. 이렇듯 우리의 몸은 상황과 사물의 요청에 응답하기 위해 몸 습관을 일반적 도구로 사용하거나 새로운 도구를 매개로 문화적 상황을 기투하여 그 상황에 참여할 수 있는 기술(skill)을 습득한다. 예컨대 병실에서 심전도기를 읽는 기술을 습득하지 않은 가족 구성원은 경보기가 울리기 시작한다면 어떠한 행동을 취해야 하는지 알지 못한다.[37] 일반적으로 상황에 반응하고 대처하기 위해 문화적으로 습득된 몸의 기술은 경험이 축적될수록 상황과 사물이 자신에게 가하는 지각의 요청에 대해 예민해지면서 더욱 숙련된 반응을 할 것을 요청받는다.

그렇다면 우리의 몸은 무엇을 동기로 하여 실천적 행위로 나아가는가? 숙련된 몸을 지닌 사람은 어떤 대상에 대해서 목적에 대한 정신적 표상 없이도 지각된 상황의 요청에 따른 반응으로 행동한다. 그러면 목적에 대한 정신적 표상을 지니지 않고 상황에 대한 반응으로서 숙련된 행위를 일으키는 동기는 무엇인가? 메를로-퐁티에 따르면, 예컨대 화랑의 모든 그림이 잘 보이도록 최적의 거리와 방향을 우리의 몸에 요청하면, 인간의 몸은 그 상황의 요청에 반응하여 움직인다. 거기서 몸은 자

36 모리스 메를로-퐁티, 유의근 옮김, 『지각의 현상학』, 233쪽; *PP*, p. 169.

37 G. K. Chan, "Understanding End Life Caring Practices in the Emergency Department: Developing Merleau-Ponty's Notion of Intentional Arc and Maximum Grip through Praxis and Phronesis", *Nursing Philosophy*, 6, 2005, pp. 19-32.

신이 처한 상황과 대상을 향해 최대 파악(maximum grip)을 얻으려는 지향성을 지닌다. 즉 상황과의 최적의 평형 상태를 획득하려고 움직이는 "지속적인 의미들의 종합체"로서의 몸의 운동은 목적에 대한 정신적 표상 없이도 최적의 형태로부터 이탈하는 감각을 감소시키는 지각의 영향을 받으며 상황에 반응하는 것이다.[38]

이렇듯 메를로-퐁티에게서 몸은 자신이 처한 상황에서 최대 파악을 획득하려는 지향성을 지닌다. 그것은 몸의 지각과 운동 능력을 매개로 하여 상황을 다룰 수 있는 능력(manipulation)에서 나온다. 예를 들어, 우리는 어떤 것을 바라볼 때 그것에 대해 생각하지 않으면서 최적의 거리를 발견하여 그 거리를 취하거나, 어떤 것을 붙잡으려고 할 때 최적의 방식으로 붙잡으려는 경향이 있다.[39] 최대 파악을 얻으려는 몸의 지향성은 상황에 대해 더욱 정교하고 예민해짐으로써 상황과의 비평형적 감각을 감소시킨다. 몸이 상황에 대해 평형 감각을 지니는 것은 항상 상황에 개입하는 풍부한 경험에 의해 사물을 다루는 기술이 습득되었는지에 달려 있다. 상황에 참여하는 행위자는 사물을 다루는 기술을 습득할수록 더욱 상황에 예민하고 차별적으로 반응하여 각각의 상황마다 적합한 행위를 하려는 경향을 지니는 것이다. 이렇듯 메를로-퐁티에게서 상황에 참여하는 몸의 기술 습득은 최대 파악을 향한 몸의 지향성에 의해 그 동기를 부여받는 것이지, 상황에 반응하고자 하는 목적에 따른 의식적인 노력에 의한 것이라고 보기 어렵다. 몸의 기술은 항상 상황과의 평형 혹은 비평형적 감각에 따라 상황에 반응하는 몸의 풍부한 경험을 통해서 습득될 수 있다. 요컨대 몸의 실존적 능력으로서 지향호는 상황에 참여하는 경험에서 습득한 최대 파악을 향한 몸의 경향성을 통해 더욱

38 모리스 메를로-퐁티, 유의근 옮김, 『지각의 현상학』, 453쪽.

39 모리스 메를로-퐁티, 유의근 옮김, 『지각의 현상학』, 454-455쪽.

풍부해지고 정련된다.[40]

돌봄 학자인 베너와 루벨은 위에서 기술한 메를로-퐁티의 몸의 존재론적 능력을 "선천적 복합체"(inborn complex), "습관적이며 숙련된 몸"(habitual, skilled body), "투사하는 몸"(projective body), "실제로 투사된 몸"(actual projected body), "현상적 몸"(phenomenal body)으로 구분하여 설명한다.[41] 베너와 루벨이 말한 선천적 복합체를 메를로-퐁티는 개인 이전의 유기체로서의 "익명적이며 일반적인" 실존이라고 칭한다.[42] 베너는 아기가 선천적으로 타고난 지각과 운동 능력의 생물학적 복합체에 대해 다음과 같이 기술한다. 그 아기는 소위 생물학적 생존의 차원의 몸 운동을 배우고 습관화한다. 신생아가 엄지손가락을 빨고 소리에 반응하며 소리가 나는 방향을 지시하는 것은 청각과 시각 사이의 기능적 관계가 선천적으로 통합되어 있으며 지각과 운동의 종합이 이미 몸속에 들어 있음을 보여 주는 것이다.[43] 이러한 생물학적 실존을 위한 몸 습관에서 점점 일인칭적인 인격적 세계로, 문화 세계로 나아갈수록 몸은 더욱 생물학적 몸에서 문화적 몸이 되면서 습관적이며 숙련된 몸이 되어 간다.

습관적이며 숙련된 몸은 상황과 사물에 최적으로 반응하는 몸 습관과 기술이 획득된 몸으로서, 상황에 대처하는 실천적 능력의 토대가 된다. 신경학적 상해나 질병 등에 의해 습관적이며 숙련된 몸에 대한 감각

40 H. L. Dreyfus & S. E. Dreyfus, "The Challenge of Merleau-Ponty's Phenomenology of Embodiment for Cognitive Science", p. 114.

41 P. Benner & J. Wrubel, *The Primacy of Caring, Stress and Coping in Health and Illness*, Menlo Park, CA: Addison-Wesley, 1989, p. 70.

42 모리스 메를로-퐁티, 유의근 옮김, 『지각의 현상학』, 146쪽.

43 P. Benner & J. Wrubel, *The Primacy of Caring, Stress and Coping in Health and Illness*, p. 71.

을 잃게 되면 몸을 낯선 객관적 사물처럼 느끼게 된다.[44] 그때 습관적이며 숙련된 몸의 능력의 회복을 위해서는 특히 습관적인 몸이 반응할 수 있는 재활 환경이 중요하다. 왜냐하면 습관적 몸은 항상 주변의 익숙한 환경에 자신을 투사하여 자신의 몸에 맞는 구조를 형성하기 때문이다. 사지를 절단한 사람이 겪는 환각지는 과거의 자신의 습관적 몸을 현실적 몸으로 착각한다. 그의 환각지는 습관적 몸으로 상황에 투사하고자 하기 때문에 체험되는 현상이다. 이것이 상황에 투사하는 몸이다. 투사하는 몸이 자신의 몸 습관에 따라 친숙하게 거주하는 세계와의 교섭을 시도하다 실패하면 현실적 몸은 새로운 몸 습관을 습득해야 한다. 또한 신경학적 손상을 입은 환자나 뇌졸중 환자의 예에서 보이듯이 현실적인 몸은 지속적으로 과거의 몸 습관대로 걸으려고 하지만, 발을 옮길 때마다 적절한 위치를 생각해야 하고, 자신에게 맞는 습관을 익히기 위해 의도적으로 노력해야 한다. 반면 우리가 건강할 때 실제로 투사된 몸은 매 상황의 요구에 융통성 있게 반응하는 신체적 기술을 지닌다. 그것은 자신의 의도대로 몸을 구체적인 상황에 투사할 수 있는 몸의 상황이 이미 성립되어 있음을 의미한다. 이러한 실제로 투사된 몸은 상황에 대한 지각의 요청에 이끌려 사고의 반성적 절차를 거치지 않고도 상황에 참여하는 몸이다.[45]

또한 우리는 신체적 감각과 신체 이미지를 포함하여 몸 그 자체를 스스로 인식하고 체험한다. 이렇듯 스스로 인식하여 체험된 현상적 몸은 기술될 수 있다. 특히 몸으로 느끼는 고통은 매우 개인적으로, 또는

44 P. Benner & J. Wrubel, *The Primacy of Caring, Stress and Coping in Health and Illness*, p. 71.

45 P. Benner & J. Wrubel, *The Primacy of Caring, Stress and Coping in Health and Illness*, p. 73.

문화적으로 습득된 방식으로 체험되어 기술된다.[46] 물론 우리는 해부학에서처럼 객관화된 자신의 몸의 특수한 기관을 상상하여 그것을 기술하고 설명할 수 있다. 그러나 현상적 몸은 자신의 존재 능력이 세계로 확장되는 것을 스스로 체험하는 몸이다. 건강할 때 우리는 흉부의 위치나 크기 혹은 숨 쉬는 것과 같은 신체적 체험에 대해 전혀 주의를 기울이지 않는다. 그러나 질병으로 인한 통증, 불편함, 호흡 곤란, 현기증 등의 신체적 교란이 일어날 때 비로소 몸의 현상 그 자체에 주의를 기울인다. 특히 신체적으로 무력해지고 통증이 만성화되거나 깊어지면 우리는 자신에게 속한 익숙한 몸이 아닌 낯선 사물과 같은 몸에 대한 체험을 하게 되는 것이다.

이렇듯 구체적인 상황에 투사할 수 있는 몸의 실존적 능력은 몸의 지각과 운동 습관을 매개로 상황을 다룰 수 있는 몸의 기술에서 온다. 이때 상황에 최적으로 반응하는 몸의 기술은 상황과 사물을 다루는 몸 습관이 습득되어 있는지의 여부에 달린 것이다. 우리는 자신의 자연적 몸을 통해 혹은 일반적 도구나 새로운 도구를 사용하여 구체적 상황에 투사할 수 있는 몸의 기술을 지닌다. 이렇듯 몸의 기술을 바탕으로 상황에 투사할 수 있는 몸의 실존적 자유 능력이 바로 지향호이며, 그것은 몸과 세계를 이어 주는 견고한 연결 끈이다.[47]

46 I. Madjar, *Giving Comfort and Inflicting Pain*, Alberta: Qual Institute Press, 1998, p. 38.

47 H. L. Dreyfus & S. E. Dreyfus, "The Challenge of Merleau-Ponty's Phenomenology of Embodiment for Cognitive Science", p. 103.

3) 돌봄의 실천적 지식

돌봄의 실천은 몸이 처한 상황 속에서 이루어진다. 그래서 몸이 속해 있는 상황에 적합한 돌봄의 실천은 일반적으로 이론적 지식뿐만 아니라 상황이 요구하는 과제를 파악하여 그에 대처하는 실천적 지식을 필요로 한다.[48] 특히 간호에서의 돌봄은 환자가 처한 임상적 상황을 파악하여 그 상황의 요구에 대처하는 숙련된 몸의 기술을 필요로 한다. 돌보는 사람은 환자를 돌보기 위해 과학적 원리나 절차와 규칙 등으로 구성된 이론적 지식을 머리로 먼저 알고 그것을 단순히 환자가 처한 임상적 상황에 응용하는 것이 아니다. 간호에서 요구되는 실천적 지식이란 실제적으로 어떻게 실천에 옮겨야 하는지에 대한 앎이 경험을 통해 축적되어 임상적 상황 속에 적극적으로 개입함으로써 체득된다.[49] 이러한 돌봄의 실천적 지식은 각각의 돌봄이 요구되는 다양한 임상적 상황을 맞이하여 그 상황에 대한 요구에 신체적 동작으로 적합하게 반응하는 경험을 통해 체득된 신체적 지식이다. 여기서 신체적 지식이란 단순히 상황에 참여하기 위해 도구를 다룰 수 있는 숙련된 기술적 차원을 넘어선다. 그것은 개인이 처한 취약한 상황에 적극적으로 관여하여 대처하는 몸으로 체현된 덕스러운 태도를 통해서 실현될 수 있는 것이다.[50]

48 S. D. Edwards, *Philosophy of Nursing: An Introduction*, London: Palgrave, 2001, p. 166.

49 P. Benner, *From Novice to Expert, Excellence and Power in Clinical Nursing Practice*, Menlo Park, CA: Addison-Wesley Publishing Company, 2001, pp. 2-3.

50 간호에서의 임상적 전문성은 상황에 반응하는 덕스러운 태도와 분리될 수 없다. 전문 간호사는 환자와 가족이 처한 곤경의 상황에 대해 응답하는 재능을 지녀야 하며, 그것은 매일의 임상에서의 숙련된 행위에 체현되어 있다. P. Benner et al., *Expertise in Nursing Practice, Caring, Clinical Judgment and Ethics*, New York: Springer, 1996, p. 258 참조.

그러면 그러한 실천적 지식의 습득은 어떻게 가능한 것인가? 앞에서 살펴본 바와 같이 메를로-퐁티에게서 상황에 참여하여 어떤 과제를 수행하고자 하는 실천적 의식은 세계를 향한 신체의 지각과 운동을 결합시키는 몸의 통합 능력을 필요로 한다. 그것은 몸의 실존적 자유 능력이며 상황에 대처하는 실천적 지식의 근원이다. 그래서 이러한 상황에 대처하는 몸의 자유 능력이 어떻게 성립되는가에 대한 이해는 돌봄의 실천을 위한 간호 실무의 특성을 이해하는 이론적 근거를 제공할 수 있다.

드레퓌스는 메를로-퐁티의 지향호에 대한 이해에 기초하여 몸의 기술을 요구하는 실천적 과제를 수행하는 기술 습득 단계 이론을 제시한다.[51] 그는 체스 선수나 비행기 조종사처럼 실존적 주체가 상황에 대처하여 적합하게 반응하는 전문성을 획득하는 기술 습득(skill acquisition) 과정을 초보자에서 전문가의 단계로 나아가는 과정을 통해 보여 준다.[52] 이때 드레퓌스는 메를로-퐁티의 지향호를 몸과 세계를 이어 주는 견고한 연결 끈으로 이해하면서, 그것을 몸이 처한 상황에 대한 요청에 응답하는 실존적 주체의 소질이라고 해석한다.[53] 따라서 실존적 주체가 실천적 지식을 습득한다는 것은 몸으로 지각되는 상황과 대상의 요청에 응답하는 소질로서의 몸의 지향호가 성립되었음을 의미한다. 우리의 몸이 지각을 통해 가해지는 상황과 사물들의 간청에 대해 운동으로 더욱 정교하며 차별적으로 각각의 상황에 적합하게 반응하기 위해서는 지향호를 바탕으로 한 기술이 체화되어 있어야 하는 것이다.

51 H. L. Dreyfus & S. E. Dreyfus, "The Challenge of Merleau-Ponty's Phenomenology of Embodiment for Cognitive Science", pp. 103-120.
52 H. L. Dreyfus & S. E. Dreyfus, "The Challenge of Merleau-Ponty's Phenomenology of Embodiment for Cognitive Science", p. 105.
53 H. L. Dreyfus & S. E. Dreyfus, "The Challenge of Merleau-Ponty's Phenomenology of Embodiment for Cognitive Science", p. 103.

베너를 비롯한 돌봄 학자들은 드레퓌스가 개발한 기술 습득 단계 이론을 간호의 임상 실무 영역으로 확장시켜 임상적 지식의 습득 단계 이론으로 더욱 정교하게 발전시켰다.[54] 그리고 그중에는 메를로-퐁티의 신체적 지향성에 대한 이해에 근거하여 중환자실, 응급실 등 다양한 임상 영역에서의 전문적 돌봄의 실천이 지닌 특성을 보여 주고자 한 시도들도 있다.[55] 특히 베너는 이론적인 명제적 지식과 구분하여 실천적 지식을 어떤 과제를 수행하기 위해 축적된 경험을 통해 체현된 노하우, 즉 "이미 손안에 있는"(the ready to hand) 지식으로 특징짓는다.[56] 여기서는 드레퓌스의 기술 습득 단계 이론에 근거하여 간호학자들이 제시한 간호의 실천적 지식의 특성을 살펴보고자 한다.[57] 이때 간호를 함에 있어서 초보자에서 전문가 단계에 이르기까지 드러나는 실천적 지식의 특징 또

54 베너는 자신의 초기 저서에서 간호사의 실무에서 발휘되는 지식의 본성에 중점을 두고 임상적 지식의 습득 과정에 대한 이론을 드레퓌스의 모델에 따라 전개시켰다. P. Benner et al., *From Novice to Expert, Excellence and Power in Clinical Nursing Practice*, pp. 1-4 참조. 특히 그녀는 간호 실무의 임상적 전문성에 무엇보다도 실존적인 관여 기술과 윤리적 측면이 중요함을 강조하였다. P. Benner et al., *Expertise in Nursing Practice, Caring, Clinical Judgment and Ethics*, p. 258 참조.

55 G. K. Chan, "Understanding End Life Caring Practices in the Emergency Department: Developing Merleau-Ponty's Notion of Intentional Arc and Maximum Grip through Praxis and Phronesis", pp. 19-32.

56 P. Benner, *From Novice to Expert, Excellence and Power in Clinical Nursing Practice*, p. 3. 명제적 지식이 이성에 의해 획득되어 논리적 형식을 통해 보존된 지식이라면, 지각과 운동 능력을 핵심으로 하는 실천적 지식은 노하우, 즉 경험을 통해 체득된 암묵적 지식이다. S. D. Edwards, *Philosophy of Nursing: An Introduction*, p. 73 참조.

57 기술 습득의 과정은 추상화된 일반적 원칙을 개별적 사례에 적용시키는 단계로부터 점점 추론을 거치지 않고 각각의 사례에 대해 직관적으로 인식하는 단계로 넘어가는 과정으로 설명된다. P. Benner et al., *Expertise in Nursing Practice, Caring, Clinical Judgment and Ethics*, pp. 46-47 참조.

한 기술할 것이다.

(1) 초보자

특정한 실천적 과제를 수행하기 위해서는 기술 습득을 위한 교육이 필요하다. 이 교육은 초보자가 경험이 없어도 인지할 수 있는 가상 환경을 재구성하여 제공하는 것으로부터 시작된다. 초보자는 교육을 통하여 경험이 없어도 인지할 수 있는 상황의 사실과 특성을 학습하고, 그를 근거로 하여 과제를 수행하기 위한 기술과 행위의 결정에 필요한 원리와 규칙들을 습득한다. 행위를 인도하는 상황에 대한 경험이 없이도 강의실에서 과제를 수행하기 위한 규칙이나 절차 등을 배우는 것이다. 예를 들어 그들은 체중, 투입, 산출, 체온, 혈압 측정, 투약 등에 대한 이론과 기술적 절차들을 배우지만, 그들의 과제에 대한 수행은 실제적 상황과 무관하게 이루어진다.[58]

(2) 신참자

강의실에서 어떤 과제를 수행하기 위해 배운 원리나 절차들은 오로지 실제 상황을 통해서만 기술로 습득될 수 있다.[59] 초보자는 구체적인 상황에서 규칙과 절차에 따른 실무를 시작하고, 실무 경험이 축적됨에 따라 상황에 존재하는 의미 있는 요소들을 점차 직관적으로 인식하기 시작한다. 신참자는 자신이 경험하는 임상 세계에서 규칙과 절차에 따라 자신의 과제를 잘 수행했는지에 대해 관심을 갖지만, 아직은 변화하는

58 P. Benner, *From Novice to Expert, Excellence and Power in Clinical Nursing Practice*, pp. 20-21.

59 P. Benner, *From Novice to Expert, Excellence and Power in Clinical Nursing Practice*, p. 22.

임상적 상황에서 문제의 본질을 인식할 수 없다. 따라서 그들은 병동의 프로토콜이나 절차에 포함되지 않는 간호 실무의 모든 측면들을 알아채지 못하고 환자가 처한 임상적 상황을 파악할 수 없기 때문에 그 상황에 완전히 몰두하지 못한다. 신참자는 우선 의사의 지시, 카덱스에 있는 간호 지시, 병원과 병동의 규범과 절차에 따라 간호를 하지만, 복잡한 임상적 관찰과 결정을 할 때에는 많은 경험과 권한을 지닌 의사와 간호사의 판단에 의존한다. 신참자가 임상적 상황에 개입하기 어려운 것은 환자가 처한 임상적 상황에 대한 지각적 변별 능력이 부족해 환자의 요구에 완전한 주의를 기울여서 반응할 수 없기 때문이다.[60]

(3) 숙달자

숙달자는 과제를 수행하기 위해 특정 상황과 연루되어 있는 중요한 요소들이 무엇인지를 파악할 수 있어야 하며, 광범위하게 관련된 복잡한 사실과 특성들을 몇 가지로 제한시켜 가면서 의사 결정을 할 수 있어야 한다. 또한 숙달자는 초보자처럼 감정 이입 없이 규칙과 절차에 따라 과제를 수행하는 입장에서 관여하는 입장으로 발전한다.[61] 숙달된 간호사는 1-3년 정도의 임상 경력을 거치면서 복잡한 업무를 시간 내에 조직하여 수행할 뿐만 아니라, 중요한 임상적 징후와 증상을 확인하고 미래의 가능성을 예견하는 총체적인 임상적 이해를 한다. 거기서 고정된 규칙과 절차에 따른 표준화된 간호와 환자의 특성에 따른 개별적인 간호가 서로 조화를 이루게 된다. 이때 간호사가 환자의 상황을 더욱 예민

60 P, Benner et al., *Expertise in Nursing Practice, Caring, Clinical Judgment and Ethics*, pp. 40-48.

61 P. Benner et al., *Expertise in Nursing Practice, Caring, Clinical Judgment and Ethics*, p. 40.

하게 지각함에 따라 임상적 상황에 대한 정서적 반응은 곧 환자에 대한 개입으로 이어진다. 숙달자 단계에 있는 간호사는 임상적 상황을 지각하여 그에 반응하는 개입의 기술을 배우게 되는 것이다.[62]

(4) 숙련가

경험을 통해 숙련가 단계로 나아가는 간호사는 다양한 상황들을 변별할 수 있게 됨에 따라 특정한 측면에 중점을 두고 직관적으로 계획을 세운다. 숙련가는 몇 가지 가능한 선택 중에서 어떤 것을 선택해야 할지를 추론적으로 계산하기보다는 성취를 위해 필요한 것이 무엇인지 직관적으로 파악하여 행동을 취하게 된다.[63] 특정한 임상적 상황을 예민하게 지각하여 파악하는 숙련된 기술은 오랜 경험을 통해 유사하고 독특한 임상적 상황을 수없이 관찰하고 대조해 봄으로써 습득된다. 특히 임상적 응급 상황에서, 기술적 노하우와 매우 예민한 지각 능력을 갖춘 간호사는 숙고할 필요 없이 융통성 있게 임상적 상황에 즉각적으로 반응하고 행동하면서 사고한다. 숙련된 간호사는 임상에서의 가능한 상황과 미래의 예후를 예상하고 환자 반응에 주의를 기울이며 임상적 징후의 변화가 지닌 연관성을 파악하여 반응할 수 있다. 숙련된 간호사는 또한 상황에 융통성 있게 대처하고 환자의 관심사에 정서적으로 개입하고 참여함으로써 실존적 기술과 대인관계 기술을 습득한다.[64]

62 P. Benner et al., *Expertise in Nursing Practice, Caring, Clinical Judgment and Ethics*, pp. 88-89.

63 P. Benner et al., *Expertise in Nursing Practice, Caring, Clinical Judgment and Ethics*, p. 41.

64 P. Benner et al., *Expertise in Nursing Practice, Caring, Clinical Judgment and Ethics*, pp. 131-139.

(5) 전문가

전문가는 자신이 처한 상황에 적합한 행동을 취하기 위해서 원칙이나 규준, 지침에 의존하지 않는다. 전문가는 실무 경험을 통해 숙련가보다 더 섬세한 상황에 대한 변별력을 가지고 무엇을 성취해야 할지를 알 뿐만 아니라 그것을 어떻게 달성해야 하는지도 안다. 전문가는 과제가 정상적으로 진행되면 문제 해결을 위한 의사 결정을 하지 않고 직접적이고 직관적으로 상황에 반응한다. 자신의 수많은 상황에 대한 경험에 근거하여 상황의 패턴을 섬세하게 구분하는 식별 능력을 통해 각각의 패턴에 따라 달리 반응하여 행동을 취한다.[65] 초보자, 신참자, 숙달자는 합리적 추론과 계산적 절차를 거쳐 행동하는 양상을 보이지만, 전문가로 숙련될수록 총체적 시각으로 보면서 직접 행동으로 나아가는 경향을 띤다.[66]

이렇듯 간호사는 전문가가 될수록 신중하고 계획적인 추론에 따른 수행보다는 상황의 전체적인 패턴과 새로운 의미를 직관하여 직접적으로 행위하는 방향으로 나아가게 된다. 숙련기의 간호사가 상황의 패턴을 파악하고 여전히 무엇을 어떻게 대처해야 할지 생각하여 행위하는 반면 전문적 수준의 실무자는 특정한 상황에서 중요한 문제를 직관적으로 인식함과 동시에 행위한다. 한 예로 출혈 환자가 호흡을 멈추는 상황에서 전문가는 문제를 인식하자마자 즉각적인 행위를 취하며, 환자 상태에 대한 파악과 그에 대한 간호사의 행동의 연계는 직접적이며 자연스럽게 이루어진다.[67] 그들은 임상적 상황의 특성에 따른 환자의 요구

65 H. L. Dreyfus & S. E. Dreyfus, "The Challenge of Merleu-Ponty's Phenomenology of Embodiment for Cognitive Science", p. 109.

66 H. L. Dreyfus & S. E. Dreyfus, "The Challenge of Merleau-Ponty's Phenomenology of Embodiment for Cognitive Science", p. 43.

67 P. Benner et al., *Expertise in Nursing Practice, Caring, Clinical Judgment and Ethics*,

에 대해 차별적으로 반응한다. 간호학자들은 이러한 전문적 수행의 특징을 '임상적 파악과 반응에 기초한 실무', '체현된 노하우', '큰 그림을 볼 수 있는 능력', '예기치 않은 것을 볼 수 있는 능력' 등으로 기술하고 있다.[68]

우선 첫째, 임상적 파악과 반응에 기초한 실무란 임상적 파악을 정확히 하고 일반적인 것과 개별적인 것 각각의 고유한 양상에 대한 반응을 인지하는 것을 뜻한다. 간호사는 환자 자신이 처한 상황에 대한 임상적 파악에 따라 적절한 임상적 반응을 하며, 이때 환자의 요구에 따라 상황에 접근하는 방식을 수정할 수 있다. 둘째, 체현된 노하우란 상황의 구체적인 요구에 반응하는 숙련된 기술을 말한다. 이는 오로지 개별적인 임상적 상황을 정확히 파악할 수 있을 때 가능하다.[69] 체현된 노하우로 숙련된 신체적 동작은 상황의 구체적 요구에 습관적으로 반응하는 숙련된 기술이다. 셋째, 큰 그림을 볼 수 있는 능력은 전문적 수준의 간호사는 환자의 현재, 과거, 그리고 미래에 가능한 것을 파악함으로써 임상적 상황에서 생길 수 있는 모든 것을 볼 수 있다는 것을 의미한다. 넷째, 예기치 않은 것을 볼 수 있는 능력은 특히 전문적 수준의 간호사는 특정 환자군에서 임상적으로 중요한 미세한 변화를 판별할 수 있음을 뜻한다.

요컨대 전문적 수준의 간호사는 섬세한 지각적 판별력으로 상황에 대한 전체 그림을 파악하고, 미처 예상하지 못한 임상적·개인적 변화를

p. 142.

68 P. Benner et al., *Expertise in Nursing Practice, Caring, Clinical Judgment and Ethics*, p. 146.

69 P. Benner et al., *Expertise in Nursing Practice, Caring, Clinical Judgment and Ethics*, p. 147.

포착하여 그에 반응한다.[70] 베너에 따르면 습관화된 윤리적 태도는 간호의 전문성을 특징짓는 임상적 파악과 반응에 기초한 실무, 체현된 노하우와 분리될 수 없다.[71] 간호 실무에서 중요한 것은 도덕적 딜레마 상황에서 합리적인 의사 결정을 어떻게 할지를 숙고하는 것이라기보다는 곤경에 처한 사람을 돌보는 것이다. 이때 간호사에게 중요한 것은 환자 개인의 배경이 지닌 의미를 이해하고 예민한 지각 능력을 통해 파악된 임상적 상황의 요구에 반응하는, 일상적으로 습관화된 숙련된 윤리적 태도이다. 이러한 간호사의 윤리적 태도는 특히 환자와 가족이 처한 취약한 상황에 깊이 개입하여 이들의 요구를 수용하고 반응하는 일상의 숙련된 돌봄의 기술을 통해 표현된다. 돌봄의 기술은 개인이 처한 취약한 상황에 대한 요구를 섬세하게 지각하여 그에 반응할 수 있는 도덕적 감수성을 필요로 한다. 예컨대 슬픔에 가득 찬 환자의 고통에 공감하여 그에 책임감을 느끼는 도덕적 감수성은 "그들의 관심사를 존중하고 지지해 줄 수 있는 숙련된 노하우를 통해 환자의 정서에 관여하는" 돌봄의 기술을 촉진시킨다.[72] 여기서 임상적 상황을 섬세하게 파악하는 지

70 P. Benner et al., *Expertise in Nursing Practice, Caring, Clinical Judgment and Ethics*, p. 156.

71 P. Benner et al., *Expertise in Nursing Practice, Caring, Clinical Judgment and Ethics*, p. 160. 챈(Chan)에 따르면 윤리적 태도로서 임상적 지혜는 경험적 지식으로 체현된 숙련된 노하우를 통해 드러난다. 숙련된 임상 전문가는 과거의 경험과 이론적 지식이 몸에 침전된 숙련된 지각 능력으로 개별적인 임상적 상황을 최적으로 파악하여 행위를 통해 사고하는 윤리적 태도를 지닌다. 그녀는 특히 경험적 지식의 축적에 따른 과거, 현재, 미래에 대한 큰 그림을 통해 임상적 상황의 특수성을 파악하여 숙련된 행위로 반응할 수 있는 능력을 임상적 지혜라고 특징짓는다. G. K. Chan, "Understanding End Life Caring Practices in the Emergency Department: Developing Merleau-Ponty's Notion of Intentional Arc and Maximum Grip through Praxis and Phronesis", pp. 19-32 참조.

72 P. W. Peggy, "The Ethical Context of Nursing Care of Dying Patients in Critical

각적 분별력의 개발은 환자가 처한 취약한 상황에 대한 도덕적 감수성을 더욱 예민하게 만들어 환자에 대한 공감과 관여가 일어나게 한다.

간호가 전문적 수준으로 발전할수록 개인의 실존적 삶에 대한 옹호로서의 돌봄의 기술이 더욱 요구된다. 탁월한 돌봄의 기술은 도덕적 감수성과 지각적 분별력에 의해 임상적 상황을 파악하여 그에 반응하는 숙련된 신체적 동작의 노하우, 환자, 가족, 동료의 인간관계에 개입하는 기술을 포함한다. 이러한 돌봄의 기술은 단순히 숙련된 기능적 차원을 넘어서 곤경에 처한 환자의 실존적 삶의 상황에 적극적으로 관여하는 도덕적 차원을 지닌다.[73] 더구나 간호사는 곤경에 처한 개인의 삶에 대한 정서적 개입을 통해서 지각된 그들의 요청에 대해 응답하는 체현된 돌봄을 실천한다.

이러한 간호에서의 돌봄의 실천은 메를로-퐁티의 몸의 지향성에 기초한 몸 도식과 몸의 실존적 자유와 어떠한 관계가 있는가? 메를로-퐁티에게서 몸 도식이란 모든 실천적 지식의 근거로서 '상황에 정박하는 몸의 상황', 즉 상황을 받아들일 수 있는 몸 습관을 의미한다. 이러한 몸 도식은 간호의 실천적 지식을 습득하는 과정에서 임상적 상황을 받아들이는 숙련된 몸 습관을 지니는 것과 관련된다. 돌봄을 실천하는 간호사는 임상 현장으로 자신의 존재를 확장시켜 환자가 처한 상황이 요구하는 과제를 받아들이고 수행할 수 있는 숙련된 몸 습관을 지녀야 한다. 신참자로서 임상적 상황을 처음 접하는 간호사는 그 상황에 맞는 몸 습관이 형성되어 있지 않기 때문에 주로 이론적으로 습득한 간호 원칙

Care" in *Interpretative phenomenology, Embodiment, Caring, and Ethics in Health and Illness* (P. Benner (ed.)), CA: Sage, 1994, p. 255.

73 D. Sellman, "Alasdair Maclntyre and the Professional Practice of Nursing", *Nursing Philosophy* 1, 2000, pp. 26-33.

과 규칙에 따라 사고하여 행위하려고 하지만, 수행하는 몸은 그 상황에 대해 낯설기만 하다. 임상적 상황에 대처하는 지각적 판단력과 몸의 숙련된 기술을 습득하기 위해서는 경험을 통해 임상적 상황을 맞이할 수 있는 몸 습관을 지녀야 한다. 이는 임상 환경에 자신을 투사하여 그 환경과 몸이 서로 맞는 구조로 개조되어야 함을 의미한다. 이러한 몸 도식의 획득이야말로 환자가 처한 임상적 상황에 익숙하게 접근하고 참여하기 위한 몸의 상황을 만들어 준다고 말할 수 있다. 전문적 수준의 간호사에게는 모든 지각적 경험과 몸의 운동의 통일이 전(前)반성적으로 일어나 임상적 상황과 소통할 수 있는 근거가 자신의 몸 습관으로 체현되어 있다. 중환자실에서 일하는 간호사가 임종 환자의 상황을 익숙하게 맞이하고 그에 적극적으로 참여하여 대처하는 것은 이미 축적된 경험을 통해 획득된 환자를 다룰 수 있는 몸의 숙련된 습관이 간호의 기술로서 체현되어 있을 때 가능한 것이다.

이렇듯 임상적 상황에 참여하기 위한 몸 습관은 일종의 암묵지로서 반성 이전의 실천적 지식의 바탕이 된다. 이러한 실천적 지식은 초보자에서 전문가의 단계로 나아가면서 획득된다. 탁월한 간호사에게는 이러한 몸의 상황을 토대로 하여 자신의 실천적 의지를 몸의 지각 및 운동 능력과 자유롭게 결합시켜 상황에 참여할 수 있는 몸의 자유가 있다. 이는 환자가 처한 임상적 상황의 요청에 자유롭게 응답할 수 있는 실천적 지식의 단계로 나아가게 한다. 간호사는 임상적 상황에 대한 경험을 통해 민감해진 지각적 판단력을 바탕으로 환자가 처한 상황의 요청을 지각한다. 그들은 지각된 상황의 요청에 가장 적합하게 반응하고자 하는 몸의 지향성에 의해 숙련된 행위로 나아간다. 간호에서 돌봄의 기술은 몸으로 지각한 임상적 상황의 간청을 간파하여 그에 곧바로 응답하는 과정에 있다. 간호사는 전문가 단계로 나아갈수록 환자가 처한 개별적 임상적 상황을 과거와 현재, 미래에 대한 예측까지 포함하는 큰 그림을 통해 최대치로 파악하려고 한다. 돌봄의 전문가는 몸의 자유로운 통합 능력에 의해 최대치로 파악된 임상적 상황의 요청을 받아들이고 기술적 노하우를 통해서 돌봄을 실천한다. 이처럼 돌봄의 전문성은 임상적 상황에 적극적으로 개입하여 상황의 요청에 반응할 수 있는 몸의 자유 능력에 있다.

메를로-퐁티에게서 몸의 지향성이 맞이하는 상황이란 물리적·인간적·도덕적 상황을 포괄하는 관계적 상황이다. 그는 우리의 몸이 어떻게 도덕적 상황을 맞이하고 투사하는지에 대해 구체적으로 언급하지 않는다. 그러나 주체의 몸에 의한 지각적 경험에는 이미 그가 얽혀 있는 인간관계 속의 도덕적 상황에 대한 지각적 경험이 함축되어 있다.[74] 이것을 물리적·인간적·도덕적 상황 모두를 포괄하고 있는 간호사가 처한 임상적 상황에 응용해 보자. 전문적 돌봄이 요구되는 임상적 상황이란 매 순간 상처받을 수 있는 취약한 존재가 처해 있는 도덕적 상황과 분리될 수 없다. 여기서 간호사에게는 인간관계 속에서 보호받고 존중받아야 할 취약한 환자에 대한 도덕적 감수성이 일어난다. 이러한 취약한 존재에 대한 도덕적 감수성은 임상적 상황을 받아들이는 간호사의 임상적 파악과 함께 일어나며, 그것이야말로 지각된 상황의 요청에 반응하는 돌봄의 윤리적 태도를 보여 주는 것이다. 따라서 임상적 파악은 도덕적 상황을 수용하는 도덕적 감수성과 분리될 수 없으며, 이를 통해서 인간관계 속에 적극적으로 관여하는 실존적 돌봄이 실천된다.[75] 상황에

74 메를로-퐁티는 도덕은 항상 이미 지각 속에 뿌리내리고 있으며, 지각과 더불어 얽혀 있는 인간과 타자, 그리고 세계 사이에 도덕은 이미 존재한다고 말한다. 지각 속에 뿌리내리는 도덕은 신체적 주체와 타자 사이의 상호성의 도덕을 보여 준다. 신인섭, 「제2인칭을 위한 윤리학의 현상학적 근거」, 『철학연구』 제58집, 2002, 353쪽.

75 임상적 상황에서 도덕적으로 민감해진다는 것은 상호 작용하는 신체적 습관에

적극적으로 참여하는 돌봄의 실천은 도덕 원칙이나 규칙에 의해 추론된 도덕적 판단에 의거한 것이 아니라, 도덕적 상황을 지각하여 맞이하는 체현된 도덕적 감수성에 의거한 것이다.

지금까지 메를로-퐁티의 몸의 지향성에 기초한 몸 도식과 몸의 자유 능력에 근거하여 돌봄의 실천적 지식의 특성을 설명하고자 하였다. 이러한 돌봄의 실천적 지식은 몸 습관을 기반으로 하여 환자를 돌보고자 하는 실천적 의지가 몸의 자유 능력을 통해 돌봄의 실천으로 옮겨질 수 있게 한다. 돌보는 사람은 환자를 돌보고자 하는 실천적 의식을 경험을 통해 민감해진 지각 능력과 몸의 운동으로 결합해 내어 상황의 요구에 적합하게 반응할 수 있어야 한다. 그는 이러한 몸의 실천적 능력을 바탕으로 환자가 처한 도덕적·임상적 상황의 요구에 반응하여 돌봄을 실천할 수 있다. 따라서 구체적 상황에 참여할 수 있는 몸의 지향성에 기초하여 실천적 지식의 토대를 제시한 메를로-퐁티의 몸의 현상학은 몸의 도덕적 차원에 대한 기술이 부족함에도 불구하고 환자가 처한 총체적인 임상적 상황에 참여하는 돌봄의 실천적 지식의 특성을 설명하는 데 중요한 이론적 근거를 제공한다고 할 수 있다.

의해 의미 있는 사건들을 알아챈다는 것을 의미한다. 특히 재거(S. M. Jaeger)는 돌봄의 윤리에서 도덕적 판단을 위해 신체적으로 습득된 도덕적 감수성의 개발의 중요성을 강조하고 있다. S. M. Jaeger, "Teaching Health Care Ethics: The Importance of Moral Sensitivity for Moral Reasoning", *Nursing Philosophy*, 2, 2001, p. 138 참조.

3. 질병 체험의 현상학과 돌봄의 실천

1) 질병 체험의 현상학

메를로-퐁티의 몸의 현상학은 세계에 참여하는 몸의 실존적 능력에 기초한 실천적 지식의 특징을 설명할 수 있게 한다. 몸 습관에 기초한 실천적 지식은 또한 질병이나 상해, 노화 등으로 인해 삶의 곤경 상태에 있는 사람들을 위한 돌봄의 실천 방식을 제공할 수 있다. 특히 환자의 질병 체험에 대한 현상학적 연구는 고통받는 이의 관점에서 그들의 몸의 곤경 상태가 삶의 실존적 위기의 경험임을 보여 주며, 그들의 몸의 회복을 보살피기 위한 실천적 지식에 기여한다. 왜냐하면 환자의 질병 체험에 대한 기술은 세계를 향해 자신의 존재 능력을 확장해 나가는 몸의 능력이 어떻게 장애를 받는지를, 또 그것에 대해 어떻게 대처할 수 있는지를 보여 주기 때문이다. 이에 따라 여기에서는 메를로-퐁티의 현상학에서 전개된 몸의 실존적 능력에 대한 기술을 바탕으로 현상학적 연구를 통해서 얻어 낸 질병 체험과 회복의 과정, 그리고 고통의 현상과 연관된 환자의 신체적 경험에 대한 기술을 살펴보고자 한다.

돌봄 학자들은 환자의 질병이나 고통에 대한 경험, 혹은 간호사나 보호자들의 돌봄 경험에 대한 현상학적 기술이 그 환자에게 적합한 돌봄을 실천하기 위한 토대가 된다고 여긴다. 특히 환자들이 질병이나 상해 등을 경험할 때 몸의 현상에 대해 주의와 집중을 하게 됨으로써 획득되는, 환자의 목소리가 담긴 현상학적 기술이야말로 개별적 돌봄을 실천하기 위한 지식이 된다. 우리는 건강할 때는 호흡이나 손과 발의 움직임 등 신체적 느낌에 대해 주의를 기울이지 않는다. 하지만 질병에 의한 신체적 통증이나 호흡 곤란, 거동의 불편함 등의 신체적 체험은 우리 자신의 삶 전체를 압도한다. 그래서 간호에서의 환자의 질병 체험에 대한 현상학적 연구는 고통받는 이의 관점에서 그들의 몸의 곤경 상태가 삶의 실존적 위기의 경험임을 보여 준다.[76] 질병 체험에 대한 현상학적 기술은 메를로-퐁티의 『지각의 현상학』에서 기술된 몸의 능력이 어떻게 몸의 현상으로 드러나는지를 보여 준다. 그것은 세계로 자신의 존재 능력을 확장해 나가는 몸의 능력이 어떻게 장애를 받으며, 돌보는 사람이 어떻게 그에 대처할 수 있는지를 통찰하게 한다.[77] 예컨대 만성 당뇨병 환자는 혈당 수준에 따라 반응하는 신체적 지각을 읽어서 일상생활에 대처하는 몸 습관과 생활 방식의 변화를 경험한다. 오랜 기간의 만성 질병 체험에 대처하는 과정에서 습득한 습관적이며 숙련된 몸의 체험을 존중하고 그 과정을 배우는 것은 그 환자를 돌보는 이들에게는 임상적 발견과 탐구의 원천이 된다. 다음은 다리를 절단한 사람이 의족을 착용했을 때의 경험에 대한 기술이다.

> 이 유령 다리는 때로는 지옥같이 고통스럽다. 뒤꿈치가 뒤틀리거나 경련이 일어나는 것 같다. 그것은 밤에 악화되고, 의족을 벗었을 때 혹은 아무것도 하지 않을 때 나타난다. 그러나 의족을 신고 걸을 때는 사라진다. 나는 아직도 생생한 다리를 느낀다. 그러나 이 환각은 또 다른 훌륭

76 현상학을 응용한 질적 연구 방법으로서 현상학적 방법은 다양한 학문 영역에서 질적 체험 연구의 다양한 차원에 적용되고 있다. 현상학적 체험 연구에 대한 다양한 차원과 사태 연구에 대해서는 이남인, 『현상학과 질적 연구』, 한길사, 2014, 115-142쪽 참조. 간호에서 환자의 질병 체험, 간호사의 돌봄에 대한 체험 연구 등은 실제 돌봄의 현장에 적용할 수 있는 실천적 지식들의 개발과 동시에 대상자 중심의 돌봄을 실천하기 위한 다양한 보건 의료 영역에서의 질적 자료로 사용되고 있다. 공병혜, 「간호학과 현상학」, 『명상심리상담』 제11집, 2014, 1-12쪽 참조.

77 I. Madjar, *Giving Comfort and Inflicting Pain*, p. 23.

한 환각이다. 이것은 의족에 생기를 불어넣고 나를 걷게 한다.[78]

이 사례에서 다리를 절단한 환자가 의족을 벗었을 때 경험하는 환각지라는 고통의 체험은 절단당하기 이전의 습관적 다리의 환영이 실제로 걷는 데 실패하기 때문에 일어난다. 그러나 의족을 착용하게 되면 습관적인 다리의 경험이 의족에 살아나서 실제로 세상과 소통을 시작한다. 이렇듯 신체적 지향성에 대한 현상학적 관점은 육화된 문화적 의미에 반응하며 행위할 수 있는 신체적 능력의 확장을 이해할 수 있게 한다. 특히 현상학적 체험 연구들은 환자들의 습관적이고 숙련된 몸의 능력이 재활 치료나 중환자실 현장에 있어 상황에 참여하는 능력을 회복시키기 위한 중요한 잠재력임을 보여 준다. 그래서 건강 전문가들은 만성 질병과 함께 살아가며 습관적이며 숙련된 몸을 개발해 온 환자들로부터 몸의 실존적 능력의 확장에 대해 배울 수 있다고 말한다.

아래 제시할 사례들은 메를로-퐁티의 현상학에서 전개된 몸의 실존적 능력에 대한 기술을 바탕으로 질병과 회복, 그리고 고통의 현상과 연관된 환자의 신체적 경험에 대해 현상학적으로 기술한 것이다.

사례 1

뇌졸중 회복 경험

우선 메를로-퐁티의 해석학적 현상학에 기초하여 뇌졸중 환자의 회복

78 P. Benner & Wrubel, *The Primacy of Caring, Stress and Coping in Health and Illness*, p. 66.

경험에 대한 간호 연구의 사례를 소개하고자 한다.[79] 이 연구는 연구자의 현장 노트, 참여자의 생활사에 대한 기록, 그리고 그들과의 직접적인 면담으로부터 수집된 자료에 근거하여 뇌졸중 환자 회복 과정에서의 신체적 체험의 의미 구조를 드러내 보인다.

이 연구는 뇌졸중 환자의 신체적 회복을 위해서 환자가 익숙해진 습관적 몸에 대한 이해가 무엇보다도 중요함을 보여 준다. 이 환자들에게 회복이란 물리적인 신체의 회복뿐만 아니라, 사회적·문화적 신체의 회복을 통해 뇌졸중 이전의 사회적 삶과 재통합함을 의미한다. 그래서 뇌졸중 이전의 삶에서의 신체적 능력이나 개인의 관심 및 사회적 관계가 회복의 과정에서 중요한 의미를 지닌다. 뇌졸중 환자들은 신체적인 운동 능력과 지각 능력이 서로 통합하여 상호 작용하는 것이 부자연스럽다. 그래서 친숙한 환경으로의 사회적 통합을 향한 몸의 움직임은 서투르고 어색하다. 뇌졸중 환자들에게 세상은 더 이상 친숙하고 신뢰할 수 있다는 느낌을 주지 않는다. 왼팔과 다리는 몸 습관에 따라 자발적으로 움직여지지 않고 마음의 통제를 받는 수동적 대상이 된다. 그들은 노력과 강한 훈련으로 뇌졸중 이전의 상태로 돌아갈 수 있다고 믿지만, 자신의 회복 상태에 대해 거의 만족하지 못한다.

일반적으로 재활 시설에서 환자들의 신체적 회복은 주로 일상생활에서의 자기 돌봄, 즉 세수하기, 신발 신기 등의 일상 활동의 기능을 회

79 간호학자 둘리틀(N. D. Doolittle)은 메를로-퐁티의 해석학적 현상학에 기초한 임상 문화 기술지 방법을 통해 13명의 뇌졸중 생존자를 대상으로 이 연구를 수행하였다. P. 베너, 지성애 외 옮김, 『해석학적 현상학과 간호연구』, 정담미디어, 2002, 291-305쪽 참조. 뇌졸중 회복에 대한 생의학적 연구의 대부분은 신체 기능의 회복과 자기 간호를 할 수 있는 자립성에 초점을 두고 있지만, 여기서의 회복의 경험은 자기의 삶의 의미와 미래의 전망을 부여하는 자기정체성의 지속과 관련되어 있다.

복하는 데 초점을 둔다. 그러나 이러한 회복이 환자들의 삶의 총체적인 의미를 담고 있는 사회적·문화적 습관을 지닌 몸의 능력의 회복을 의미하지는 않는다. 그들의 회복은 단지 재활 시설에서 운동 치료사가 처방한 일상적인 기능적 일을 완수하는 과정으로 달성되는 것이 아니라, 뇌졸중 이전의 삶에서 관심과 의미와 가치를 부여하며 문화적으로 습득한 자신의 몸 습관으로 복귀함으로써 달성된다. 어떤 환자는 뇌경색증이 발생하여 왼팔과 왼손의 힘과 조절력이 손상되었다. 뇌졸중 경험 이전에 그는 열광적인 낚시꾼이었다. 뇌졸중 발생 후 그의 회복의 정도는 자기 자신이 얼마나 낚시를 잘할 수 있는지, 즉, 팔과 손으로 얼마나 잘 물고기를 끌어당기고 던져 올릴 수 있는지의 차원에서 판단되었다. 그에게 낚시할 수 있는 능력의 회복은 신체적·사회적 몸의 회복 모두를 의미한다. 낚시는 자기 삶에 의미를 부여하는 사회적인 몸 습관을 회복하기 위한 활동인 것이다.[80]

일상적인 신체 기능의 회복을 위한 재활 훈련만으로는 뇌졸중 이전의 상태처럼 통합적이며 자연스러운 몸 운동으로 나아갈 수 없다. 팔다리가 내 팔, 내 다리가 아니라 마치 소외된 사물처럼 느껴진다. 몸은 둔해지고 반응하지 않게 되며 침범된 사지는 뇌의 명령에 따라 조작되는 대상처럼 느껴진다. "나의 뇌가 '왼발을 걸어라'라고 말하는 것처럼 느꼈어.", "뇌가 명령을 하면, 나의 왼쪽 다리는 '나는 너무 피곤하다'라고 말한다."[81] 이렇듯 뇌졸중 환자의 신체적 연속성의 상실은 의지와 신체적 운동의 통합이 자발적으로 이루어지지 않음을 의미한다. 마음의 의지에 따라서 몸을 움직일 수 없기 때문에 환자의 몸과 마음 사이의 투쟁이 계속되는 것이다. 이들은 정신적 의지가 손상된 사지가 다시 움직이도록

80 P. 베너 엮음, 지성애 외 옮김, 『해석학적 현상학과 간호연구』, 297쪽.
81 P. 베너 엮음, 지성애 외 옮김, 『해석학적 현상학과 간호연구』, 302쪽.

힘을 부여할 수 있을 것이라고 믿는다. 그러나 한 여성 환자는 뇌졸중 발생 후 신체적 운동 능력을 다시 찾는 데 경과가 느렸고, 왼쪽에 심각한 쇠약 증세가 있어 최소한의 활동을 수행하도록 자극을 주었지만 그녀는 병원에서 두세 걸음 이상 걷지 않았다. 그러나 퇴원 후 집에서 변화가 일어났다. 그녀는 걷는 것을 배웠다. 그녀는 친숙한 환경과 상황에 자신의 신체가 이끌리고 반응하는 것을 느꼈다. 메를로-퐁티에 따르면 인간의 몸이 익숙한 상황의 요청에 이끌려서 반응한 것이다. 그녀는 자신이 평소 좋아하던 앞마당을 거닐다가 거기에 놓여 있는 의자에 이끌렸다. 친숙한 환경은 만질 수 있고 움직일 수 있고 접근할 수 있는, 자기 몸에 육화된 의미들로 가득 차 있다. 그녀가 걷도록 놀라운 반응을 끌어낸 것은 그녀의 몸을 반응하게 이끈 육화된 의미로 가득 찬 환경이었다. 몸은 상황에 속하여 상황과 함께 공동의 의미를 엮어 나가기 때문에 습관적 몸은 낯선 환경에 처하면 심리적 동요를 겪게 된다. 그녀는 자신의 집이라는 친숙한 환경에 대한 습관적 앎으로 가득 찬 집 안 곳곳에서 신체적 접촉이 일어날 때마다 자신의 신체가 반응하는 것을 체험할 수 있었다.[82]

이처럼 뇌졸중 환자의 생활 세계로 복귀하기 위한 재활 과정은 뇌졸중 이전의 몸 상태로 완전히 되돌아갈 수는 없어도 자신이 처한 환경에 익숙하게 반응할 수 있는 몸의 상황을 만들어 가는 것을 의미한다. 단순히 신경학적인 신체적 운동의 회복뿐만 아니라, 그들의 거주하는 환경과 엮여 있는 그들 삶의 관심, 생활 습관, 가치관 등의 의미가 육화되어 있는 사회적·문화적 몸으로의 회복을 목표로 하는 것이다.[83]

82 P. 베너 엮음, 지성애 외 옮김, 『해석학적 현상학과 간호연구』, 300-304쪽.

83 간호란 환자의 생활 세계로의 복귀를 돕는 것으로, 환자의 생명 과정과 생활 과정, 사회 과정을 정비하는 것이다. 즉, 자력으로 생활 과정을 영위할 수 없을 때나 생활에 제한이 있을 때 그 사람이 가지고 있는 힘을 최대로 발휘할 수 있도록 하면서 생활의 자립과 그 질의 향상을 도모하는 것이다. 카나이 히토에,

사례 2

삶과 죽음에 직면해서

이 사례는 12년간 중환자실에서 근무한 간호사가 중환자실에서의 참여관찰, 환자의 노트 열람, 퇴원한 환자와의 인터뷰 등을 통해 죽음에 직면한 환자의 신체적인 위협 상황에 대해 수행한 현상학적 체험 연구이다.[84] 연구자인 간호사는 인터뷰 시 중환자실의 환경에서 치명적인 질병 상태를 겪고 살아 나온 환자들을 참여자로 선정하였다.

치명적인 질병 상태 때문에 선택의 여지 없이 중환자실에 들어온 참여자들은 갑자기 낯선 환경에 처한 자신의 삶이 철저히 붕괴되고 있음을 감지한다. 그들은 타인에게 전적으로 의존해 있으며, 신체적 고통과 불편함, 다가오는 미지의 사건들과 죽음에 불안을 체험한다. 그들은 중환자실에서 있으면서 의식이나 시간, 신체를 불확실하게 느낀다. 종종 의식이 깨어나도 신체적인 제한과 무능력을 느끼고, 모든 것이 모호하고 불확실하게 다가온다. 상황에 익숙해지기보다는 깨어날 때마다 새로운 현실에 처해져 의식의 흐름 사이를 표류하면서 시간의 흐름을 잃어버린다. 그래서 그들은 과거의 기억으로부터 이어지는 현재의 삶의 지속과 미래를 예견하고 기대하는 데 어려움을 겪는다. 어떤 이들은 여러 날들에 대한 기억을 잃어버렸고, 많게는 17일에 해당하는 기억까지 잃었다. 메를로-퐁티에 따르면 그들은 세계와의 친밀성, 의사소통이 이루어지는

김병순·윤금희 옮김, 『코미이론과 코미차트 시스템』, 대왕사, 2004 참조.

84 이 연구는 호주의 간호사 파커(V. Parker)에 의해 수행되었으며, 참여자는 남자 5명, 여자 6명이었고, 그들의 연령은 17-75세였으며, 다양한 응급 상황으로 입원된 이들이었다. I. 매드저 & J. A. 월턴, 신경림 외 옮김, 『질병체험연구』, 현문사, 2001, 75쪽 참조.

몸의 지각과 운동, 그리고 지성이 통일되는 차원을 잃어버리고, 과거의 기억을 통해 미래로 이어지는 시간의 흐름의 연속성을 잃어버린 것이다. 이렇듯 과거에서 현재와 미래로 이어지는 시간의 흐름의 단절로부터 발생되는 불안정한 전체적 몸의 상태는 세계와의 확고한 연결을 끊는다.

그래서 그들은 세상으로부터 이탈되었다는 감정을 경험한다. 거동이 제한되고, 움직임과 언어가 소실되고, 자신의 신체를 움직일 수 없다는 무력감이 커진다. 이 끔찍한 곤경을 자각하는 일은 몸이 주위 환경에 반응하지 못하는 경험에서 온다. 그들은 여전히 듣고 보고 세상을 해석할 수 있지만, 주위에서 일어나는 사건들에 신체적으로 반응할 수 없는 몸이라는 사실을 알게 된다. 환자들은 이 세상을 낯설고 위협적으로 느끼면서, 세상과 소통할 수 있는 자신의 몸이 없음을 경험한다.

특히 중환자실에서 환자들은 치명적으로 지각과 사고가 혼미해지는 것을 경험하면서 삶에 대한 의심과 미지의 불확실성 속에 놓이게 된다. 그들은 이러한 혼미한 상태 속에서 억제되거나 갇히는 상황을 경험한다. 그들은 약물 복용, 발열, 수면 부족 등에 의해 정신이 혼미한 상태에서 모래에 묻히거나 죄인으로 잡히는 상태 등을 체험한다. 특히 의심과 꿈, 환각에 시달리며 질병과 죽음의 가능성으로 가득 찬 공간에 갇혀 어떤 생각도 명료히 할 수 없는 극심한 무력감, 음성이 소실되어 말도 할 수 없고 혼자서 반응도 할 수 없는 몸의 무능력에 대한 불안과 위협의 감정, 극심한 비참함을 경험한다. 특히 무능력은 통증과 호흡 곤란이 심해지면 죽음이 임박함을 느끼게 한다. 신체적 리듬이 정지되는 호흡 곤란은 개인의 삶의 의식을 현재의 시간으로 제한하고 죽음의 가능성을 예고하는 체험이다. 매번의 호흡은 최악의 위기처럼 느껴지며 죽음이 임박했다는 느낌, 두려움과 공포를 느끼게 한다.[85]

그러나 환자들은 살아남기 위해 투쟁했으며, 계속해서 혼란과 역경을 처리할 능력을 불러일으키고 삶의 의지를 유지할 힘을 모았다. 죽음의 위협 속에서 그들은 자신의 실존을 위해 사용할 수 있는 모든 신체적·정서적 힘을 불러일으켰다. 이러한 사투의 과정은 매 순간 의식적인 삶, 욕망의 삶, 혹은 지각적인 삶을 통합하는 세계와의 끈을 놓치지 않으려는 몸의 처절한 투쟁이다. 두려움과 공포, 의심, 고통, 호흡 곤란을 경험하면서 이루어지는 투쟁은 생명의 위협에 대한 반응이며, 개인적이고 본능적이며 근본적인 것이다. 그들은 죽음의 위협에 직면해 공포와 두려움에 떨면서 엄청난 신체적 힘을 보인다. 왕방울만 하게 눈을 떠 얼굴을 찡그리고, 일그러지고 긴장된 근육을 보이며 그들은 자신의 신체적 힘과 의지를 동원하여 생존을 위해 힘을 모은다. 죽음의 위협 속에서 육체 안에 사는 것은 환자로 하여금 계속적인 실존 상태에 몰두하게 한다. 그러나 극심한 고통이나 호흡 곤란은 생명에 몰두하는 힘을 빼앗는다. 그들은 죽을 것인지 살 것인지에 관심을 갖지 않는다. 계속되는 호흡 곤란으로 인해 산다는 것 자체를 견디기 어려워한다. 죽음과의 투쟁이 너무 견디기 힘들게 느껴져서, 정말로 죽기를 바란다기보다는 고통과 호흡 곤란으로부터 자유로워져 단지 휴식을 할 수 있게 되기를 바란다. 하지만 때때로 그 상황에서 벗어나는 유일한 방법은 죽음 같아 보인다.[86]

또한 참여자들은 같은 공간 속에서 다른 중환자들의 몸을 경험한다. 성별 혹은 의식의 유무를 판별할 수 없이 누워 있는 몸은 세계와 분리되어 있고, 인간의 연약함과 취약성을 드러내 주는 생명력이 없는 몸이다. 환자들은 고통받는 타인들을 무관심한 관찰자의 자세로 지켜보지 않고 그의 경험으로 빨려 들어간다. 참여자들에게 가장 고통스러운 것은 자신들이 그들의 상황에서 비껴날 수 없다는 것이다. 그래서 미지의 불확실성으로 가득 찬 환경에서 익숙한 목소리를 듣고, 누군가를 알아채고, 관

85 I. 매드저 & J. A. 월턴, 신경림 외 옮김, 『질병체험연구』, 82쪽.
86 I. 매드저 & J. A. 월턴, 신경림 외 옮김, 『질병체험연구』, 86쪽.

심을 받고, 사랑하는 사람들과 함께 있는 것은 그들에게 안정감을 주고 자신의 지각에 대해 신뢰를 느끼게 한다. 특히 중환자실에서 가족과 공유한 경험은 참여자들의 기억을 확실하게 하고 그들의 경험에 의미를 부여해 준다. 한편 실존적 위기 상황에 처한 이들의 곤경 상태를 지각하고 안위를 제공하기 위해 수행된 의료인들의 신체적 접촉은 그들의 불확실한 상황에 안정감을 준다.[87]

두 사례에서 살펴본 바와 같이 질병으로 인한 신체적 곤경 상태는 실존적 삶의 위기의 경험이다. 첫 번째 뇌졸중 회복 경험 사례에서 돌봄은 손상되고 무력해진 몸이 환경을 감지하고 그에 반응할 수 있도록 익숙한 환경과 접촉하게 하는 것이다. 익숙하고 자연스런 환경과의 신체적 접촉은 습관적 몸의 기억을 일깨워 환자 자신의 통합적인 신체적 능력에 대한 신뢰를 주며 그 이전의 환자의 자발적인 습관적 몸으로 회복하는 데 기여한다.[88] 또한 중환자실에서 환자의 목소리는 묵과될 수밖에 없지만, 그곳에서 살아남은 자들의 증언을 통해 기술된 그들의 신체적 경험은 세상을 향한 실존적 위기의 체험이다. 자신들의 언어가 소실된 그 공간 속에서 죽음과의 투쟁은 세상과 소통할 수 없이 낯선 환경에 갇혀 버린 채 세상에서 이탈되고 있는 몸의 체험인 것이다. 반 매넌(M. V. Manen)은 간호 실무에서 신체적 증상으로 나타나는 호흡 곤란이라는 체험에 주목한다. 우리는 호흡을 생리학적으로 자세히 설명할 수 있지만, 신체적인 체험으로 표현하기는 어렵다. 예를 들어 분노에 찬 한숨, 안도의 한숨, 공포로 숨이 멎을 것 같은 호흡은 분위기나 기분을 표

87 I. 매드저 & J. A. 월턴, 신경림 외 옮김, 『질병체험연구』, 41쪽.

88 P. Benner & J. Wrubel, *The Primacy of Caring, Stress and Coping in Health and Illness*, pp. 78-79.

현한다. 그러나 숨이 멈추거나 잠시 동안 숨을 쉴 수 없을 때 우리는 즉시 절망감을 느낀다.[89] 중환자실에서 환자들이 겪는 호흡 곤란의 체험은 다시 살아날 수 없을 것이라는 죽음에 임박한 체험이다. 따라서 그들을 돌보는 간호사 및 의료인들은 신체적 곤경으로 인한 삶의 붕괴와 중환자실에 갇힌 비참한 정서에 대한 통찰을 통해 그들의 실존적 삶의 허물어짐을 지각하고 그에 반응해야 한다. 또한 환자들이 처한 상황에서 스스로 신체적 능력과 힘을 인식하게 하고 그들 자신의 몸을 신뢰하도록 안위를 제공하기 위한 돌봄과 지지 체계를 갖추는 것이 요구된다.[90] 즉 환자의 몸의 실존적 위기에 대한 통찰과 그것을 에워싼 환경을 감지하고 그에 반응하는 것이 간호에서의 돌봄의 핵심이라고 말할 수 있다.

2) 신체적 접촉과 돌봄

메를로-퐁티의 몸에 대한 이해는 신체적 상호 관계를 통해 인간 상호 간의 인격적 돌봄의 실천이 일어나는 이론적 토대를 제공한다.[91] 돌보는 사람이 체득한 실천적 지식은 상황의 요청에 어떻게 반응해야 하는지에 대한 앎이 경험을 통해 축적된 지식이다. 이러한 실천적 지식은 상황의 요구를 지각하고 받아들이는 숙련된 기술적 차원을 지닐 뿐만 아니라, 신체 상호 간의 직접적인 접촉을 통해 신뢰와 친밀감을 지니는 인

89 I. 매드저 & J. A. 월턴, 신경림 외 옮김, 『질병체험연구』, 41쪽.

90 P. Benner & J. Wrubel, *The Primacy of Caring, Stress and Coping in Health and Illness*, p. 92.

91 이미 베너의 연구를 비롯한 간호 연구들에서는 메를로-퐁티의 신체적 지향성에 근거하여 실천적 지식을 습득하는 과정과 다양한 임상 영역에서의 돌봄의 특성을 제시한 질적 연구들이 있다. 공병혜, 「메를로-퐁티의 몸의 현상학과 간호에서의 실천적 지식」, 『철학과 현상학 연구』 제31집, 2006, 97쪽 참조.

격적이며 감성적인 돌봄의 관계를 가능하게 한다. 촉진을 통해 질병을 진단하고 몸의 종양을 없애는 의사의 손은 신체 내부의 조직 구성을 판별하는 과학적이고 전문적으로 숙련된 기술적 손이지만, 침상을 정리하고 환자의 피부를 깨끗이 하며 목욕을 시켜 주고 통증을 완화시켜 주며 위로를 주는 간호사의 손은 환자의 몸이 친숙한 생활 세계 속에 다시 거주할 수 있도록 도와주는 감성적 손인 것이다.

따라서 진정한 돌봄은 의학적 모델에 따라 질병을 분류하여 질병을 치료하는 것에 관심을 두기보다는 우선적으로 건강과 불건강과 관련된 삶의 실존적 체험으로서의 환자의 몸의 경험에 관심을 갖는다. 왜냐하면 환자 자신이 경험하는 신체적 손상을 스스로 이해할 수 있을 때 비로소 간호사는 그의 신체적 능력이 회복될 수 있도록 도와주고 지원해 줄 수 있기 때문이다.

메를로-퐁티에 따르면 상황이 요구하는 실천적 과제를 수행하는 것은 상황을 받아들이는 몸의 지향성에 의해 그 동기를 부여받는 것이지 어떤 목적에 따른 의식적 노력에 의한 것이 아니다. 즉 상황과의 최적의 균형 상태를 획득하려고 움직이는 몸의 운동은 지각에 영향을 받으며 상황에 반응하는 "지속적인 의미들의 종합체"이다.[92] 임상 현장에서 돌봄의 전문가들은 상황의 지각에 따른 요청에 반응하는 자신의 숙련된 자연적 몸을 도구 삼아 자신들의 과제를 수행한다. 여기서 간호사의 몸은 임상적 상황의 지각의 요청에 반응하는 숙련된 몸이다. 그녀는 환자의 몸 상태의 이상을 파악하기 위해 환자를 보고, 느끼고, 만지고, 접촉하고, 누르고, 두드리고, 냄새 맡는다. 이른바 촉진으로서의 진단적 터치는 판단, 행동 원리, 의견 등과 관련하여 인식론적 의미를 지닌다.[93]

92 모리스 메를로-퐁티, 유의근 옮김, 『지각의 현상학』, 453쪽.
93 I. 매드저 & J. A. 월턴, 신경림 외 옮김, 『질병체험연구』, 45쪽.

하지만 내가 다른 사람의 터치를 느낀다는 것은 동시에 나의 피부를 통해 전해 오는 의미를 느낀다는 것을 의미한다. 따라서 촉진을 받는 환자는 돌보는 사람의 손을 느끼는 동시에 이미 자신의 몸에서 발생하고 있는 그 어떤 의미를 간파하고 있다.

메를로-퐁티에 따르면 "제스처나 얼굴 표정들은 자기 뜻대로 지어 보이기 훨씬 전부터 그것을 이해하고 있다. 의미는 이미 행위에 밀착되어 있으며, 분노, 수치, 증오, 그리고 사랑은 외부로부터 지각될 수 있는 행위 형태, 즉 행동 양식인 것이다."[94] 그에게 몸을 통한 상호 주체성은 타자의 몸이 나에게 사물로 다가오는 것이 아니라 행동으로 이해되며 내 몸도 역으로 타자에게 그렇게 이해되는 것을 의미한다.[95] 이때 나의 의도나 감정이 그의 몸속에서 간파되듯이 그의 반응은 나의 몸속에서 지각되어서 공동의 의미를 형성하는 것이다. 이처럼 손을 만지는 행위는 그 터치를 받는 사람의 몸속에 담긴 의미를 반영하며, 그 터치를 받는 환자의 손에도 그의 의도를 반영하는 신체적 상호 작용이 일어난다. 환자는 그 간호사의 손이 단지 인식하기 위한 진단적 손인지 위로와 안위를 주는 감성적 손인지 단번에 파악하는 것이다.

이렇듯 돌보는 사람의 촉진하는 손은 환자와 접촉하는 공동의 세계 속에서 이미 의미를 잉태하고 있는 숙련된 손이다. 그 손에는 진단적 의미뿐만 아니라 인격적 접촉의 의미가 들어 있다. 인격적인 신체적 접촉은 돌봄과 편안함, 그리고 치유로 기능한다. 반 매넌에 따르면, 의학에서 진단 및 치료의 태도는 분석, 해부, 절개, 진단, 예후라는 용어를 통해 성격 지을 수 있으며, 이러한 태도는 우리의 몸에서 우리의 인격을 분리

94 모리스 메를로-퐁티, 권혁민 옮김, 『의미와 무의미』, 서광사, 1985, 82쪽.
95 김형효, 『메를로-퐁티와 애매성의 철학』, 철학과 현실사, 1999, 111쪽.

시킨다.[96] 물론 환자들은 의사의 손에 대한 신뢰를 경험하지만, 그것은 감성적이라기보다는 촉진의 기술과 지식을 지닌 도구로서의 손에 대한 신뢰감이다. 예를 들어 내가 만일 외과의로서 자신감이 있다면 내가 믿는 지식, 기술, 수술 능력에 유능한 손을 의학적 진단 및 치료의 도구로 사용할 것이다. 따라서 진단하고 치료하는 자신의 손에 대한 자신감과 환자가 지니는 신뢰는 자신의 특별한 능력, 전문적 기술과 연관되어 있으며, 인간관계로부터 오는 친밀감과는 다른 것이다. 그러나 간호에서의 감성적 태도는 위로와 안위를 제공하고, 고통의 시간에 깨어 있으며, 필요할 때 거기에 함께 있고, 회복하는 과정에서 도와주는 것을 목적으로 한다. 간호사의 감성적이며 인격적인 접촉은 환자 자신의 몸의 지각에 대한 통합과 신뢰를 느끼도록 도와주는 것이다.

그렇다면 돌봄의 현장에서 감성적 특성으로서의 인격적 접촉은 환자로 하여금 자신의 생활 세계와 재통합할 수 있는 몸 습관에 어떠한 영향을 주는가? 환자의 몸에 대해 객관적이며 초연한 태도를 취하는 의학적 치료와 정서적 참여를 강조하는 간호 실무의 근본적 차이는 어디에 있는가? 의학적 진단 및 치료의 특징은 몸의 부분별로 접근한다는 것이다. 진단 과정에서 내과의와 심리학자, 그리고 정신과 의사는 종양, 신경증, 편집증의 진단을 각각 내리고, 그에 대한 의학적 치료도 저마다 구별되어 이루어진다. 질병이 잘 치료되었다는 것, 그리고 외과 수술이 성공적으로 끝났다는 것은 그 분리된 신체적 기능이 회복되었다는 것을 의미한다. 이러한 의학적 치료 행위 자체는 환자 자신들의 몸이나 그들이 거주했던 세계와의 재통합을 목적으로 하는 것이 아니다. 그러나 침

96 M. V. Manen, "The Pathic Nature of Inquiry and Nursing" in *Nursing and the Experience of Illness, Phenomenology in Practice* (I. Madjar & A. Walton (eds.)), London: Routledge, 1999, p. 32.

대에서 나와 거동하게 하고, 목욕시켜 주고, 관심과 애정을 가지고 손을 잡고 위로와 안위를 제공해 주고, 통증을 완화시켜 주는 간호사의 손은 환자 자신의 몸에 대한 지각에 신뢰감을 주어 신체적인 반응을 하게 한다. 그들 스스로 생활 세계로 참여하고 자신의 몸에 사회적으로 재통합할 수 있도록 도와주는 것이다. 그래서 환자들은 간호사로부터 자기 자신과 인격적으로 접촉하는 감성적인 손길을 요구한다.[97] 간호사의 손과 돌봄의 상호 신체적 관계는 그 자체가 육감적으로 친숙한 생활 세계에 대한 신체적 통합 작용을 촉진해 준다. 이에 따라 환자들은 간호사의 손길에서 세상을 향한 자신의 몸의 친숙함을 일깨워 주는 감성적·인격적 접촉을 기대하는 것이다.

인간은 늙어 가고 병들어 언젠가는 죽을 수밖에 없는 존재이지만, 그 신체를 통해서 세계로 자신의 존재를 확장시켜 나갈 수 있다. 그러나 질병이나 상해, 노화 등으로 인해 세계 속에 거주하고 참여하는 몸의 부자유를 경험할 때는 간호에 대한 요구를 갖게 된다. 메를로-퐁티의 현상학에 근거한 질병이나 상해, 그리고 노화 등에 대한 체험 연구는 세계를 향한 몸의 존재 능력이 세상을 살아가는 실존적 방식과 어떠한 관계가 있는지를 생각하게 한다. 그것은 특히 건강 전문가들에게 주체로서의 몸의 곤경 상태가 곧 실존적 삶의 위기임을 이해하게 하고, 그러한 상황에 적합한 전문적 돌봄의 실천에 대한 이해와 지속적인 탐구에 기여한다. 또한 몸의 지향성에 대한 현상학적 탐구는 각각의 상황마다 자신의 과제를 수행하는 전문적 돌봄의 실천이 어떻게 가능한지를 드러내 준다. 돌봄의 실천에 대한 현상학적 기술은 각각의 임상적 상황마다 요구되는, 몸의 지각에 따라 큰 그림을 보고 상황에 자유롭게 반응하는 간

97 I. 매드저 & J. A. 월턴, 신경림 외 옮김, 『질병체험연구』, 44쪽.

호사의 숙련된 몸의 기술이 전문적 돌봄의 특징임을 확인시켜 준다. 탁월한 간호사의 전문적 돌봄은 임상적 상황에 따라 예민하게 반응하는 몸의 숙련된 기술을 바탕으로 상황의 요청에 적극적으로 참여하는 실천 능력을 내포한다. 이러한 상황에 대처하는 몸에 대한 기술은 임상적·도덕적 상황을 포괄하는 상황의 요구를 지각하고 그 상황에 적극적으로 개입하는 돌봄의 실천을 수행하게 한다.

한편 돌봄 학자들은 생의학적 모델에 따라 분류된 질병명을 지닌 신체를 치료하는 것보다는 환자가 처한 생활 세계에 친숙하게 거주할 수 있는 총체적인 몸의 실존적 능력을 회복하도록 도와주는 것에 돌봄의 특징이 있다고 말한다. 메를로-퐁티의 몸의 현상학은 의학적 진단과 치료의 대상으로 객관화되어 인격적 주체로부터 소외된 몸을 기술하는 것이 아니라, 이 세상을 지각하고 의욕하며 행위하는 인격적 주체의 근원으로서의 몸의 현상을 기술한다. 그래서 환자의 질병 체험 연구에 따르면 실존적 주체로서의 몸의 회복이란 질병으로 인해 상처받고 무능해진 몸에서 다시 환경에 반응할 수 있는 몸의 상황으로 회복하는 것이다. 뇌졸중 회복 경험에 대한 사례에서 볼 수 있듯이 환자에게 치유 환경을 갖추어 주는 것은 손상되고 무력해진 몸이 환경을 감지하고 반응할 수 있도록 습관적 몸의 상황에 익숙한 환경과 접촉하게 하는 것이다. 한편 중환자실에서 살아남은 자들의 증언을 통해 기술된 신체적 체험은 자신의 언어가 소실된 그 낯선 공간에 갇혀서 죽음과 투쟁하며 세상과의 소통을 잃고 세상으로부터 이탈되어 가는 실존적 삶의 위기를 보여 준다. 여기서 돌보는 사람은 환자들에게 세상과의 소통을 느끼게 하고, 환경에 반응하는 몸의 능력을 일깨워 주기 위해 인격적·신체적 접촉을 해야 하는 것이다.

이렇듯 메를로-퐁티의 몸의 현상학은 몸의 실존적 위기의 경험을 이해하고, 그에 대한 반응으로서 환자와의 상호 신체적 접촉이 지니는 돌봄의 의미를 성찰하기 위한 이론적 기반을 지니고 있다. 상호 신체적 주체가 만나 공동의 의미가 잉태되는 몸의 세계가 사회 속에서의 상호 인격적 관계의 기반이기 때문이다. 즉, 상호 신체적 접촉이 일어날 때 서로의 몸속에서는 의도와 감정이 즉각적으로 간파되고, 그래서 서로 접촉하는 몸속에서 공동의 의미가 교감하게 된다. 신체적 접촉을 통한 돌봄은 위로와 지지, 편안함을 느끼게 함으로써 환경에 거주하는 자신의 몸의 지각에 대한 신뢰와 정체감을 획득하게 해 주는 인격적 접촉의 의미를 지닌다. 특히 돌보는 사람의 손은 그 자체가 육감적으로 인격적 돌봄의 관계를 형성해 주며, 직접적으로 친숙한 생활 세계로의 신체적 통합 작용을 촉진해 준다. 환자들은 간호사의 손길에서 세상을 향한 자신의 몸의 친숙함, 자신의 몸이 다시 이 세상에 거주하여 타자 및 사물과 소통하는 실존적 능력을 일깨워 주는 인격적·감성적 접촉을 기대하는 것이다.

제3장

돌봄과 대화의 해석학, 그리고 이야기

인간의 생활 세계 속에서 몸의 실존적 자유를 획득하도록 도와주는 돌봄은 서로 다른 인간들 사이에서 언어적 소통을 통해 상호 이해에 이르는 대화적 차원을 지닌다. 인간의 자기 체험을 타자에게 말하고 전달하는 대화는 근원적으로 다른 사람을 통해 자기를 발견하고 이해하는 상호 돌봄의 과정이다. 대화는 인간관계 속에서 공통의 주제에 대해 서로의 관점을 교환하며 참된 앎을 추구함과 동시에 인간관계의 연대성이 이루어지게 한다.[1] 그래서 대화는 자기 발견과 자기 성찰의 과정으로서 그 대화자들 서로에게 영향을 미치며, 구체적 상황에서 어떻게 할 것인지에 대해 실천적 지혜가 발휘되는 지식의 획득 과정으로 기능한다.[2]

1 대화에는 일상적 대화, 전문적 대화, 철학적 대화 등이 있다. 일상생활에서 자발적으로 일어나는 대화는 추구하는 목적이나 구조가 중요하지 않지만, 전문적 대화로서 인터뷰는 추구하는 목적이 있으며, 목적에 따라 그 대화의 구조도 달라진다. 전문적 대화에는 직업 세계에서의 법적 심문이나 취업 인터뷰, 철학적 진리를 추구하는 변증법적 대화, 치료를 목적으로 하는 심층 분석 대화, 지식 획득 목적의 연구 인터뷰 등 다양한 유형이 있다. S. 크베일, 신경림 옮김, 『인터뷰』, 하나출판사, 1998, 38쪽 참조.

2 오늘날 대화는 질적 연구에서와 같이 자료 수집을 위한 지식의 출처이기도 하지만, 인간관계 속에 연대성이 구축되는 실천적 장소이기도 한다. 특히 대화를

따라서 대화는 인간관계 속에서의 새로운 자기 이해의 과정이며 동시에 좋은 삶을 추구하는 실천적 해석학이라는 관점에서 이해될 수 있다. 또한 자기 해석이 서로 교환되는 대화는 '나는 누구인가'라는 자기 정체성을 형성하는 이야기를 함께 만들어 나가는 과정이기도 하다. 즉, 이야기적 대화는 '나는 누구인가'라는 자기 관심에서 비롯된 존중 능력이 서로 교류하고 영향을 주며 타자에 대한 이해의 지형을 넓혀 준다.

이 장에서는 돌봄의 실천이 이루어지는 대화와 이야기의 차원에 대해 탐구할 것이다. 다른 사람과의 대화를 통해 자기를 발견하고 이해하는 돌봄의 과정을 딜타이(W. Dilthey)의 철학적 해석학의 전통을 잇는 가다머의 대화의 해석학에서 그 모델을 찾아 기술할 것이다. 특히 대화의 해석학적 모델에서 소크라테스의 무지의 지에 이르는 변증법적 대화와 아리스토텔레스의 실천적 지혜에 대한 이론을 구체적인 돌봄의 상황에 적용해 보도록 하겠다. 또한 이러한 대화를 통해 이야기가 만들어지는 상호 돌봄의 과정을 '나는 누구인가'라는 자기정체성을 형성해 주는 과정으로 해석하고, 이를 서사 이론을 통해 탐구할 것이다. 이에 더하여 이야기적 대화를 통한 돌봄의 과정을 리쾨르의 해석학에서 전개된 이야기의 역할을 통해 살펴보기로 한다.

통한 지식 추구의 방식은 인식론적 주체와 지식의 대상을 분리하고 주체에 의해 지식의 대상을 통제하고 수량화하는 근대의 실증주의를 바탕으로 한 양적 연구와는 대조를 이룬다. 그래서 오늘날 탈근대적 인식론은 인식의 주체와 대상이 분리되지 않는 인간관계 속에서 서로 영향을 미치며 공동의 이해에 이르는 언어적 대화가 지닌 실천적 특성에 주목하는 것이다. S. 크베일, 신경림 옮김, 『인터뷰』, 64-65쪽 참조.

1. 돌봄과 대화의 해석학

1) 대화에서의 이해의 경험과 실천적 지혜

대화는 자기 발견에 이르게 하며 실천적 삶의 지혜를 추구한다. 역사적 전통에 의하면 대화의 인식론적 토대는 참된 앎을 추구하는 소크라테스의 변증법적 대화법으로부터, 그리고 대화의 실천적 토대는 아리스토텔레스의 프로네시스(phronesis), 즉 실천적 지혜로부터 발견할 수 있다. 가다머는 소크라테스의 변증법적 대화법과 아리스토텔레스의 프로네시스를 결합시켜 대화가 지닌 해석학적 경험의 구조를 분석한다. 가다머의 해석학에 의하면, 대화란 구체적으로 무엇을 어떻게 할 것인지에 대한 실천적 삶의 구현이며 동시에 사회적 선을 위한 '도덕적 현상'이다.[3] 그래서 대화자의 해석학적 능력이란 실천 이성이 지닌 덕의 능력이다. 대화 참여자들 사이에 형성되는 필리아(philia), 즉 우정은 서로 좋은 삶을 바라며 함께하는 삶 속에서 구축되는 사회적 연대성의 실행인 것이다. 우선 가다머의 해석학에 근거하여 대화에서의 이해의 경험에 대해 살펴보고, 이 경험이 내포하고 있는 실천적 지혜가 자기 이해와 삶의 해석의 과정을 도와주는 돌봄의 실천에서 어떻게 구현될 수 있는지 살펴보도록 하자.[4]

가다머의 해석학에서 이해의 조건은 우선 주제 내용을 공유하는 것이다. 주제 내용을 공유하기 위한 이해의 조건은 전승되어 온 것으로부

3 대화 상대자들의 도덕적 태도, 즉 쌍방적인 개방성과 인정을 요청하는 인격적 관계가 전제될 때, 그 대화는 도덕적 현상이 된다. 백승영, 「도덕적 현상으로서의 해석학적 이해」, 『철학연구』 제71집, 2005, 258쪽.

4 이해의 경험의 구조에 대한 부분은 공병혜, 「인터뷰: 실천적 해석학으로서의 대화」, 『범한철학』 제63집, 2011, 340-356쪽에서 일부분 발췌하여 정리하였다.

터 영향을 받는 것이며, 이것을 '영향사적 의식'이라고 한다.[5] 해석학적 이해는 주제 내용에 접근하기 위해서 해석자의 선입견을 형성해 주는 전통으로부터 계승되어 온 내용의 영향을 받는다는 것을 의미한다. 모든 이해를 함에 있어서 해석자 개인의 주관적 작용만이 있는 것이 아니라, 어떤 주제가 지닌 역사적인 전통이 항상 영향을 미치게 되는 것이다. 영향사적 의식이란 이해의 과정에서 주제 내용에 대한 올바른 질문이 처한 해석학적 상황을 의식하는 것이다. 이때 이미 주어진 선입견에 직면하여 우리 스스로가 처하게 되는 상황이 해석학적 상황이다. 이 상황에는 "역사가 항상 작용하는 의식"이 있으며, 이것을 가다머는 '이해의 지평'이라고 말한다. 상황이란 우리가 무엇을 보는 시야의 가능성을 제한시키는 어떤 위치를 나타내 주지만, 동시에 어떤 관점에서 분명히 보이는 모든 것을 포괄하는 지평을 지닌다는 것이다.[6] 그래서 우리가 지평을 갖고 있다는 것은 결코 가까운 것에만 우리 자신을 제한한다는 것이 아니라, 오히려 그것을 넘어설 수 있다는 것이며, 그 지평 안에서 모든 사물의 의미를 바르게 평가하게 된다는 것이다. 따라서 가다머에게 해석학적 상황을 의식한다는 것은 어떤 주제에 대한 전승에 직면하여 제기된 질문에 대해서 이해의 지평을 획득한다는 것을 의미한다.

그러나 가다머에 따르면 타자를 이해하기 위해서는 자신을 타자의 지평 속으로 옮겨 놓아야 한다. 그러나 만약 그 어떤 사람의 지평을 알기 위한 목적으로 담화를 진행시키는 경우에 주제 내용에 대한 공통의 이해가 발견되지 않는다면, 그것은 진정한 담화가 아니다. 예를 들어 면접 시

5 백승영, 「가다머의 실천철학 기획과 해석학적 계몽의 의미」, 『해석학연구』 제16집, 2005, 74쪽.

6 H. G. Gadamer, *Wahrheit und Methode, Grundzuege einer Philosophischen Hermeneutik* (이하 *WM*), Tübingen: Mohrsiebeck, 1975, p. 286.

험이나 의사들의 문진과 같은 경우 오로지 다른 사람의 지평을 알기 위한 수단으로 담화를 진행하는 사람은 자신이 처한 이해 상황을 떠나 있는 것이다.[7] 그러면 가다머에게 진정한 해석학적 상황이란 무엇인가?

해석학적 상황으로서의 지평이란 우리가 그 속에 들어가 활동하는 것이며 우리와 함께 같이 변천하는 어떤 것이다. 그리고 그 전승의 방식으로 현존하는 과거 지평은 이미 현재 지평의 움직임 속에 융합되어 있다. 그래서 우리가 어떤 주제에 대한 역사적 지평으로 들어간다는 것은 우리 자신과 상관없는 낯선 세계로 멀어져 가는 것이 아니라, 오히려 자기 자신의 세계와 하나가 되어 안으로부터 움직이는 더 큰 지평을 형성하는 것이다. 이것이 가다머가 말한 "지평 융합"(Horizontverschmelzung)이다. 어떤 주제 내용을 이해하기 위해서는 역사적 지평이 요구되며, 그 상황에 몰입하기 위해서는 항상 자신의 이해 상황을 동반해야만 한다.[8] 여기서 이해의 지평을 획득한다는 것은 자기의 경계를 넘어서 보는 법을 배운다는 것이며, 그것은 결코 자신을 배제하는 것이 아니라 자신을 더 큰 전체 속에서, 그리고 바른 기준에서 더 잘 보게 한다는 것이다. 실제로 어떤 주제에 대한 전승으로서의 선이해는 현재의 해석자의 자기 지평과 만나면서 지속적으로 새롭게 형성된다. 해석학적 과제란 바로 전승과의 만남을 통해 전승과 현재 사이의 모순과 대립이라는 긴장 관계를 경험하면서, 이 긴장 관계를 은폐하는 것이 아니라 오히려 의식적으로 전개하면서 현재의 지평과 구별되는 역사적 지평을 기획하는 데 있다. 따라서 지평 융합이란 역사적 지평을 기획하는 것이다. 이는 과거의 의식이 현재의 고유한 이해의 지평에서 끊임없이 새로워지면서 자기

7 *WM*, pp. 286-287; O. 푀겔러 엮음, 박순영 옮김, 『해석학의 철학』, 서광사, 1977, 185쪽.

8 *WM*, p. 288.

를 실현해 나가는 것이다. 이러한 진정한 지평 융합이야말로 곧 이해의 과정이며, 영향사적 의식이다.[9]

이렇듯 가다머에게 해석학적 이해란 어떤 주제 내용에 대해 과거로부터 이어져 오는 전승과 현재라는 지평이 서로 융합되어 이루어지는 영향사적 이해이다. 이러한 이해는 대화적이며 변증법적인 과정을 거친다. 그렇다면 가다머의 해석학에 있어서 대화란 무엇이며 그것이 갖는 변증법적 성격은 무엇인가?

첫째, 가다머에 따르면 대화적 이해는 언어적 이해로서 서로에게 언제나 말을 건네고 같이 말을 나누는 것이다. 이는 한 사람의 의견이 관철되고 다른 사람의 의견이 거부되는 형식이나 의견의 불일치가 아니라, 세계에 대해 공통의 해석을 등장시키는 것이다.[10] 여기서 언어는 대화자들이 만날 수 있는 공통의 기반을 제공해 주는데, 그 언어가 전통에 의해 전승되는 이해의 경험의 매개물이기 때문이다. 이해의 경험은 바로 그 언어 속에서 언어를 통해 일어난다. 즉, 대화자가 전승된 공통의 언어에 귀속되어 있기 때문에 서로 간의 이해의 지평이 가능해지는 것이다. 이러한 공통의 언어는 이해의 목적을 위한 어떤 도구가 아니라 이해와 의사소통을 동시에 발생시키는 것이다. 그래서 언어는 지평 융합의 기반이 된다.[11] 둘째, 대화 과정에서 대화를 하고 있는 사람은 진정한 대화 파트너로 간주된다. 즉, 그는 대화 파트너를 주제 내용과 그것과 관련된 진리에 도달하는 데 관심을 갖는 존재로 인정하고 자신을 개방한다. 이는 곧 타자의 관점을 충분히 이해하여 타자의 입장을 밝히고자

9 *WM*, p. 290.

10 H. G. Gadamer, "Sprache, Verstehen" in *Gesammelte Werke* (이하 *GW*) 2. Tübingen: Mohrsiebeck, 1986, p. 188.

11 이희용, 「해석학적 경험의 수행구조의 그 기초 해명」, 『해석학연구』 제16집, 2005, 108쪽.

하는 것이다. 가다머에 따르면 대화란 대화 상대자들이 서로를 지속적으로 받아들이며 서로에게 자신을 내맡기는 시도이다. 셋째, 대화는 의도되었던 의미를 단순히 고정시키고 확정시키는 것이 아니다. 대화 참여자는 대화를 통해 자신의 좁음과 한계를 인정하고, 새로운 이해를 획득하여 자신의 한계를 극복하면서 자신을 변화시키는 자기화의 과정을 갖는다. 여기서 "대화 과정에서 이해에 이르게 되는 것은, 낯선 것이나 자신들의 견해와 다른 것들도 타당성이 있으며 그것을 받아들일 자세가 되어 있다는 것을 전제로 한다."[12] 따라서 대화자 사이의 공통의 언어는 타자의 타자성, 즉 낯섦을 포함하며, 이 낯섦을 극복할 가능성과 생동성을 포함한다는 점에서 대화는 변증법적 특징을 지니는 것이다.[13] 넷째, 또한 대화 과정에서는 완결되거나 완전한 이해가 있을 수 없다. 질문과 답변이라는 변증법적인 형식이 지닌 대화 과정은 끝없이 열려 있는 반복적 창조의 과정이다. 여기서 대화 참여자들이 모두 공유할 수 있는 주제 내용에 대한 새로운 이해는 대화 참여자들을 변화할 수 있게 한다. 이러한 언어를 통한 이해의 경험은 공통된 주제에 대한 선이해를 전제하며, 최선의 판단을 내리는 과정에서 서로의 견해의 모순과 대립이라는 부정성의 계기를 통해 새로운 이해에 도달하게 된다. 이러한 대화의 특징에 대해 가다머는 다음과 같이 기술하고 있다.

> 무엇인가 우리가 새로운 것을 경험했다는 것이 대화를 대화로 만들어 주는 것이 아니다. 오히려 우리의 기존 경험 속에서 만나지 못했던 것을 타자 속에서 만나게 해 주는 것이 대화를 대화로 만들어 주는 것이

12 *WM*, p. 364.

13 백승영, 「가다머의 실천철학 기획과 해석학적 계몽의 의미」, 81쪽 참조.

다.[14]

가다머의 이러한 이해는 소크라테스·플라톤의 변증법적 대화의 특징을 자신의 이해 구조에 적용한 것에 기인한다. 소크라테스·플라톤의 변증법적 대화는 공통된 지식에 대한 선이해를 숙고하여 잘 고려된 최선의 판단을 하여 새로운 발견을 할 수 있게 한다. 이러한 공통된 지식에 대한 선이해를 숙고하는 과정에서 새로운 경험을 하는 일은 자신이 알지 못하는 것을 아는 자기 이해(docta ignorantia)를 통해 가능하다. 가다머는 이러한 소크라테스·플라톤의 대화의 정신과 더불어 아리스토텔레스 실천철학의 핵심 개념인 프로네시스라는 실천 이성의 덕을 자신의 해석학에 적용한다. 변증법적 대화의 구조 속에서 프로네시스를 발견할 수 있었기 때문이다.[15] 그러면 이러한 소크라테스·플라톤의 변증법적 대화의 실행에서 어떻게 아리스토텔레스의 실천철학적 개념인 프로네시스가 작용하는가?

가다머에 따르면 우선 어떤 주제를 이해함에 있어서 전승이 우리에게 해석을 위한 주도적인 상을 제공하지만, 그것은 그대로 수용되는 것이 아니라 우리의 구체적인 상황 속에서 새롭게, 그리고 달리 해석된다. 따라서 이해한다는 것은 언제나 구체적인 상황에 대한 "적용"(Applikation)이다.[16] 이러한 구체적인 상황에서 항상 새롭게 적용되는 대화자 사이의 해석학적 경험으로서의 이해를 가다머는 아리스토텔레스의 프로네시스, 곧 실천적 지혜로서의 덕의 실행과 연결시킨다.[17] 그

14 H. G. Gadamer, "Die Unfaehigkeit zum Gespraech" in *GW* 2, p. 211.

15 신국원, 「가다머 해석학의 사회 윤리적 의의」, 『문화와 해석』, 철학과 현실사, 2000, 128쪽.

16 *WM*, p. 3291.

17 "실천적 지혜는 인간적인 좋음에 관계하며, 숙고가 가능한 것에 관계한다. …

러면 프로네시스라는 개념이 갖는 기능과 성격은 무엇인가?

프로네시스는 일반적인 잘 삶, 혹은 선과 관련해서 자신에게 좋은 것과 유익한 것을 숙고하고 판단하는 사유의 덕이며 항상 실천적인 것, 즉 개별적인 행위와 구체적인 경험을 통해 자신을 발견하는 실천적 앎이다.[18] 그래서 프로네시스는 테크네(기술)와 구분된다. 테크네가 보편적인 규칙을 개별적인 경우에 기계적으로 적용해 제작하는 능력인 반면, 프로네시스는 인간의 실천적 행위를 주도하는 규범으로서 상을 제공하며, 구체적 상황마다 적용하기 위해서는 늘 반성적 성찰을 필요로 한다. 따라서 실천적 앎은 규범에 대한 일반적 이해와 구체적 상황 간의 차이점들에 대한 민감성을 요구한다. 이러한 프로네시스는 인간의 지속적인 숙고의 과정을 요구하기 때문에 단순한 수단 선택의 능력이 아니라, 행위자 스스로 도덕적 존재로 정립되는 도덕적 품성 상태로서 "삶 전체의 관점에서 최선과 관계하여 선한 삶을 촉진하고 인간에게 좋고 나쁜 것이 무엇인지를 살필 수 있는 능력"이다.[19] 가다머는 이러한 실천적인 지혜가 발휘되는 것이 해석학적 경험의 본질에 속하며, 지혜로운 사람(phronimos)이 지니는 특성이라고 말한다. 진정한 이해의 과정에는 자기 해석의 과정을 지속적으로 거치는 판단 형식으로서 합리적 숙고와 도덕적 상상력이 중요한 것이다.

단적으로 잘 숙고하는 사람은 인간적 행위에 의해 성취될 수 있는 것들 중 최선의 것을 헤아림에 따라 적중시키는 사람이다. … 실천적 지혜는 보편적인 것에만 관계하는 것이 아니라, 개별적인 것들까지 알아야만 하는 것이다." 아리스토텔레스, 이창우 외 옮김, 『니코마코스 윤리학』, 이제이북스, 2006, 216쪽.

18 *WM*, p. 301.

19 아리스토텔레스, 이창우 외 옮김, 『니코마코스 윤리학』, 210-212쪽.

2) 대화적 이성과 사회적 연대성

이렇듯 가다머의 변증법적 대화의 과정은 실천적 지혜의 실행 과정이다. 개인의 좋은 삶을 위해 구체적인 상황에서 어떻게 행위할 것인지에 관한 실천적 앎은 또한 사회 속에서 실행되기 때문에 사회적 선을 위한 지식이 되어야 한다. 이러한 대화의 과정은 자기 자신에 대한 앎을 통해 사회적 선으로서의 좋은 삶을 궁극적 목적으로 삼는다.

따라서 변증법적 대화란 아리스토텔레스적 의미에서 프로네시스의 실현 과정이며, 사회적 선으로 좋은 삶을 향해 연대성을 증진하는 실천(praxis)의 과정이다.[20] 그러면 대화의 변증법적 과정을 통한 실천이란 무엇인가? 실천이란 우선 프로네시스에 의한 이성적·실천적 숙고 활동을 통해 행위를 선택하는 것이다. 여기서 실천은 대화적 관계 속에서 고도의 변증법적인 실천적 숙고 과정을 통해 공동의 문제를 같이 결정하는 것이기 때문에, 공동선을 향한 공동체적 연대성을 지닌다.[21] 이러한 연대성을 실천하기 위해서는 공동의 올바른 목적들에 대한 합의가 이루어져야 한다. 이러한 진정한 연대성 속에서 합의를 가능하게 하는 사회적 실천 이성의 능력이 또한 프로네시스이며, 그것이 실천적 숙고 활동을 통해 구성원들로 하여금 공동선을 향해 나아가게 하는 것이다. 요컨대 실천의 목적은 사회적 실천 이성의 능력인 프로네시스를 바탕으로 좋은 삶을 향한 사회적 연대성을 확립하고 증진하는 데 있다.[22]

그렇다면 어떻게 가다머의 변증법적 대화가 사회적 연대성을 증진할 수 있는가? 가다머는 사회적 공동선을 향한 변증법적인 대화적 관계

20 백승영, 「도덕적 현상으로서의 해석학적 이해」, 84쪽.

21 H. G. Gadamer, "Was ist Praxis" in *GW* 4, p. 224.

22 신국원, 「가다머 해석학의 사회 윤리적 의의」, 139쪽.

를 우정과 친구의 성립을 통해 설명한다.[23] 가다머는 대화적 관계를 우정의 관계로 상정한다. 진정한 대화 파트너로서의 나-너라는 인격적 관계에서 이해라는 경험이 이루어진다. 가다머는 이것을 도덕적 현상으로 간주한다.[24] 이러한 이해의 경험이 이루어지는 나-너라는 인격적 관계로서의 우정은 아리스토텔레스에 따르면 세 가지 계기를 지닌다. 첫 번째 계기는 자기가 아니라 친구가 잘되기를 바라는 것이다. 두 번째로는 잘되기를 바라는 일이 쌍방적인 상호성의 계기를 지녀야 하고, 세 번째로는 서로 잘 알아야 하는 인지적 계기를 지녀야 한다. 우정은 좋은 사람들 자체에서 나오고 좋은 사람들 사이에서 성립한다. 자기 자신을 대하듯이 친구를 대하는 진정한 관계에서 우정이 성립한다. 인간의 행복은 친구와 함께 더불어 사는 사회적 삶에서 달성되며, 이러한 사회성을 완성시키는 즐거움이 바로 우정인 것이다. 가다머는 사회성을 바탕으로 한 대화를 통한 이해의 경험을 우정의 관계에서 일어나는 것과 유사한 것으로 제시한다. 대화적 관계가 우정과 유사한 것은 "친구들은 오로지 대화 속에서만 서로를 발견할 수 있고, 서로가 그들로서 남아 있는 유형의 공동성을 형성할 수 있으며" 그것은 서로가 상대방에게서 자신을 발견하기 때문이다.[25] 따라서 대화가 성공한다는 것은 서로에게서 자신을 발견하는 변화가 일어난다는 것을 의미한다.

가다머는 이러한 우정이라는 개념을 통해 대화가 지닌 사회적 연대성에 대해 말한다. 즉 사회적이며 정치적인 삶에서 연대성을 구축하기 위해서는 누구나가 다 옳은 것이라고 여기는 의견의 일치가 일어나

23 H. G. Gadamer, "Freundlichkeit und Selbsterkenntnis" in *GW* 7, pp. 396-405.

24 "Da hier der Gegenstand der Erfahrung selbst den Charakter der Person, ist solche Erfahrung ein moralisches Phaenomen …". *WM*, p. 340.

25 H. G. Gadamer, "Die Unfaehigkeit zum Gespraech", p. 211.

야 한다. 그러기 위해서는 사회적 공동선을 위해서 행위를 선택하여 자기 자신의 앎을 발견하는 대화적 실천 이성의 능력으로서 프로네시스의 작용이 있어야 한다. 실천적 해석학으로서 대화의 궁극적 목표는 사회적 연대성 속에서 획득되는 인간 공동체적 삶의 선함을 증진하는 것이다. 우정을 구현하기 위해서는 서로 간의 친구들로서 처신할 수 있는 대화적 이성의 상태를 함양해야 한다. 대화적 이성은 공동선을 궁극 목표로 하는 사회적 연대성 속에서 자기 자신에 대한 앎에 이르게 한다. 이렇듯 대화로서 실천적 해석학의 과제는 공동선을 향한 연대감을 구축하는 대화적 이성으로서의 덕의 실행이다. 이러한 해석학의 실천적 기능은 대화자로서 서로를 친구로 인정하는 확장된 관점과 지평에 자신을 개방하며 좀 더 넓은 사회적 공동체로 나아가는 과정에 있는 것이다.

가다머의 실천적 해석학의 또 다른 특징은 대화를 통해서 서로 다른 삶의 선택 방안과 새로운 양식으로 자기를 서술하는 도야(Bildung)라는 실천적 관점을 지닌다는 점이다. 도야의 관점에서 대화는 자아의 발견을 통해 자아를 발전시킨다. 도야된 사람은 자신의 사적인 이해관계와 관심의 범주를 넘어서 자신이 속한 공동체의 관심사를 자기 것으로 받아들인다.[26] 그리고 자신이 속한 집단의 관심사마저도 뛰어넘어 세계사와 다른 문화와의 관계를 관심사로 받아들이며, 새로운 방식의 자기 서술 발견과 다양성의 인정을 강조한다.[27] 도야된 사람이란 자신의 삶

26 조지아 원키, 이한우 옮김, 『가다머: 해석학, 전통 그리고 이성』, 민음사, 1999, 270쪽.

27 양해림, 「네오프래그머티즘의 해석학」, 『범한철학』 제43집, 2006, 269쪽. 로티(R. Rorty)에 따르면, 실천의 영역에서 중요한 것은 진리에 대한 이론적 탐구가 아니라 공동체 구성원들 간의 대화를 통한 연대인데, 대화는 '우리'라고 부를 수 있는 연대의 경계를 넓혀 나가는 중요한 수단이다. 이유선, 『리차드 로티』, 이룸, 2004, 189-190쪽 참조.

이나 관심사를 보다 넓은 전망, 넓은 지평에 위치시킬 수 있는 사람이며, 자신의 위치를 더 넓은 세계 공동체라는 시야에서 이해할 수 있는 사람이다.

3) 돌봄의 실천으로서의 대화

지금까지 대화를 통한 해석학적 경험이 지닌 실천적 의미를 가다머의 해석학을 통해 살펴보았다. 가다머의 해석학은 어떤 사태를 방법론적 절차에 따라 객관화해 앎을 추구하는 것을 거부하고 상호 인격적 관계 속에서 대화를 통해 공동의 이해에 이르는 실천적 과정을 중요시한다. 대화를 통해 인간의 자기 변화를 강조하는 변증법적 해석학의 입장은 이해가 창조적으로 순환되며 동시에 구체적인 현실 속에서 실천적 지혜가 구현되는 이해의 경험을 강조한다.[28] 이러한 가다머의 해석학에서의 대화가 지닌 이해의 경험은 구체적인 생활 세계에서 인간 상호 간에 이루어지는 상호 돌봄의 이론적 기초가 될 수 있다. 왜냐하면 대화자들 사이의 변증법적인 대화의 과정은 자기 이해의 과정이며 동시에 좋은 삶을 위해 실천적 지혜가 발휘되는 상호 돌봄의 과정이라고 말할 수 있기 때문이다.[29] 대화는 돌봄의 실천 현장에서 돌봄을 주는 사람과 돌봄을

28 대화를 통한 인간의 자기 변화를 강조하는 가다머의 변증법적 해석학의 입장은 기원을 추구하지 않는 창조적 순환의 해석학이며 동시에 구체적인 현실 속에서 윤리적 정신을 구현하는 해석학이다. 정연재, 「대화와 해체, 그 간극을 넘어서」, 『해석학연구』 제16집, 2005, 215쪽.

29 가다머의 철학적 해석학은 간호 교육에서 도야나, 임상 실무에서 의사소통과 환자의 임상 기록 및 인터뷰 기록 등을 해석하는 방식에 적용이 가능하다. 이에 대한 논의는 김재현, 「철학적 해석학의 간호학적 적용: 가다머 해석학을 중심으로」, 『계명간호과학』 제19권 제2호, 2015, 67-75쪽 참조.

받는 사람 사이에서 수행된다. 대화는 변증법적 이해의 경험을 통해 돌봄의 상호성을 성립시켜 주며, 그 이해의 과정은 좋은 삶을 향해 각각의 구체적 상황마다 어떻게 할 것인지에 대한 실천적 지혜가 발휘되는 과정이다.

우선 돌봄의 실천 현장에서 돌보는 사람과 돌봄을 받는 사람 간의 대화를 통한 변증법적 이해의 경험이 어떻게 이루어지는지 살펴보자. 변증법적 이해의 경험은 대화적 상대를 주체로서 수용하며 개방적 태도를 취하는 나-너라는 인격적 관계 속에서 이루어진다. 거기서 계산적·수단적 만남이 지양되며, 대화자는 상대방을 자신의 입장으로 설득하기보다는 오히려 말하게 한다. 대화란 일상적으로 이루어질 때 성공적이며, 그것은 다른 사람으로 하여금 자신의 길을 잃지 않으면서 내면의 능동성이 깨어나는 자기 이해의 기회를 만들어 주기 때문이다.[30] 이러한 진정한 대화가 일어나는 과정에서 발생하는 언어는 상호 이해의 경험을 전달하면서, 동시에 서로 만나 공감할 수 있는 이해의 공통의 지평을 가능하게 한다. 가다머가 말한 지평 융합이라는 공통의 이해의 경험은 언어를 통해서 이루어지며, 이러한 언어를 바탕으로 상호 자기 이해의 지평을 넓혀 나갈 수 있기 때문이다. 대화를 통해 공유할 수 있는 이해의 경험은 대화 참여자들의 변화를 가능하게 하며, 견해의 모순과 대립이라는 부정성의 계기를 통해 이루어진다. 오로지 타자와의 만남에서 오는 낯섦과 대립과 모순이라는 자기 숙고의 과정을 거쳐 비로소 대화자들은 자기의 경계를 넘어서 새로운 자기 이해와 자기 발견에 도달하게 된다.

30 "소크라테스가 무엇이 문제인지를 하나하나 끄집어내 주는 곳에서조차도, 그는 단순히 훈육하거나 아니면 마치 모든 것을 알고 있는 것처럼 다른 사람을 지배하려 드는 태도 같은 것은 전혀 보이지 않는다." H. G. 가다머, 이유선 옮김, 『철학자 가다머, 현대의학을 말한다』, 몸과마음, 2002, 219쪽.

가다머가 말했듯 "오히려 우리의 기존 경험 속에서 만나지 못했던 것을 타자 속에서 만나게 해 주는 것이 대화를 대화로 만들어 주는 것이다."[31]

이러한 대화적 이해는 돌봄의 상호성의 기반이 된다. 대화자는 상대방을 통해 그 이전에는 만나지 못했던 자기 발견이라는 새로운 이해의 경험을 할 수 있게 된다.[32] 이러한 새로운 자기 이해의 과정으로서의 돌봄은 언제나 각자가 처한 구체적인 상황에 대한 적용을 필요로 한다. 돌봄은 항상 각자가 놓인 구체적 상황에 따라 달리 해석되어 실현될 수 있기 때문에 각자가 놓인 구체적 상황에 따라 실천적 지혜가 작용해야 한다. 즉, 대화로서 돌봄의 실천적 의미는 이러한 구체적인 상황에서 항상 새롭게 적용되어 대화자 사이에서 발생하는 이해의 경험인 것이다. 그러면 각각의 상황마다 실천적 지혜가 발휘되는 이해의 경험이 어떻게 발생하는지 살펴보기로 하자.

대화 과정에는 항상 좋은 삶에 대한 숙고가 필요하며, 그것은 대화자가 처한 구체적 상황마다 새롭게 적용되어 자기 발견을 통한 공통의 이해에 이르게 한다. 대화자 사이의 변증법적 대화란 본래 자기의 경계를 넘어 새로움의 경험을 위한 영혼의 자기 돌봄이며, 동시에 구체적인 삶에 적용되는 실천적 삶의 지혜를 추구하는 행위이다. 이러한 대화 속에서는 좋은 삶에 대한 고려와 행위에 대한 사려 깊은 판단이 오고 간다. 돌보는 사람에게는 각자가 추구하는 좋은 삶의 상태인 행복과 고통의 관계를 숙고하여 각각의 상황에 적합한 판단을 할 수 있는 프로네시

31 H. G. Gadamer, "Die Unfaehigkeit zum Gespraech" p. 211.

32 대화란 자신의 고유한 경계를 일깨우게 하는 지혜의 연습이다. H. G. 가다머, 공병혜 옮김, 『고통: 의학적, 철학적, 치유적 관점에서 본 고통』, 철학과 현실사, 2005, 24쪽 참조.

스, 즉 도덕적 품성 상태로서의 실천적 지혜가 요구된다. 이러한 실천적 지혜가 서로 작용할 때 자신에 대한 앎과 더불어 공동선을 향한 연대감이 구축되어 간다. 따라서 돌봄의 과정에서 발생하는 진정한 대화란 누군가가 중심이 되어 다른 사람을 이끌어 가는 것이 아니다. 진정한 대화라면 각자 서로에게 구체적으로 어떻게 행위할 것인지에 대한 자기 이해를 이끌어 주어야 한다. 대화는 이러한 자기 이해를 통해 실천적 앎을 구현하면서 사회적 선을 위한 공동의 이해와 합의에 이르는 과정이라고 말할 수 있다.

가다머는 공동선을 향한 변증법적인 대화적 관계를 우정과 친구의 성립을 통해 설명한다. 돌봄의 대화적 관계는 우정의 관계이다.[33] 우정의 관계란 진정한 대화 파트너로서의 나-너라는 인격적 관계 속에서 성립된다. 그리고 돌봄의 과정은 서로가 잘되기를 바라는 과정에서 새로움을 향해 자신을 열어 놓고 타자 속에서 자기를, 자기 속에서 타자를 발견하는 인지적 계기를 지녀야 한다. 그래서 돌봄의 관계란, 친구를 통해 자기 자신의 부족함을 발견하여 그 결핍을 친구를 통해 채우듯이, 서로에게서 자신의 결핍을 발견하여 좋은 삶을 위해 서로 주고받는 상호 변화가 일어나 새로운 이해의 경험이 이루어지는 관계이다. 여기서 대화자로서 돌보는 사람에게 요구되는 해석학적 능력이란 친구 간에 형성되는 우정의 능력이다. 따라서 대화의 과정으로서 돌봄의 실천이란 대화자 스스로 자신을 발견하고 도야하는 자기 돌봄과 서로 좋은 삶을 바라며 함께하는 사회적 선을 향한 실천적 지혜를 실천하는 과정이라고 말할 수 있다.

33 H. G. Gadamer, "Freundlichkeit und Selbsterkenntnis", pp. 396-405.

2. 돌봄과 이야기

한 인격의 정체성(identity)과 그 인격의 존엄성에 대한 존중은 다양한 돌봄의 실천 현장에서 전제되어야 하는 돌봄의 태도이다. 왜냐하면 돌보는 사람은 인간 생명의 시초에서부터 죽음의 과정에 이르기까지 인격의 정체성이 위협받는 취약한 상황에 처한 개인의 '자기'(self)로서의 인격을 보호하고 존중해야 하기 때문이다. 특히 자기를 표현할 수 없는 태아나 신생아, 중환자나 죽어 가는 환자, 식물인간, 그리고 치매와 정신적 장애를 지닌 개인을 돌봄에 있어서는 무엇보다도 인격의 존중에 대한 물음이 필연적으로 선행되어야 한다.[34]

최근 간호철학에서는 개인을 이야기를 가진 존재로 이해하며, 이를 근거로 자기정체성을 구성해 주는 돌봄의 차원이 논의되고 있다. 그래서 삶의 이야기를 말하고 듣고 함께 엮어 가며 자기정체성을 구성해 주는 윤리적 이야기(ethical narrative)를 중요하게 여긴다.[35] 여기서 말하는 윤리적 이야기란 일종의 인간관계의 윤리로서 개인의 인격을 존중하고 보호해 주기 위한 돌봄의 핵심 요소이다.[36] 이 이야기는 돌보는 사람이

34 공병혜, 「간호에서의 보살핌에 대한 철학적 탐구: 리쾨르의 이야기 윤리에 기초하여」, 『대한간호학회지』 제35권 제7호, 2005, 1333-1342쪽 참조.

35 S. D. Edwards, *Philosophy of Nursing: An Introduction*, London: Palgrave, 2001, pp. 87-106; S. D. 에드워즈, 공병혜·홍은영 옮김, 『돌봄과 치유의 철학』, 160-195쪽.

36 여기서 이야기는 판단자가 윤리적 문제를 해결하기 위해 구성한 사례 보고서가 아니다. 이와 관련해서는 S. Gadow, "Clinical Subjectivity: Advocacy with Silent Patients", *Nursing Clinics of North America*, 24(2), 1989, pp. 535-541; S. Gadow, "Ethical Narratives in Practice", *Nursing Science Quarterly*, 9(1), 1996, pp. 8-9; S. Gadow, "Relational Narrative: The Postmodern Turn in Nursing Ethics", *Scholarly Inquiry for Nursing Practice*, 13(1), 1999, pp. 57-70; H. P. Meininger, "Narrative Ethics in Nursing for Persons with Intellectual Disabilities", *Nursing*

나 돌봄을 받는 사람이 주체적으로 만들어 가는 것이 아니라, 양자가 추구하는 좋은 삶을 향해 함께 상호적으로 구성해 나가는 것이다.

여기서는 리쾨르의 해석학에서 전개된 이야기적 정체성에 관한 이론에 대해 살펴보기로 하겠다. 또한 돌보는 관계 속에서 형성된 윤리적 이야기가 인격의 정체성이 위협받는 개인을 돌봄에 있어서 어떠한 역할을 하는지를 살펴볼 것이다.

1) 인격의 정체성과 이야기

오늘날 영미 철학계에서의 인격(person)에 대한 논의는 인격의 정체성의 기준이 무엇이며, 그것을 개별화하고 재확인할 수 있는 것이 무엇인가에 대한 논쟁들이 대부분이다.[37] 거기서 인격의 정체성이 자의식과 기억에 의한 심리적 기준에 의한 것인가, 혹은 시간과 공간의 동일성에 따른 신체적 기준에 의한 것인가라는 물음이 제기된다.

그러나 리쾨르에 따르면 이러한 논쟁은 마치 왕자의 기억을 그와 외모가 닮은 구두수선공의 신체에 이식하고자 할 때 그 수선공은 과연 이식된 기억에 따라 왕자인가 아니면 여전히 신체적 동일성에 의해 구두 수선공인가 하는 식의 곤경에 빠지게 한다고 한다. 개인의 동일성을 심리적인 것과 신체적인 것으로 구분할 수 없기 때문에 그는 기억과 신체가 '누구'라는 자기정체성과 상관없이 결합과 분리가 가능한지에 대

Philosophy, 6(2), 2005, pp. 106-118 참조.

37 오늘날 인격의 기준에 대한 분석철학적 논의들 중에는 인격이 신체와 분리될 수 없다는 입장이 있다. 이는 인격이 생물학적으로 환원된다는 것을 의미하는 것은 아니다. 오히려 신체와 의식, 그리고 신체와 두뇌의 통일성을 지향하는 통합적인 인간론에 근거하는 입장이다. 김선희, 「인격의 개념과 동일성의 기준」, 『철학연구』 제42집, 1997, 197쪽 참조.

해 의심을 품는다.[38] 또한 그는 인격의 동일성을 단지 다양한 심리 상태의 연결 상태로 보는 현상론이나 환원주의의 입장도 따르지 않으며, 심리적 상태와 분리된 신체를 정체성의 기준으로 보지도 않는다. 그리고 인격의 동일성은 중요한 것이 아니라고 인격의 정체성을 부정하는 논지를 전개시킨 최근의 파핏(D. Parfit)의 논의에 대해서도 비판적이다.[39] 파핏은 인격에 대하여 '누가'라는 질문을 배제한 채 뇌와 신체, 그리고 그와 연관된 일련의 물리적·심적 사건들의 발생으로 구성되는 것으로 설명한다. 그러나 리쾨르는 이러한 비인격적으로 기술된 사례에서도 여전히 '나는 생존하는가? 나와 같은 인격체는 과연 존재하는가?'라는 '자기'에 대한 물음을 할 수밖에 없는 모순이 나타난다고 비판한다.[40] 그는 우선 이 사례가 오로지 개념적으로만 가능한 기술공학의 꿈에 기반을 둔 사고 실험이라는 점을 지적하면서, 결코 간과할 수 없고 뛰어넘을 수 없는 인간 실존의 가장 근본적인 특징은 시간성에 있다고 주장한다. 나와 나의 복사체는 분리되자마자 그 시점부터 서로 다른 시간성 속에서 살아가면서 미래에는 서로가 서로를 대체할 수 없는 고유한 개체와 인격을 만들 것이라는 것이다. 그 다른 시간성 속에서 누가 말하고 행동하며 생각하는가에 대한 질문과 그에 대한 자기 염려는 결코 포기될 수 없다는 것이다.[41]

이에 따라 리쾨르는 인간 실존의 고유한 인격의 지속성에 대한 물음인 '나는 정말 누구인가?'라는 질문에 대답하기 위해 이야기의 차원을 끌어들인다. 왜냐하면 그에게는 이야기를 통한 인격의 정체성이야말

38 P. Ricoeur, *Das Selbst als ein Anderer* (이하 *SA*), Aus dem Franz. von J. Greisch, München: W. Fink Verlag, 1996, p. 157의 각주 참조.

39 *SA*, p. 160.

40 *SA*, p. 167.

41 윤성우, 『폴 리쾨르의 철학』, 철학과 현실사, 2004, 210쪽.

로 시간성과 타자성을 포함하여 타자에게 주체에 대한 책임을 물을 수 있는 자기정체성을 보여 주기 때문이다. 그에게서 인격의 정체성은 '나는 정말 누구인가?'라는 질문과 관련되어 있으며, 시간의 흐름과 변화 속에서 끊임없이 자기 존재를 보살피는 관심과 염려를 통해 획득되는 자기 해석이다. 이러한 자기 해석은 이야기를 매개로 하여 가능한 것이다. 왜냐하면 인간의 자기 체험은 언어화되고 이야기될 때 비로소 인간적 의미를 획득할 수 있고 타자와의 소통이 가능하며, 인간의 체험을 이야기하는 활동이야말로 가장 근원적인 자기 존재를 염려하는 활동이기 때문이다. 이러한 자기 해석의 의미를 담고 있는 이야기하는 활동은 바로 과거와 현재, 미래로 지속되는 시간적 변화와 타자와의 상호 호혜적 관계 속에서 형성되는 자기정체성을 보여 주는 것이다. 즉, 자기 존재는 직접적으로 이해되는 것이 아니라 언어를 매개로 한 이야기의 지평 위에서 해명되어야 한다. 인간이 자기 체험과 행위에 의미를 부여하고 스스로를 이해할 수 있는 시간은 바로 이야기된 시간이기 때문이다.

리쾨르는 우선 인격의 동일성의 자체성(idem, Selbigkeit)과 자기성(ipse, Selbstheit) 사이의 차이와 둘 사이의 상호 연관성의 의미를 밝힌다. 그리고 그는 이에 대한 변증법적 종합으로서의 이야기적 정체성을 제시한다. 자체동일성이란 "나는 무엇인가?"라는 물음과 관계한다. 이것은 우선 단수로서의 수적 동일성과 두 존재가 서로를 대체할 수 있는 질적 동일성, 그리고 생물학적 종으로서의 인간이 탄생과 성장, 죽음에 이르는 전 발달 과정에서 보이는 연속성으로서의 동일성을 의미한다.[42] 자체동일성은 칸트의 『순수 이성 비판』에서는 관계의 범주인 실체의 지속성, 즉 "실재적인 것의 시간에서의 지속성—모든 다른 것은 변하는 데

42 *SA*, pp. 145-146.

도 불구하고 지속하는 것"과 같은 것으로 이해된다.[43] 이러한 자체동일성은 "생물학적 개인이 지닌 유전자 코드의 지속성"일 것이다.[44] 그러나 이는 스스로에게 질문하는 인간 존재자에게 체험되는 사실이 아니라, DNA 검사를 통해 검증되거나 확인되는 것이다. 반면 자신에게는 물론 타자에게도 체험되는 자체동일성이 있다. 그것은 성격이라는 인간 개별자의 지속성이다. 성격은 유전자처럼 객관적이거나 익명적이 아니면서, 시간의 흐름 속에서 각자의 것으로 각자를 재확인할 수 있다. 성격은 그것을 담지한 주체의 것이지 다른 그 누구의 것이 아니기 때문이다. 성격이란 결국 과거로부터 축적되고 침전된 성향들이나 기질들로 구성된 것이며, 그것을 통해 한 개별자를 식별해 내고 알아볼 수 있는 습득된 지속적 기질들의 총체인 것이다.[45]

그러나 이러한 개인의 성격을 통해 접근한 개인의 정체성은 개인이 미래를 예견하고 계획하며 스스로 구성해 나가는 측면을 간과한 것이다. '나는 무엇인가?'라는 물음에 대한 자체동일성의 구체적 양태가 성격이라면, 반면에 '나는 누구인가?'라는 물음에 대한 자기성의 구체적인 양태는 바로 타자에 대한 "자기 유지"(Selbst-Ständigkeit)로서의 "약속의 준수"(Wort-Halten)이다.[46] 여기서 자기성이란 그 누구도 대체할 수 없는 개별자의 자기다움이다. 약속의 준수는 자기 자신은 물론 타자에게 하겠다고 말한 무엇을 충실하게 이행함으로써 자기를 자신으로서 유지할 뿐만 아니라 그가 누구인지를 보여 주는 것이다. 리쾨르에 따르면, 시간과 이에 따른 변화에 맞서 욕구가 변화하고 의견과 경향이 변화한

43 I. Kant, *Kritik der reinen Vernunft*, Akademie-Ausgabe, Berlin, 1968, B 224.

44 *SA*, p. 146.

45 *SA*, p. 159.

46 *SA*, p. 153.

다 해도 이미 한 말에 충실해서 이를 실행하는 약속의 준수 속에서 오히려 자기 지속을 할 수 있다. 즉, 자기가 한 말을 성실하게 준수한다는 것은 말하는 자의 자기다움을 지속시키는 것이다. 그것은 타자가 자기에 대해 기대하고 신뢰하게 함으로써 자기와 타자의 사회적 관계의 유지도 가능하게 한다. 따라서 약속을 실행하는 것은 자기의 미래를 향해 실존을 형성해 나감은 물론, 타자가 자기에 대해 거는 기대와 소망을 동시에 구축해 나가는 고도의 상호 인격적인 윤리적 행위인 것이다.[47]

이러한 성격의 지속과 약속의 준수가 이야기 속에서 변증법적 결합이 이루어지면서 인격의 정체성이 형성된다. 이는 인간 주체의 자기 이해와 자기 인식이 자신의 삶에 대해 말한 이야기들에 의해 조명되고 얻어진다는 그의 해석학적 이념에 근본적으로 부합된다. 그에게 '나는 누구인가?'라는 자기 이해를 매개하는 것은 바로 이야기이며, 따라서 각자의 삶을 이야기하면서 각자가 누구인지가 파악되는 것이다. 각자의 삶의 이야기는 성격을 말할 뿐만 아니라, 이야기 속에서 약속의 준수를 통해 새로운 행위의 가능성과 그 가능성의 실현을 위한 자기 지속의 전망들을 제시한다. 즉 이야기는 그 인물의 고착된 성격을 넘어서 진정한 삶에 대한 이상과 지향을 이야기함으로써, 그 인물을 사랑받거나 존경받을 만한 특성을 가진 사람으로 만드는 것이다. 이렇듯 이야기를 통해 획득되는 인격의 정체성이 이야기의 정체성이며, 그것은 성격의 지속과 약속의 준수가 변증법적으로 연결됨으로써 확보될 수 있다.

그러면 우선 리쾨르가 이야기적 정체성의 본질을 어떻게 보여 주고 있는지 살펴보기로 하자. 리쾨르에게 이야기란 '줄거리 만들기'에 의해 이루어지며, 그것은 아리스토텔레스가 말한 '뮈토스'(Mythos)로서의 사

47 윤성우, 『폴 리쾨르의 철학』, 205쪽.

실의 정돈이다.[48] 줄거리 속에서 사건의 목적과 원인과 우연들은 전체적이고 완전한 행동의 시간적 통일성 아래 통합된다. 이로써 일상적 삶 속에서 일어나는 복잡한 이질적인 것들은 줄거리 안에서 종합되고, 그 속에서 줄거리의 정체성은 행위하는 인물(figure)의 정체성을 형성한다. 즉, 줄거리란 부조화와 조화 사이의 변증법을 통해 이루어지는데, 조화란 행위를 결합시키는 일종의 '질서의 원칙'이며, 부조화란 처음의 상황으로부터 종말에 이르는 상황에서 운명이 바뀌는 것으로 이해된다. 그는 조화와 부조화 사이를 매개하고 이질적인 것을 종합하는 기술을 구성이라고 말한다.[49] 이러한 구성을 통해 이야기의 줄거리가 만들어지면서 이야기적 정체성이 형성되며 그러한 이야기 속에서 행위하는 인물의 정체성을 이해할 수 있는 것이다.[50] 이야기의 줄거리 짜기는 그 인물의 지속적인 성격과 자기 지속을 위한 약속의 준수를 이야기 속에서 변증법적으로 결합시키면서 인물의 정체성을 형성한다.

이렇듯 '나는 누구인가?'라는 자기 이해를 매개하는 것은 이야기이다. 각자의 삶을 이야기하면서 자기정체성, 즉 각자가 누구인지가 파악되는 것이다. 각자 자기 삶의 이야기에서 과거로부터 습득된 지속적인 성격을 말할 때 자기는 기억할 수 없는 타자의 가치관이나 행동 등이 자기의 정체성을 구성하기 위해 끼어들게 된다. 예를 들어 나의 삶에서 나 자신이 기억할 수도 없는 출생의 경험 등은 나와 삶을 함께한 타자에 의해 나의 이야기로 만들어지는 것이다. 이러한 이야기는 과거부터 축적된 성격뿐만 아니라 새로운 행위의 가능성과 그것을 실현하기 위한

48 김선하, 「주체와 이야기: 언어분석철학과 해석학의 만남을 통한 리쾨르의 주체 해명」, 경북대학교 박사학위논문, 2002, 148, 154쪽.

49 *SA*, p. 174.

50 *SA*, p. 170.

전망들을 제시하며 자기정체성을 형성한다. 이야기는 그 인물의 고착된 성격을 넘어서 진정한 삶에 대한 이상을 지향함으로써 그 인물을 사랑받거나 존경받을 만한 특성을 가진 인물로 만든다.[51] 이렇듯 이야기를 통해 획득되는 인격의 정체성이 바로 이야기적 정체성이다.

그런데 이러한 자기정체성은 근본적으로 윤리성을 지닌다. 이야기를 통해 약속을 준수함으로써 자기를 유지한다는 것은 본래 타자 앞에서 말한 행위에 대해 책임을 지는 것을 함축하기 때문이다. 행위의 책임이란 우리의 삶 속에서 개인으로서 성격을 드러내면서 다른 사람들이 우리에게 기대하고 있는 것을 말로 약속하고 그것을 지켜 나가는 것을 의미한다. "만약 다른 사람이 내가 약속을 지킬 것을 기대하지 않는다면, 나는 약속을 지킬 수 있을 것인가?"[52] 이때의 책임은 상호 신뢰에 기인하는 것이다. 결국 이야기 속에서 개인의 정체성이란 타자와의 상관계 속에서 자기가 말한 행위에 대해 책임을 지며 자기 지속이 이루어지는 것을 의미한다.

이러한 이야기는 인간 삶의 역사 속에서 지속되는 개별적 행위를 좋은 삶을 위한 목적을 향해 통일적으로 재구성하면서 개인의 삶에 대한 회고뿐만 아니라 약속을 통한 삶의 계획과 전망과 소망을 제시하는 삶의 통일성 또한 보여 준다. 그래서 이러한 이야기가 지닌 삶의 통일성은 좋은 삶을 향한 윤리적 성격을 함축한다. 리쾨르에 따르면 "이야기하는 기술은 그것의 근원적인 형식에서 경험들을 교환하는 말하는 기술"이며, 그것은 "과학적 관찰이 아니라, 실천적 지혜의 일상적인 연습이다."[53] 즉 우리는 이야기를 통해 경험을 교환하면서 좋은 삶이 무엇인

51 *SA*, p. 153.
52 *SA*, pp. 202-203.
53 *SA*, p. 201.

가에 대한 윤리적 목적과 행위에 대한 규범적 판단 및 평가를 하게 된다. 어떤 행위에 대해서는 찬성하고 어떤 행위에 대해서는 반대하면서 좋은 삶이 무엇인가에 대한 윤리적 목적과 도덕적 규범에 대해 반성하게 되는 것이다. 허구적으로 구성된 이야기, 특히 소설은 일종의 윤리적 사유의 실험실이다. 거기서 전개되는 허구적 이야기는 일상의 삶과 거리를 두고 삶의 계획, 행위, 윤리적 요구나 욕망, 그리고 사회적 관심과 개인적 가치에 대해 자유롭게 윤리적 사유를 할 수 있는 상상력의 공간이다.[54] 이러한 윤리적 상상을 통한 사유의 활동은 실제로 개인의 삶의 이야기를 해석하는 데서도 일어난다.

2) 이야기와 돌봄의 실천

이야기를 매개로 한 인격의 정체성에 대한 이해가 실제 돌봄의 실천 현장에서 전제되어야 할 인간 이해의 방식이다. 특히 개인의 인격이 존중받거나 보호받지 못하는 돌봄의 현장에서 돌보는 사람은 개인의 자율성(autonomy)을 존중해 주고 그 인격을 보호하기 위해 좋은 삶을 지향하는 윤리적 내러티브를 함께 만들어 나간다. 이것이 윤리적 이야기가 지닌 돌봄의 차원인 것이다. 돌봄 학자들은 이와 같은 좋은 삶을 향해 자기정체성을 구성해 주는 이야기가 지닌 돌봄의 차원을 리쾨르의 자기의 해석학에 근거하여 설명한다.[55] 그렇다면 과연 앞에서 기술한 리쾨르의 이야기를 매개로 한 자기의 해석학이란 무엇인가? 그것은 과연 어떻게

54 *SA*, p. 201.
55 C. Gastmans, “Care as Moral Attitude in Nursing”, *Nursing Ethics*, 6(3), 1999, pp. 214-223; 공병혜, 「덕 윤리의 관점에서 본 간호실천과 보살핌의 태도」, 『범한철학』 제34집, 2004, 83-108쪽.

다양한 돌봄의 실천 현장에서 이야기 윤리로서 응용될 수 있는가?

리쾨르는 인격의 정체성을 이야기를 통해 매개되는 '나는 누구인가?'라는 자기의 해석의 차원에서 접근한다.[56] 인격의 정체성이란 어떤 것을 통해 또는 어떻게 나의 자기, 너의 자기 혹은 그의 자기로서 여길 수 있는 것이 확인될 수 있는지와 관계된다. 여기서 이야기를 통해 드러나는 자기의 정체성은 각자가 말하는 주체로서의 '자기'의 이야기뿐만 아니라 타자가 말하는 '자기'의 이야기를 통해서도 구성된다.[57] 이러한 자기 이야기는 다른 사람과 소통하면서 개인의 삶에 대한 회고뿐만 아니라 다른 사람과 함께하는 좋은 삶을 향한 계획과 미래에 대한 전망을 제시한다. 자기 이야기란 자기 이해에서 출발하며 다른 사람과 함께하는 좋은 삶을 전망하는 윤리적 사유를 할 수 있도록 하는 것이다.

간호학자들은 진정한 돌봄을 위해서는 이러한 삶의 이야기를 지닌 고유한 인격체로서 개인을 이해해야 한다고 말한다.[58] 개인의 삶의 이야기를 만들어 나가는 것은 곧 자기 자신에 대한 관심과 염려와 배려에 의한 것이며, 그것 자체가 곧 자기정체성을 구성하게 하는 실존적 돌봄이 되는 것이다. 즉 '나는 누구인가?', '그는 누구인가?'라는 물음에 대한 대답으로서의 인격의 정체성은 자신의 삶에서 고착된 성격뿐만 아니라, 그가 실제로 추구하고 열망하는 삶의 가치와 목적을 투사하고 있는 자기를 이야기함으로써 구성된다. 매킨타이어에 따르면 "인격의 정체성은 이야기의 시작부터 중간, 종말에서 개인의 출생과 삶, 죽음에 이르

56 *SA*, p. 147.

57 M. W. Schnell, "Narrative Identität und Menschenwürde" in *Das herausgeforderte Selbst, Perspektiven auf Paul Ricoeurs Ethik* (A. Breitling Stefan Orth Birgit Schaaff (hrsg.)), Würzburg: Konighausen & Neumann, 1999, p. 117.

58 S. D. Edwards, *Philosophy of Nursing: An Introduction*, p. 93.

기까지 이어지는 이야기의 통일성 속에 놓여 있다."[59] 그러나 그 개인의 이야기가 항상 그의 실제 삶의 이력과 일치하는 것은 아니다. 그의 이야기는 자신이 이 세상에 태어나기 전의 태아 때부터 부모로부터 시작될 수 있으며, 또한 죽음 후에 남은 가족이나 후손에 의해서 만들어지고 전해질 수도 있다. 따라서 개인의 삶의 이야기는 자기가 혼자 만들어 내는 것이 아니라 자기의 삶에 영향을 미치는 타자와 함께 만들어 내는 공동의 산물이다. 간호학에서는 이야기를 통해 구성된 인격의 정체성을 이해하는 것이 일종의 존재론적 돌봄이라고 본다.[60]

그렇다면 실제로 이야기를 통한 인격의 정체성에 대한 이해가 돌봄을 필요로 하는 다양한 실천 현장에서의 돌봄의 실천과 어떠한 관련이 있는지 살펴보자. 돌보는 사람은 환자에게 질병에 의한 고통에 대해 이야기하도록 용기를 주고 그 이야기를 경청하고 그에 반응한다. 이러한 돌봄의 태도는 그 개인으로 하여금 자신이 무엇을 하고 있으며, 자신이 누구인가에 대한 자각을 하게 함으로써 좋은 삶을 지향하는 자기 존중 능력을 증진한다. 특히 개인의 삶의 이야기를 이해하는 것은 삶의 곤경 상태에서 자기 삶의 이야기의 저자가 될 수 있는 자아 개념을 지닌 사람에게 매우 중요하다. 왜냐하면 인간의 삶의 이야기 속에서 인격의 정체성은 지속성과 통일성을 지니는데, 질병으로 인한 고통의 체험은 그 삶의 이야기의 지속성과 통일성에 위협적인 요소로 작용하기 때문이다. 따라서 개인의 이야기는 병이나 질병으로 인한 고통에 대한 경험이 그가 소망하고 추구하는 삶의 전체적이며 통일적인 맥락에서 어떠한 의미를 지니는지를 이해하는 데 도움이 된다. 그래서 돌보는 사람에게 중요

59 A. MacIntyre, *After Virtue: A Study in Moral Theory*, Notre Dame, Indiana: University of Notre Dame Press, 1984, p. 205.

60 S. D. Edwards, *Philosophy of Nursing: An Introduction*, pp. 128-129.

한 것은 '고통은 그 병을 앓고 있는 사람에게 무엇을 말해 주는가'를 이해하는 것이다.[61] 돌보는 사람은 환자의 고통의 전 과정과 그 의미를 이해하고, 그에 반응하여 표현하게 함으로써 위협받는 인격의 온전성을 회복시켜 주기 위해 노력해야 한다. 이를 위해서 돌보는 사람은 환자의 삶의 이야기를 듣고 그 이야기에 참여하여 이야기를 함께 재구성해 나가며, 그를 통해 고통의 경험이 고유한 인격의 파괴나 해체의 기회가 아니라, 오히려 자아 인식의 기회가 되도록 해야 한다. 돌보는 사람은 이야기를 통해 삶의 중요한 가치에 위협을 주는 고통을 이해하게 하고, 그에 스스로 대처할 수 있는 힘을 일깨워서 스스로 자기를 유지할 수 있는 삶을 소망하고 계획할 수 있도록 이야기를 이끌어 가게 해야 할 것이다. 질병의 영향으로 인해 인격의 정체성이 훼손되지 않도록 좋은 삶을 향해 통일성을 지니는 이야기를 이어 나가도록 하는 것이 중요하다. 이렇듯 이야기의 구성에 함께 참여하는 것은 인격의 정체성에 위협을 주는 장애나 그 고통의 의미를 이해하게 할 뿐만 아니라, 스스로 자기 삶을 이끌 수 있는 좋은 삶을 향한 전망을 제시할 수 있게 하는 것이다.

자기 삶의 이야기의 저자가 될 수 없도록 타자화되어 가는 인격체나 자아 개념이 형성되지 않은 잠재적 인격체인 태아를 돌보는 태도에 대해 살펴보자. 자기 삶의 이야기의 저자가 될 수 있는 일인칭적 관점을 잃어 가고 있는 치매 환자의 경우 그들의 이야기의 정체성은 질병의 영향 때문에 단절되기 시작하며 점차로 그 통일성이 상실되어 간다. 따라서 그들에게 자기정체성을 확인하게 하는 이야기는 이러한 사람들을 돌보는 방식에 특별한 동기를 부여한다. 우선 그들을 돌보는 사람들은 그들의 이야기가 파편적이거나 극단적으로 우연적이 되지 않도록, 어느

61 H. G. 가다머, 공병혜 옮김, 『고통: 의학적, 철학적, 치유적 관점에서 본 고통』, 102쪽.

정도의 지속성과 통일성을 유지하게끔 보살피는 일이 필요하다. 자기 삶의 이야기의 저자가 될 수 없는 사람들에게 그들의 이야기의 정체성이 쇠퇴하지 않고 지속적으로 유지되도록 돌보는 전략은 무엇보다도 그들의 삶의 이야기의 범위를 넓혀 준다. 자신의 삶의 이야기를 매우 희미하게 기억하는 환자를 돌보는 사람들은 그의 가정 환경에서 그의 삶의 이야기를 이어 가게 하는 실마리들, 즉 배우자의 사진이나 그들이 아끼는 장식품 등으로 삶의 기억을 일깨워 그들의 이야기가 진행되고 구성될 수 있도록 도와주어야 한다. 그들의 삶의 이야기가 단절되거나 파편화되지 않고 지속적으로 이어지도록 하는 방법은 그를 가능한 한 그와 친밀했던 물건들에 에워싸여 있게 하고 새로운 환경과 낯선 것들을 줄이는 일이다. 자신의 이야기를 할 수 없다고 해서 그 이야기가 지속성을 잃는 것은 아니다. 치매 환자의 경우 그들의 이야기를 잘 구성하기 위해서 그들의 삶의 근원을 향해 시간을 거슬러 올라가 친밀한 환경과 인간관계의 그물망 속에서 이야기가 통일성을 가지고 지속될 수 있도록 하는 것이 중요할 것이다.

간호와 같은 돌봄의 실무 현장에서는 자기 개념이 불확실한 잠재적 인격체로서 태아, 중환자실의 의식이 없는 환자나 죽어 가는 환자, 그리고 식물인간도 이야기를 지닌 인격체로서 존중해야 하는 대상이다. 그들은 스스로 각자의 이야기를 할 수 없지만 그들이 관계하고 있는 타자의 삶의 이야기의 일부가 되고 미래를 향하여 타자에 의해 지속적으로 이야기되는 인격체로서 보호하고 존중해 주어야 하는 것이다. 이야기의 구성을 통한 인격의 정체성에 대한 이해는 주체로서의 인격뿐만 아니라 타자화된 인격을 보호해 주고 존중해 주는 돌봄의 태도에 대한 새로운 이해의 지평을 가능하게 한다.

여기서는 의식이 없는 환자의 생명과 죽음의 태도와 관련된 인격의 자기 존중과 돌봄의 태도에 대해 살펴보도록 하자. 갑작스런 사고로 인해 식물인간이 되거나 뇌사 상태에 빠져서 살 가망이 없는 경우의 환자의 인격을 어떻게 존중해 주어야 할 것인가? 그가 의식이 있을 때 자신의 삶을 더 이상 기대할 수 없는 상황을 예견하여, 적극적 치료로 생명을 연장할 것인가 아니면 생명을 포기할 것인가 하는 생명에 대한 유언을 명시적으로 표현해 놓았다고 생각해 보자. 이러한 경우에 의료인이나 보호자, 친구 등은 그를 타자[3인칭]로서 만난다. 자기의 삶의 이야기에 속하는 유언은 일종의 미래에 대한 소망으로서 '자기 지속'을 위한 약속이며, 그것은 타자로서 만나는 의료인과 보호자와의 상호 신뢰하에서 준수되는 자기 증언이다. 따라서 돌보는 사람이 환자의 자기 지속을 위한 약속으로 유언을 지켜 주는 것은 타자에 대한 신뢰를 가지고 좋은 삶을 지향하는 '자기'로서의 인격을 존중해 주는 돌봄의 태도라고 말할 수 있다.

그러나 만약 그 환자가 생명에 대한 유언을 명시적으로 남겨 놓지 않았다면 어떻게 그 환자의 인격을 존중할 것인가? 현재 그 환자는 자기 스스로에 대해 말할 수 없기 때문에, 타자와 함께한 자기 삶의 역사에 대한 이야기를 통해서만이 그가 '누구'인지가 추정적으로 확보될 수 있다. 이는 타자와 함께한 삶에는 나의 '자기'를 말하는 타자가 항상 있다는 것을 전제로 한다. 즉 그 환자의 '자기'는 그와 삶을 함께한 가족이나 친구들에 의해 구성된 이야기를 통해 드러난다. 그 이야기는 환자의 고착된 성격이나 생활 습관뿐만 아니라 미래에 대한 소망과 꿈 등으로 엮어진다. 그래서 환자와 삶의 역사를 함께한 사람들이 그의 삶의 이야기를 엮는 공동의 저자가 될 수 있는 것이다.[62] 이러한 이야기 속에서, 다른 사람들 속에서 그가 추구한 훌륭한 삶이 무엇인지가, 그리고 가능

62 M. W. Schnell, "Narrative Identität und Menschenwürde", p. 120-121.

한 소망과 삶의 마지막 소원들이 표현된다. 이는 환자의 인격의 정체성을 추정할 수 있는 이야기의 차원이다. 특히 우정의 관계에 있는 친구는 그와 함께 경험했던 것, 그에게 들었던 삶의 이야기에 대한 지식으로부터 환자가 생각하는 삶과 죽음의 관계를 이야기로 구성하여 죽음에 대한 태도에 관한 자기 증언을 할 수 있다. 이처럼 환자가 이야기의 저자가 될 수 없는 상황에서 환자의 자기 의사는 타자에 의해 구성된 이야기의 해석을 통해 추정이 가능하다. 따라서 환자의 삶의 역사를 누가 이야기하는가에 따라서 여러 이야기가 구성되고 그에 대한 해석도 달라질 수 있다. 환자가 추구하는 좋은 삶에 비추어 삶과 죽음에 대한 태도를 추정할 수 있는 여러 가지 이야기들이 서로 경쟁할 수 있는 것이다.

그러면 돌보는 사람은 여러 가지 이야기가 경쟁하고 있을 때 어떤 이야기를 더 선호할 수 있는가? 개인의 정체성을 이해하기 위한 더 나은 이야기를 판단하는 일련의 규칙은 없지만, 다음과 같은 점들을 고려할 수 있다.[63] 우선 돌보는 사람들은 이야기 속 인물의 정체성에 대한 이해에 합의를 할 수 있어야 한다. 무엇보다도 그가 추구하고 기획했던 좋은 삶에 근거하여 인물의 정체성이 얼마나 통일적으로 구성되어 이해가 가능한지에 따라서 특정 이야기를 선호할 수 있는 것이다. 이러한 이야기를 통해서 추정할 수 있는 환자의 죽음에 대한 태도를 존중해 주는 것이 바로 취약한 상황에 처해 있는 환자의 인격을 보호하고 존중하는 진정한 돌봄의 태도라고 말할 수 있다.

이와 같이 인격의 정체성은 시간의 흐름과 변화 속에서 끊임없이 자기 존재를 보살피는 관심과 염려 속에서 획득되는 자기 해석의 과정이다. 이러한 자기 해석은 이야기를 매개로 하였을 때 가능하다. 자기

63 H. P. Meininger, "Narrative Ethics in Nursing for Person with Intellectual Disabilities", pp. 106-118.

체험을 이야기하고 타자와 소통하는 활동이야말로 가장 근원적인 자기 존재에 대한 실존적 돌봄이기 때문이다. 환자의 삶의 체험을 이야기하게 하고 그 이야기를 함께 엮어 나가는 것은 환자 자신이 처한 실존 상황을 이해하게 하여 자기의 정체성을 구성해 나가게 하는 과정이다. 이야기 윤리는 삶의 이야기의 지속성과 통일성을 지닌 고유한 인격체로서 개인을 이해하게 한다. 그런데 병이나 질병, 그리고 장애로 인한 고통의 체험은 이야기의 지속성과 통일성에 위협적인 요소로 작용할 수 있다.[64] 이때 간호사는 이야기에 참여하여 삶의 중요한 가치에 위협을 주는 병이나 장애로 인한 고통의 의미를 이해하여, 그에 대처할 수 있는 힘을 일깨우고 미래의 삶을 계획하여 도와주어야 한다. 이러한 돌봄은 상호 신뢰에 기초한 인간관계 속에서 연민이나 공감 등의 적극적인 정서적 참여를 통하여 이루어진다.[65] 이렇듯 이야기를 함께 만들어 나가는 것은 환자로 하여금 인격의 정체성에 위협을 주는 고통의 의미를 이해하게 하며 스스로 삶을 통제할 수 있게 하고 좋은 삶을 향한 전망을 갖게 한다.

취약한 상황에 처한 환자를 돌보는 간호 실무에서 도덕적 지위가 불확실한 잠재적 인격체나 인격적 가치가 훼손될 위험에 처한 환자를 보호해 주는 것은 생명윤리와 관련된 중요한 돌봄의 과제이다. 돌보는 사람은 배아나 태아, 그리고 식물인간이나 무의식의 환자도 과거와 현

64 간호학에서 대부분의 질적 연구물들은 환자들과의 심층 인터뷰를 통해 얻어낸 질병 체험에 대한 삶의 이야기로 재구성되어 있다. 이러한 이야기의 재구성 과정은 그들의 간호 요구를 이해하게 할 뿐만 아니라 그것이 자기정체성을 지속시키는 돌봄의 과정임을 보여 준다. 최남희, 「재난 생존자의 경험의 내러티브 분석」, 『대한간호학회지』 제35권 제2호, 2005, 407-417쪽 참조.

65 J. Watson, *Nursing: Human Science and Human Care*, New York: National League for Nursing, 1988, p. 31.

재, 미래를 향한 이야기를 지닌 존재로서 존중해 주고, 그들의 '자기'로서의 정체성을 보호해 주어야 한다. 자기 지속에 대한 약속으로서의 환자의 유언을 지켜 주는 것이나, 생명에 대한 유언도 하지 않은 채 무의식 상태에 빠져 있는 환자의 인격을 그와 삶을 함께한 가족이나 친구 등 타자가 엮은 삶의 이야기를 해석하여 존중해 주는 것 모두 이야기적 정체성에 근거하여 지지될 수 있는 돌봄의 태도인 것이다.

제4장

돌봄과 덕, 그리고 배려의 윤리

이 장에서는 돌봄을 실천하기 위한 덕 윤리의 차원과 배려의 윤리적 차원에 대해 탐구해 볼 것이다. 덕 윤리학자인 매킨타이어는 공동체 내에서 특정한 실천을 성취하고, 개인의 삶의 통일성을 유지하며, 도덕적 전통의 계승한다는 맥락에서 덕의 본질과 그 역할에 대해 통합적으로 설명한다. 한편 리쾨르는 좋은 삶을 추구하는 자기 존중의 실현을 타자를 위한 배려의 윤리의 차원으로 확장해 나간다. 그는 행복을 위한 좋은 삶을 추구하는 자기 존중이 곧 타자를 위한 배려를 통해 실현된다는 상호성의 윤리를 제시한다. 이 장에서는 전문적 돌봄의 실천을 위해 돌보는 사람이 갖추어야 할 자질로서의 덕성을 매킨타이어가 실천의 개념을 바탕으로 전개한 덕 윤리를 통해 살펴보고, 또한 이러한 돌봄의 실천이 상호 자기 존중에 기초한 배려의 윤리로서 어떠한 의미를 지니는지 리쾨르의 배려의 윤리적 입장을 통해 살펴보기로 하겠다.

1. 돌봄의 실천과 덕 윤리

1) 매킨타이어의 덕 윤리와 실천

매킨타이어는 인간이 갖추어야 할 덕을 공동체 내에서 특정한 실천을 성취할 수 있는 자질과 개인의 삶의 통일성 유지, 그리고 도덕적 전통의 계승이라는 맥락 속에서 고찰한다. 그는 우선 공동체 내에서 성취해야 할 실천의 개념을 출발점으로 하여 덕 윤리의 본질을 설명한다. 그는 서구의 계몽주의적 기획에 따른 자유주의 도덕관이 공동체 문화의 상실을 야기하였고, 그에 따라 현대 서구 사회가 도덕적 위기를 맞게 되었다고 비판한다. 그에 따르면 도덕적 행위의 근거를 인간 이성에서 찾고자 하는 자유주의 도덕관은 인간의 존재 양식을 개체화시켜 공동체가 지향하는 공동선을 상실케 하였는데, 이러한 도덕적 위기는 아리스토텔레스적인 덕 윤리의 부활을 통해 극복이 가능하다.[1] 아리스토텔레스적 관점에 의하면 윤리학은 인간 삶의 목적인 행복(eudamonia)을 추구하는 인간의 본성에 근거한다. 아리스토텔레스의 덕은 인간 본성의 목적, 즉 '좋은 삶'을 극대화하는 탁월성(excellence)으로 이해될 수 있다. 물론 덕은 그러한 목적을 위한 단순한 수단이 아니라, 행복을 추구하는 좋은 삶의 필수적인 구성 요소이다. 따라서 덕을 실행한다는 것은 숙고적 사려 판단에 근거하여 성격을 형성하고 도덕적 성품을 습관화하는 총체적 과정인 것이다. 이러한 아리스토텔레스의 덕은 인간의 '좋은 삶'의 성취를 향해 나아가고 움직이게 하는 자질이라고 말할 수 있다.

매킨타이어는 이러한 아리스토텔레스의 덕 윤리를 부활시켜 사회

1 A. 매킨타이어, 이진우 옮김, 『덕의 상실』, 문예출판사, 1997, 62-78쪽.

적 실천, 개인의 삶의 통일성, 그리고 도덕적 전통이라는 세 가지 개념을 중심으로 한 자신의 덕 윤리를 전개한다. 그에게 덕이란 첫째, 실천이라는 형식에 내재한 선들(internal goods)을 성취하는 데 필수적인 자질이며, 둘째, 개인의 삶의 이야기적 질서 속에서 삶의 목적을 이해하는 능력이고, 셋째, 도덕적 전통의 보존과 관련된 자질이다.

매킨타이어는 우선 실천(practice)이라는 개념을 통해 덕을 설명하고자 한다. 왜냐하면 덕은 사회적 실천에 내재한 선을 성취하는 데 유용한 인간의 성품이기 때문이다. 즉, 덕이 현시되는 무대가 바로 실천인 것이다.

> 나에게 실천이라는 말은 사회적으로 성립된 협동적 인간 활동의 정합적이고 복합적인 형식을 의미한다. 그 형식에 적당하고 부분적으로는 그것의 정의이기도 한 탁월성 기준에 도달하려고 노력하는 과정에서 그 활동에 내재된 선이 실현되고, 그 결과 탁월성을 획득하려는 인간의 능력과 그 활동과 관련된 목적과 선에 대한 인간의 사고가 체계적으로 확대되는 것이다.[2]

매킨타이어의 실천이 "사회적으로 성립된 협동적 인간 활동의 정합적이고 복합적인 형식"이라는 점에 주목해 보자. 여기서 실천은 사회적 인간 공동체를 만들고 유지하는 것이므로 그 범위가 넓다. 실천의 범주에는 예술, 의료, 과학, 그리고 일반적으로는 가계 유지, 도시 및 국가와 같은 인간 공동체의 창조와 유지가 포함된다.[3] 매킨타이어에 따르면, 사회적 인간관계 속에서 형성되는 활동으로서 실천을 행하는 것은 "그

2 A. 매킨타이어, 이진우 옮김, 『덕의 상실』, 277쪽.
3 A. 매킨타이어, 이진우 옮김, 『덕의 상실』, 278쪽.

탁월성의 기준들이 지닌 권위를 인정하는 것이며, 그것이 평가한 대로나 자신의 실행의 부적합성을 인정하는 것이다."[4] 그는 실천이란 그것의 탁월성의 규준을 성취하려고 노력하는 과정에서 실천의 형식이 내재하고 있는 선이 실현되는 것이라고 말한다.

그렇다면 실천의 과정 속에서 실현되는 내재적 선은 무엇을 말하는가? 내재적 선이란 특정한 종류의 행위에 내재되어 있는 가치이다. 예를 들어 간호사는 간호를 하면서 간호의 기술과 전략을 구사하여 기쁨을 느끼고, 고도의 기술적 사고력, 숙련성, 도덕적 품성 등을 습득한다. 이러한 간호라는 실천의 형식에는 복합적인 내재적 가치로서의 선의 차원들, 즉 실천적 지식과 숙련된 기술, 인간에 대한 이해의 기술 등이 있다. 반면 실천에 외재적인 선(external goods to practice)은 사회생활에 있어서 외적으로 부가되는 재화, 돈, 명예 등을 말한다. 그렇다면 실천을 통해 습득되고 실현되는 내재적 선은 어떠한 특징을 지니는가?

우선 내재적 선은 실천에 참여하는 경험에 의해서만 규정되고 인정될 수 있으며, 그를 통해서 탁월한 실천이 가능하다. 즉 내재적 선은 "해당되는 실천에 참여하는 경험을 함으로써 확인되고 인지될 뿐이다."[5] 또한 내재적 선은 실천의 탁월성의 규준에 이르려는 훈련과 학습의 과정을 통해서 습득될 수 있다. 하지만 내재적 선은 공동체가 공유할 수 있으며 공동체의 좋은 삶에 기여한다. 내재적 선의 성취는 실천에 참여하는 전체 공동체의 삶을 풍요롭게 해야 하는 것이다. 예컨대 나이팅게일(F. Nightingale)이 간호를 통해 습득하고 실현한 내재적 선은 돌봄의 실천에 참여하는 사람들의 공동체를 풍요롭게 한다. 그 공동체는 그 행위의 탁월성의 기준을 받아들이고 실천의 역사적·사회적 맥락을 공유한

4 A. 매킨타이어, 이진우 옮김, 『덕의 상실』, 281쪽 .
5 A. 매킨타이어, 이진우 옮김, 『덕의 상실』, 279쪽.

다. 매킨타이어는 내재적 선을 성취하기 위해 필수 불가결한 내적 요소가 바로 덕이라고 규정한다.

매킨타이어에 따르면 "덕은 습득된 인간의 자질로서, 우리가 그것을 소유하고 실행하면 대체로 어떤 실천에 내재된 선들을 성취할 수 있고 그것이 없으면 그런 선을 성취하는 것이 효과적으로 제지된다."[6] 예를 들어 우리는 탁월한 간호 행위를 위해서는 그 행위의 내재적 가치인 기술적 숙련성, 그리고 인간과 상황에 대한 이해의 기술과 임상적 판단 능력, 자질을 습득해야 하며, 그러한 내재적 선과 탁월성의 기준에 도달하기 위한 실천의 필수 불가결한 구성 요소로서 도덕적 품성을 갖추어야 하는 것이다.

2) 삶의 통일성과 도덕적 전통

매킨타이어는 덕이 특정한 종류의 실천을 유지시키기 위한 자질일 뿐만 아니라 인간 삶을 통일적으로 이해하게 하는 개인의 정체성이라고 말한다. 즉, 그는 덕의 기능을 특정한 실천의 맥락으로 제한하지 않는다. 만약 인간의 '좋은' 삶이라는 개념을 바탕으로 덕들의 목적과 기능을 설명한다면, 실제로 '덕을 결여하고 있는 인간은 과연 어떠한 삶을 살고 있는가?'라고 물어볼 수 있다. 덕을 결여한 개인은 어떤 실천에 참여하여 특정한 탁월성을 성취하고 보존하는 데만 실패하는 것이 아니라, 개인의 통일적 삶도 불완전하다는 것이다. 그렇다면 덕에 대한 질문은 적어도 '이 개인에게, 궁극적으로 인간에게 좋은 삶은 무엇인가?' 하는 것으로 나아갈 수밖에 없다.[7]

6 A. 매킨타이어, 이진우 옮김, 『덕의 상실』, 282쪽.
7 A. 매킨타이어, 이진우 옮김, 『덕의 상실』, 298쪽.

따라서 덕이란 특정한 실천에만 제한적인 선들을 초월하여 목적을 향한 개인, 인간 삶의 통일성 속에서 이해되어야 하며, 그것은 오로지 자신의 삶의 이야기를 통해서만 가능하다. 여기서 말하는 이야기란 시인, 희곡 작가, 소설가 등의 작품이 아니다. 대화, 그리고 일반적으로 인간 행위들을 서술한 이야기들이다.[8] 그러면 개인의 삶의 통일성을 가능하게 하는 이야기란 무엇을 의미하는가? 우리는 살아가면서 자신의 삶을 이야기하고 그 이야기들을 토대로 삶을 이해하기 때문에 이야기의 형식은 다른 사람들의 행위를 이해하는 데 적절하다. 우리 삶의 미래에 대한 예측이 불가능함에도 불구하고 이러한 이야기는 우리의 미래를 향한 목적을 투사한 특정한 형식을 지니고 있다. 매킨타이어에 의하면 "인간이 만들어 내는 허구에서뿐만 아니라 인간은 자신의 행위와 실천에 있어서도 본질적으로 하나의 이야기를 말하는 동물이다."[9] 그러면 이야기는 어떻게 가능한가? 내 인생이 삶의 전체 속에서 이야기되려면 어떤 목적론적인 운동이 있어야 하며, 클라이맥스에서 왜 내가 이런 행동을 했는지, 왜 다른 것을 하지 않았는지를 자신과 타자가 이해할 수 있어야 한다. 그는 인생의 결정적 전환점에 있어서 자신이 추구하는 선의 개념을 숙고하여 어떤 길을 가야 할지 선택하는 존재이다. 그러한 인간에게 '나는 어떤 이야기를 지니는가?', 또는 '나는 어떤 이야기들의 부분인가?'는 핵심적인 물음이 된다. 이야기 속에서 나는 하나 이상의 성격과 역할을 부여받으면서 자아의 정체성을 지니게 되는 것이다.[10]

이러한 자아의 정체성을 구성하는 이야기는 두 가지 조건을 요청한다. 그것은 자신의 이야기에 대한 '주체로서의 책임의 가능성'과 '이야

8 A. 매킨타이어, 이진우 옮김, 『덕의 상실』, 311쪽.
9 A. 매킨타이어, 이진우 옮김, 『덕의 상실』, 318쪽.
10 A. 매킨타이어, 이진우 옮김, 『덕의 상실』, 310쪽.

기의 이해의 가능성'이다. 즉, 이야기는 다른 사람들이 자신의 이야기에 대한 책임을 묻고 질문을 제기할 수 있어야 하며, 이해가 가능해야 한다. 우선 이야기 속에서 개인의 정체성을 구성하는 책임의 가능성에 대해 살펴보자. 나는 탄생부터 죽음까지 진행되는 이야기의 주체로서 존재한다. 내가 이야기의 주체로 존재한다는 것은 이야기를 구성하는 행위들과 경험들에 대해 책임을 진다는 것을 의미한다. 이러한 책임의 가능성은 우리가 행한 것, 우리에게 일어난 것, 또는 우리가 체험한 것에 대한 특정한 설명을 해 달라는 요청에 개방되어 있음을 의미한다. 그리고 개인의 정체성은 바로 이야기의 주체가 지닌 성격의 통일성을 뜻한다.[11] 이야기를 통해 자아의 정체성을 구성하는 또 다른 조건은 이해의 가능성이다. 이야기 속에서 나는 책임을 질 뿐만 아니라 다른 사람에게도 그의 이야기에 대한 책임을 물을 수 있으며 설명을 요구할 수 있다. 그들이 나의 이야기의 한 부분인 것처럼, 나는 그들 이야기의 한 부분이다. '당신은 무슨 일을 행하였으며, 왜 하였는가?'라고 그들에게 물을 수 있으며, 또한 내가 무슨 일을 행하였고, 왜 하였는가를 그들에게 설명할 수 있는 것이다. 이렇듯 책임과 이해의 가능성이 없다면, 그 이야기들을 구성하는 행위들에 대한 연속성이 결여되어 개인의 정체성을 이해할 수 없다.

이처럼 책임의 가능성과 이해의 가능성은 이야기를 통해 개인의 인격적 정체성을 구성해 주는 핵심 요소이다. 매킨타이어는 리쾨르와 같이 개인의 인격의 통일성은 이러한 이야기의 통일성 속에 있다고 말한다. 인간 삶 전체의 성공과 실패의 유일한 기준은 이야기된 또는 이야기되어야 할 목적에 대한 추구가 성공한 것인가 혹은 실패한 것인가 하는

11 A. 매킨타이어, 이진우 옮김, 『덕의 상실』, 321쪽.

것이다. 그러한 삶의 목적은 바로 좋은 삶이다. 그러면 이 단계에서 덕은 무엇인가? 그것은 인간의 좋은 삶을 향한 목적론적 추구를 가능하게 하는 성향이다.

그런데 여기서 인간이 추구하는 좋은 삶이란 무엇인가? 매킨타이어에 따르면 좋은 삶이란 우선 자기가 속해 있는 이야기가 무엇인지 알고 자기 역할을 잘 수행하는 것이다. 그리고 결단이 필요한 삶의 고비에서 자신이 추구하는 미래의 상을 숙고하여 선택하는 것이며, 자신이 한 일에 대한 삶의 이야기들에 책임을 지고 설명하는 것이다. 이러한 좋은 삶이란 서로 얽혀 있는 사람들 삶 전체에 기여하고, 결국 전체 삶을 돌이켜봤을 때 성실성과 지조를 인정받는 삶이다.[12] 이러한 인간이 추구하는 좋은 삶이 무엇인가를 이해할 수 있도록 하는 것이 바로 어떤 지적인 덕, 실천적 지혜이다. 이 실천적 지혜는 특정한 실천에 내재하는 선을 성취하기 위한 연습과 행위를 통해 습득된 자질로서의 덕과는 다른 것이다.[13] 실천적 지혜는 실천을 통해 얻은 선들을 자기 삶의 이야기 안에 통일적으로 배열하고 이해하고 평가하고 순서를 매길 수 있게 하는 지성적인 덕에 해당된다. 성격의 덕이 습관적인 연습을 통해 획득되는 반면 지성적인 덕은 교육을 통해 획득된다.[14]

12 김미영, 「덕과 공동체: 매킨타이어의 공동체주의」, 『사회와 이론』 제3집, 한국이론사회학회, 2003, 293-294쪽.

13 여기서 지적인 덕은 아리스토텔레스의 프로네시스 혹은 실천지에 해당된다고 말할 수 있다. 실천지는 당면한 목적이 아니라, 최고의 목적인 좋은 삶, 즉 행복을 염두에 두고 당장의 행위가 어떤 결과를 가져올지를 판단할 수 있는 능력이다. 김대오, 「아리스토텔레스 윤리학에서 실천지의 역할」, 『철학연구회』 제65집, 2004, 72쪽 참조.

14 매킨타이어는 인간을 이야기하는 동물(story-telling animal)로 본다. 이야기하기는 덕성 교육의 핵심이다. 이야기하는 자아는 기술하고 숙고하는 존재자이다. 이야기 속에서 그는 인생의 결정적 전환점에서 자신과 자신의 선 개념을

매킨타이어는 덕을 특정한 실천에 내재적인 선들을 성취할 수 있게 하는 성향들과 통일된 삶의 이야기 속에서 자아의 정체성과 삶의 목적에 대한 인식을 제공하게 하는 지적인 성향들로서 탐구하였다.[15] 그는 나아가 덕을 도덕적 전통의 맥락 속에서 탐구한다. 그는 오직 개인의 자격만으로는 선을 탐구할 수도 없고 덕을 실천할 수 없으며, 개인은 자신의 도덕적 정체성을 가족, 이웃, 도시, 부족과 같은 공동체의 구성원 자격을 통해서 발견한다고 말한다. 대학이나 병원 등 어떤 제도가 특정한 실천의 전통에 대한 담지자라고 할 때, 그 제도는 좋은 의학이나 간호가 무엇이며 좋은 의료 행위가 무엇인가에 대한 지속적인 논쟁들로 구성되어 있다. 우리 시대의 어떤 실천의 역사와 인간의 선에 대한 추구가 오늘날까지 이어지고 우리에게 전해지는 것은 바로 이러한 전통의 역사를 통해서인 것이다.[16] 여기서 덕은 특정한 사회적 실천과 개인적 삶들의 형식을 보존하기 위한 것일 뿐만 아니라 모두에게 필요한, 역사적으로 이어져 온 전통들을 보존하게 하는 것이다. 예를 들어 정의, 진실성, 용기, 그리고 지성적인 덕의 결여는 현재 구현되는 삶을 도출하는 실천들과 제도들을 부패시키듯이 전통들 역시 부패시킨다. 이러한 전통에 대한 역사적 인식을 위해서 우리가 갖추어야 할 덕은 우리가 속해 있거나 직면해 있는 전통에 대한 감각, 즉 과거의 전통이 현재를 위해, 그리고 미래를 위해 이어질 수 있는가에 대한 적절한 감각을 지니는 것이다.

매킨타이어가 세 가지로 설명한 덕을 정리해 보면 다음과 같다. 첫째, 덕은 실천에 내재적인 선을 성취하게 하는 습득된 자질이며, 그 실

숙고하여 어떤 길을 택할지 결정하는 존재이다. 김미영, 「덕과 공동체: 매킨타이어의 공동체주의」, 300쪽 참조.

15 A. 매킨타이어, 이진우 옮김, 『덕의 상실』, 324쪽.

16 A. 매킨타이어, 이진우 옮김, 『덕의 상실』, 328쪽.

천의 담지자인 제도나 공동체의 형태를 유지시켜 준다. 둘째, 덕은 삶의 통일성에 대한 이야기적 이해를 통해서 인간을 위한 좋은 삶이 무엇인지를 이해하게 해 준다. 셋째, 덕은 실천과 개인의 총체적 삶이 속한 전통에 대한 적절한 감각을 가지고 전통을 유지, 발전시킨다. 이렇듯 덕은 실천을 개인의 총체적 삶의 목적과 연결시키고, 그것을 문화적 전통에 통합시키는 역할을 한다.

3) 덕과 돌봄의 실천의 의미

이제 앞에서 살펴본 매킨타이어의 덕 윤리를 바탕으로 돌봄의 전문적 실천을 위해 요구되는 덕목들로서 내재적 선, 그리고 개인의 총체적인 삶의 이해와 돌봄의 태도에 대해 살펴보도록 하자.

우선 돌봄의 전문적 실천 양식으로서의 간호 행위에 대해 살펴보자. 간호란 실천적 지식으로서의 과학적 지식과 기술적 숙련성은 물론 인간에 대한 이해의 기술과 도덕적 차원을 포괄하는 매우 풍부한 행위 영역이다. 간호학자들에 따르면 간호란 인간의 선을 증진하기 위한 인간 존재 방식을 사회적·협동적으로 발전시킨다는 의미에서 실천이다. 이 실천은 특히 인간의 치유와 건강과 복지의 증진을 추구하는 목적을 지닌다. 탁월한 간호 실천은 실제 실무 현장에서 개인적·전문적·사회적 인간관계 속에서 이루어지는 돌봄을 통해 도덕적 의미를 지닌다.[17] 그래서 간호윤리학자들은 매킨타이어의 실천의 정의에 근거하여 간호는

17 A. H. Bishop & J. R. Scudder, "Nursing as Practice rather than an Art or Science", *Nursing Outlook*, 45(2), 1997, p. 84; A. H. Bishop & J. R. Scudder, "A Philosophical Interpretation of Nursing", *Scholarly Inquiry for Nursing Practice*, 13(1), 1999, p. 20

돌봄의 실천으로서 상호 주관적 인간관계에서 간호사의 덕스러운 태도를 통해 표현된다는 점을 강조한다.[18]

그러면 우선 매킨타이어가 덕 윤리를 전개시키는 방식에 따라 간호에서의 돌봄의 실천에 대해 고찰해 보기로 하자. 간호는 사회적 인간관계 속에서 형성되는 정합적이고 복합적인 인간 행위 형식이며, 실천에 들어선다는 것은 간호의 탁월성에 대한 기준(훌륭한 간호의 기준)을 인정하는 것이다. 간호 실천의 탁월성을 성취하기 위해 간호사가 전문적으로 습득하고 실현해야 하는 내재적 선은 실천적 지식, 인간에 대한 이해, 그리고 돌봄의 태도로 집약된다.[19] 우선 간호 행위에 내재한 복합적인 선인 실천적 지식으로서의 기술적 숙련성과 인간에 대한 이해의 기술에 대해 살펴보기로 하자.

간호의 실천적 지식으로서의 기술적 숙련성은 환자의 간호 문제를 파악하여 진단하는 기술, 간호를 중재하는 기능, 효율적인 병동 관리 기술, 치유적 중재 등과 관련된다. 의료 장비 다루기, 증상을 완화시키기, 공격적인 사람을 다루는 방법 등의 의사소통 방법 등도 여기에 포함된다. 이러한 지식들은 실제로 체득된 지식으로서 동적인 과제를 능숙하게 수행하는 숙련된 움직임을 통해 드러난다. 그것은 간호 행위가 축적되는 실무를 통해 습득되고 성취되는 수행적인 신체적 지식이다. 전문적 간호사는 간호와 관련된 이론적 지식만을 습득하면 되는 것이 아니

18 C. Gastmans, "A Fundamental Ethical Approach to Nursing: Some Proposals for Ethics Education", *Nursing Ethics*, 9(5), 2002, p. 495; D. Sellman, "Alasdair MacIntyre and the Professional Practice of Nursing", *Nursing Philosophy*, 1, 2000, pp. 26-33; D. Sellman, "The Virtues in the Moral Education of Nurses: Florence Nightingale Revisited", *Nursing Ethics*, 4(1), 1997, p. 11.

19 S. D. Edwards, *Philosophy of Nursing: An Introduction*, London: Palgrave, 2001, p. 166.

라, 그것을 어떻게 실천에 옮겨야 하는지도 알아야 한다. 왜냐하면 강의실에서 투약에 대한 지식을 배우는 것과 실제 환자 및 의료인과의 협동 관계 속에서 업무를 행하는 것은 전적으로 다르기 때문이다.

인간에 대한 이해의 기술은 탁월한 간호 실천을 위해 환자의 증상을 직관적으로 파악하여 해석하는 기술이다. 이 기술은 쉽게 획득되는 것이 아니다. 그것은 실천을 통한 일정한 시간의 경험을 필요로 한다. 베너는 전문적 실무의 본성은 절차적 방법을 따르기보다 환자가 처한 상황을 전체적으로 직관하여 해석하는 기술에 있다고 말한다. 전문가는 수술 전 간호를 받는 환자와 어떻게 대화를 해야 할 것인가에 대한 판단을 할 때 간호 경험을 통해 개발된 직관에 호소하여 환자의 임상적 특성을 지각해 해석한다.[20] 과거의 많은 경험 혹은 실천을 통해 형성된 어떤 패러다임을 가지고 임상적 상황을 전체적으로 파악하는 것이다. 이렇듯 환자가 처한 임상적 상황을 해석하는 기술은 탁월한 간호를 수행하기 위해 필요한 자질로서 실천을 통해 습득되며 성취될 수 있다.

상술한 간호 실천의 내재적 선으로서의 기술적 숙련성과 인간에 대한 이해의 기술은 다음과 같은 특징을 지닌다. 첫째, 간호 행위에 참여하는 훈련과 학습의 과정을 통해 습득되며, 오로지 경험을 통해서 확인되고 인지될 뿐이다. 둘째, 결국 돌봄의 공동체가 공유하고 전수할 수 있는 것이다. 간호 행위의 내재적 선의 성취는 고통 경감, 질병 예방, 건강 증진 등 좋은 삶이라는 간호의 목적에 기여해야 한다. 이러한 기술적 숙련성과 인간에 대한 이해의 기술을 습득하여 간호 실천의 목적에 기여하기 위해 반드시 필요한 내재적 선이 바로 도덕적 차원을 지닌 덕이다. 그러면 간호의 도덕적 차원을 지닌 덕이란 무엇인가?

20 S. D. Edwards, *Philosophy of Nursing: An Introduction*, p. 167.

매킨타이어의 정의에 따라 덕은 습득된 인간의 자질로서, 돌봄의 실천에 내재한 선들을 습득하고 성취함으로써 도달되는 탁월한 전문적 실천을 위해 필수 불가결한 구성 요소이다. 이러한 덕은 돌봄의 태도, 즉 인간관계 속에서 표현되는 일종의 내적 태도라고 말할 수 있다. 간호사가 갖추어야 할 조건에는 기술적 숙련성과 비기술적인 태도가 있다. 기술적 숙련성과 관련하여 간호사에게는 환자를 사정하고 계획하고 조정하는 기능, 급속히 변화하는 실무 상황에 대한 효율적인 관리 기술, 치유적 중재 등이 요구된다. 비기술적 태도는 이러한 기술적 숙련성의 기능을 넘어서 돕는 역할, 지도와 교육, 안위 제공, 인간의 자율성 증진, 같이 있어 주는 것, 접촉을 통한 의사소통, 자신의 고통에 대한 이해 증진, 각자의 고통에 대처할 수 있도록 지도하는 것, 용기를 주는 것 등이며, 그것은 특별히 덕으로서의 돌봄의 태도를 필요로 한다. 이러한 돌봄의 태도는 탁월한 간호 실천을 위해 필요한 덕인 것이다.[21]

그러면 탁월한 간호 실천을 성취하기 위한 돌봄의 태도로서의 덕은 과연 무엇인가? 그것은 개인을 삶의 통일성 속에서 이야기를 지닌 존재로 이해하는 것이다.[22] 이야기를 지닌 존재로 인간을 이해한다는 것은 그가 추구하는 삶의 목적과 가치가 투사된 삶의 통일성을 통해서 그의 곤경을 이해한다는 것이다. 돌봄을 실천하는 간호사는 환자를 잘 돌보기 위해서 환자가 자신이 처한 곤경을 스스로 어떻게 해석하고 있는지를 이해하는 것이 중요하다. 환자가 관심을 갖고 있는 것이 무엇인지, 그리고 질병 과정의 증상이 환자에게 어떤 영향을 미치는지를 이해하여

21 C. Gastmans, "Care as Moral Attitude in Nursing", *Nursing Ethics*, 6(3), 1999, pp. 218-219.

22 S. D. Edwards, *Philosophy of Nursing: An Introduction*, pp. 87-107.

야 한다.[23] 돌봄의 태도는 바로 자기 투사를 하는 개인의 이야기를 통해 그들이 처한 고통의 의미를 이해하는 것이다. 모든 환자는 삶의 이야기를 지니고 있다. 이야기는 사건들로 구성되어 있고, 질병의 증상은 환자의 삶의 이야기의 한 부분이다. 환자가 그 질병에 의한 고통 때문에 삶의 중요한 가치를 추구하는 자신의 능력이 위협을 받고 있다고 해석한다면 그러한 고통은 그의 정체성에 위협을 주는 것이다. 여기서 돌봄의 기본적 태도는 환자 자신의 삶의 가치나 목표를 투사하여, '나는 이러한 사람이다'라는 자기 이야기를 하게 하는 것이다. 자기정체성을 구성하는 이야기에서는 어떤 사건에 대한 개인 스스로의 해석이 중요하다. 따라서 돌보는 사람은 환자가 처한 곤경을 그의 삶의 전체성 속에서 그가 열망하고 존경하는 가치와 그것을 성취하려고 노력하는 삶의 목적들에 비추어 이해하는 태도를 지녀야 한다.[24]

이러한 탁월한 돌봄을 실천하기 위한 덕스러운 태도는 돌보는 사람 자신의 총체적 삶에서의 인격의 한 부분이 된다. 왜냐하면 이러한 덕은 궁극적으로 간호 행위와 같은 전문적 실천의 목적, 즉 인간의 고통 경감, 건강 증진, 복지 증진에 정합적이어야 할 뿐만 아니라, 돌보는 사람 개인의 '좋은 삶'에 기여해야 하기 때문이다. 예를 들어 나이팅게일의 삶의 이력을 하나의 통일된 이야기로 구성해 볼 수 있다. 그녀는 돌봄의 실천을 위해 습득한 내재적 선, 즉 지식과 기술, 덕스런 태도 등을 자신의 좋은 삶의 목적을 위해 통일적으로 배열하고 그것들을 이해하고 평가할 수 있으며, 자신의 인격의 정체성으로 구성할 수 있다. 이렇듯 덕은 탁월한 돌봄을 실천하기 위한 자질일 뿐만 아니라, 돌보는 사람 개인

23 P. Benner & J. Wrubel, *The Primacy of Caring, Stress and Coping in Health and Illness*, Menlo Park, CA: Addison-Wesley, 1989, p. 16.

24 S. D. Edwards, *Philosophy of Nursing: An Introduction*, p. 106.

의 총체적 삶의 목적 속으로 들어와 자기정체성의 중요한 요소로 자리잡게 되는 것이다.

이러한 덕은 또한 공동체 속에서 실천되어 온 돌봄의 도덕적 전통이라는 맥락 속에서 이해되어야 한다. 간호의 도덕적 전통은 공동체 속에서 탁월한 돌봄의 실천을 해 온 사람들로부터 계승되어 왔다. 그래서 각각의 시대에 걸쳐 돌봄의 실천을 통해 공동체적 삶을 풍요롭게 했던 인물들의 삶의 이야기들을 통해 계승되어 온 돌봄의 전통으로부터 도덕적 감각을 배울 수 있다. 즉, '나는 과연 어떤 돌보는 사람이 되길 원하는가?', '나는 과연 어떤 삶을 살기 원하는가?', '그런 삶을 사는 자가 되기 위해서는 어떠한 덕을 지녀야 하는가?'와 같은 물음들과 관련하여 인류의 역사 속에서 계승된 탁월한 돌봄을 실천한 간호사를 비롯한 의료인의 삶의 이야기들에 대해 숙고함으로써 도덕적 통찰을 얻어 낼 수 있는 것이다.

지금까지 살펴보았듯이 덕이란 탁월한 전문적 돌봄의 실천을 성취하기 위한 자질이다. 그것은 돌보는 개인의 삶의 정체성이라는 맥락에서뿐만 아니라, 사회적 제도와 공동체 속에서 실현시켜 온 돌봄의 도덕적 전통이라는 맥락 속에서 통합적으로 고찰되어야 한다. 따라서 돌보는 사람의 덕이란 탁월한 돌봄의 실천을 성취하기 위한 자질이고, 동시에 그의 총체적 삶 속에서 인격의 정체성을 구성해 주는 것이며, 그 실천이 속해 있는 공동체의 도덕적 전통을 보존하고 계승해 나갈 수 있는 능력이다.

2. 자기 존중과 배려의 윤리

1) 자기 존중과 상호 배려

개인의 삶의 이야기는 삶의 통일성 속에서 인격을 구성해 주는 역할을 하며, 공동체 속에서 다른 사람들과 더불어 사는 좋은 삶에 대한 전망을 포괄하고 있다. 그래서 이야기로 엮인 자아의 삶의 역사는 항상 자기 관심에서 비롯하여 좋은 삶을 향해 함께 살아가는 다른 사람을 존중하는 배려로 나아간다. 돌봄의 실천은 인간 생명의 시초에서부터 죽음의 과정에 이르기까지 인격의 정체성이 위협받는 취약한 상황에 처한 개인의 '자기'(self)로서의 인격을 보호하며 좋은 삶을 향한 자기 존중을 향상시켜야 한다. 특히 인격의 존엄성과 자기 존중 능력이 보호받지 못하는 취약한 상황에 처한 사람들에 대해서는 자기로서의 인격을 존중해 주는 배려가 특히 중요하다. 여기서는 인격의 자기 존중에 기초한 타자를 위한 돌봄을 리쾨르의 배려의 윤리를 통해 살펴볼 것이다.

리쾨르의 윤리학은 주로 윤리적 목표를 구성하는 '좋은 삶'과 '타자를 위한 배려'가 서로 어떻게 결합되며, 그래서 자기 존중과 타자를 위한 배려가 서로 어떻게 연결되는가 하는 문제에 초점을 맞추고 있다. 우선 리쾨르의 윤리적 목표를 구성하는 첫 번째 요소인 좋은 삶에 대해 살펴보자. 그에게 좋은 삶에 대한 추구는 자기애, 자기 관심, 자기 존중, 자기 존경에서 비롯된다.[25] 아리스토텔레스에 따르면 "사람은 누구보다

25 리쾨르에게 윤리는 항상 '지향' 또는 목표에 따른 삶의 이상, 신념, 소신, 바람 등과 관계되며, 도덕은 '규범' 또는 규칙에 따른 의무나 당위성의 의미를 지닌다. 그에게 윤리는 의무인 도덕보다 더 근원적이다. 윤리에는 "존재하고자 하는 근원적 욕망"과 "자기의 고유한 존재에 대한 갈망을 통해서 자기가 구성된다."라는 존재론적 토대가 있기 때문이다. P. Ricoeur, *Das Selbst als ein Anderer*

도 자기 자신을 위해 선을 행한다."[26] 이에 따라 좋은 삶에 대한 추구는 결국 우리 각자가 가지는 자기에 대한 관심과 그로부터 나온 자기 존중에서 비롯된 것이다.[27] 자기 관심에서 나온 자기 존중이 없이는 좋은 삶에 대한 지향을 생각할 수 없다. 여기서 자기 관심으로부터 나온 좋은 삶이란 일종의 자기 삶의 이상이며, 이러한 삶의 이상을 실현하기 위해서는 그 이상을 향해 구체적으로 선택된 실천들 간에 합일이 이루어져야 한다. 이러한 합일을 위해서 필요한 것이 바로 좋은 삶에 합당한 행위들을 숙고하여 선택하는 능력인 실천적 지혜(phronesis)인 것이다. 이때 자기 존중이란 '자기'가 무엇이며 그 '자기'의 어떤 점이 윤리적 견지에서 아끼고 소중히 여길 만한 것인가를 인정하는 것이다.

리쾨르에 따르면 자기 존중이란 성취 능력이 아니라 근본적으로 '나는 할 수 있다'라는 행위 능력에 의한 것이다. 윤리적 차원에서 행위 능력은 곧 '나는 판단할 수 있다'라는 의미를 지닌다.[28]

> 나는 한 사람의 행위들을 평가할 수 있고, 그 행위들이 지향하는 목표들이 좋은 것들임을 평가함에 있어서 행위자 자신을 평가하여 그가 좋

(이하 SA), Aus dem Franz. von J. Greisch, München: W. Fink Verlag, 1996, p. 228 참조. 이렇듯 윤리를 존재 욕망과 관련짓는 리쾨르의 입장은 근원적 존재 긍정 혹은 스피노자의 '존재 욕망과 존재하려는 노력'이라는 입장의 연속선상에 있다. O. Stefan, "Spuren des Denkens von Jean Nabert in Paul Ricoers Kleiner Ethik" in *Das herausgeforderte Selbst, Perspektiven auf Paul Ricoeurs Ethik* (A. Breitling Stefan Orth Birgit Schaaff (hrsg.)), Würzburg, 1999, p. 73 참조.

26 아리스토텔레스, 최명관 옮김, 『향연, 파이돈, 니코마코스 윤리학』, 을유문화사, 2003, 1159a, 415쪽.

27 *SA*, p. 219.

28 *SA*, p. 221.

은 사람임을 평가할 능력이 있는 존재자이다.[29]

이렇듯 리쾨르는 자기 존중을 주체의 행위 능력과 관련지어 자기를 존중의 대상으로 가정한다. 그러나 또한 자기 능력의 실현을 위해서는 자기와 타자가 유기적으로 연결되어 있어야 한다. 여기서 리쾨르는 자기 존중의 근거인 행위 능력을 실현시키기 위해서 타자를 위한 관심과 배려가 불가피한 것임을 보여 준다. 그래서 그는 자기 존중의 능력이 실현되는 데 있어 어떻게 자기 관심과 타자에 대한 배려가 상호 연결되는지를 보인다. 이때 리쾨르가 자기 존중과 타자에 대한 배려의 차원을 매개하기 위해 주목하는 것이 바로 우정이라는 개념이다.

아리스토텔레스에게 우정은 좋은 삶에 필수적인 덕이다. 그의 윤리학에서는 덕을 소유하지 않고서는 행복이 가능하지 않다. 우정 역시 하나의 덕으로서 그것이 없이는 행복이 불가능하다. 우정이란 덕의 관점에서 타자를 위한 삶이 없이는 자기의 행복도 있을 수 없다. 리쾨르는 아리스토텔레스의 "행복한 사람은 친구를 필요로 한다."라는 말에 주목한다. 자기 속에 있는 결핍은 오직 타자에 의해서만 채워질 수 있는데, 친구란 바로 저 자신만으로는 산출할 수 없는 좋은 것을 제공하는 '다른 자기'인 것이다.[30] 우정으로 인해 자기 존중에 첨가되는 것은 바로 자기 자신들을 존중하는 사람들 간의 상호성의 이념이다. 우정은 내가 나 자신을 존중하듯이 타자로서의 자기인 친구 역시 존중하는 것이며, 따라서 그것은 자기 존중을 감소시키지 않고 자기 존중의 실현을 오히려 풍성하게 한다. 또한 우정은 함께 사는 인간과의 교류 속에서 상호성을 추구하기 때문에 그 결과는 필연적으로 사회 속에서의 상호 평등을 추구

29 *SA*, p. 220.
30 *SA*, p. 225.

하는 정의를 향해 있다.[31]

리쾨르는 우정을 통해서 타자를 위하는 배려의 차원을 전개한다. 배려는 자기 존중에 외부의 어떤 것이 부가된 것이 아니라, 자기 존중의 지속적인 대화적 차원이 전개된 것이다. 즉 배려가 자기 존중의 지속적인 실현 속에서 펼쳐진 것이기 때문에 둘 중 어느 하나가 없어서는 안 되며, 자기 존중이 온전한 의미를 지니기 위해서는 타자에 대한 배려를 요청할 수밖에 없다.[32]

리쾨르는 자율과 타율의 관계, 그리고 주는 것과 받는 것의 교환 관계에 기초하여 자기 존중의 지속적인 실현의 차원으로서 배려의 개념을 설명한다.[33] 이때 그는 주고받음이 가설적으로 평등하다고 할 수 있는 우정을 배려의 스펙트럼의 중앙에 위치시킨다. 이 배려라는 스펙트럼의 양끝인 자기의 극과 타자의 극 중에서 어느 극이 주고받음의 교환에 있어서 주도권을 행사하는가에 따라 자기와 타자 간의 두 가지 불균형 관계가 생긴다. 우선 리쾨르는 레비나스의 명령하는 타자와 명령을 받는 자기 간의 교류 속에 존재하는 배려의 모습을 탐구한다. 레비나스의 윤리는 주체 상호 간의 관계에서 타자가 쥐고 있는 주도권에 의지한다. 그래서 그의 윤리에서 명령의 주도권은 타자에 있다. 그리고 자기는 명령을 받아들이는 수동적 위치에 있다. 여기에는 물론 명령과 교훈을 내리는 타자와 그것을 받는 자기 간의 비대칭성이 존재한다. 그러나 이러한 비대칭성을 보완하는 자기 쪽의 응답은 다름 아닌 그러한 명

31 리쾨르는 정의가 추구하는 평등이 바로 이 상호성의 이념에서 나온 것이기 때문에 우정은 이러한 정의에서의 평등과 자기 존중의 다리 역할을 한다고 말한다. 따라서 우정은 좋은 삶의 목표와 정의 사이에서 연결 고리의 역할을 한다. *SA*, p. 229 참조.

32 *SA*, p. 220.

33 *SA*, p. 229.

령을 들을 수 있고 수용할 수 있는 인정의 능력이다. 그러면 명령을 내리는 타자를 자기가 인정할 수 있는 자기 쪽의 자원은 무엇인가? 리쾨르에 따르면 그것은 "… 타자의 명령을 들을 수 없을 만큼 그 자신을 혐오하지 않는 존재자로부터 생겨날 수 있는 그 선의(Güte)라는 자원들(Ressourcen)"이다.[34] 이 선의의 자원들은 곧 타자에 대해 '호의적인 자발성'(wohlwollender Spontanietät)이다. 호의적인 자발성은 정의에 따라 행동할 것을 자기에게 명령하는 권위의 우월성을 인정하는 방식이다. 이는 곧 좋은 삶을 추구하는 자기를 존중하는 자만이 타자로부터 오는 명령과 교훈을 인정하고 수용할 수 있음을 의미하는 것이다.[35]

이렇듯 배려의 스펙트럼의 한쪽 끝에는 정의의 주관자의 모습으로 명령하는 타자가 있는 배려의 유형이 있는 반면에, 또 다른 한쪽 끝에는 고통받는 사람의 타자의 모습을 한 배려의 유형이 있다. 여기서 말하는 고통은 단순한 물리적 통증이나 마음의 고통을 의미하는 것이 아니다. 고통이란 "자기 존엄성의 파괴로 인한, '할 수 있다'라는 행위 능력의 감소"에서 온다.[36] 타자와 자기 간의 이러한 관계에서는 주도권을 지닌 자아는 타자의 고통을 공유하고자 하는 바람에서 타자에게 공감하고, 동정을 베푼다. 그렇다면 여기서 타자는 단지 이러한 자비를 받기만 하는 입장인가? 여기서도 일종의 평등화가 발생한다. 그러면 자기가 도대체 타자로부터 무엇을 받기에 평등이 발생된다고 할 수 있는가? 평등은 타자보다 행위 능력이 큰 자기가 고통받는 타자의 연약함이 제공하는 모든 것에 의해 영향을 받는 상태에 놓이게 될 때 일어난다. 이때 진정한 공감에 이르게 된다. 인간의 연약성과 사멸성에 대한 깨달음을 타

34 *SA*, pp. 230-231.
35 *SA*, p. 231.
36 *SA*, p. 232.

자가 줌으로써 자기와 타자 사이의 평등화가 일어난다. 이러한 평등화 덕분에 "공감은 단순한 연민과는 구분된다."[37] 이처럼 주도권이 타자에 있는 경우와 주도권이 자기에 있는 경우 모두에서 배려는 동등하지 않은 힘을 동등하게 하는 진정한 상호성을 깨닫게 한다. 위대한 배려의 순간은 인간이 바로 죽음 앞에 있는 타자와 함께할 때, 그 타자로부터 인간의 연약성과 사멸성을 깨닫게 됨으로써 온다.

리쾨르에 의하면 배려의 스펙트럼에서 중간에 위치한 우정에는 평등성이 전제되어 있다. 그리고 타자로부터 오는 명령의 경우 평등성은 오직 타자의 권위의 우월성을 자기가 인정함으로써 회복된다. 반면 자기가 행위의 주도권을 지니는 경우, 타자로부터 받은 연약성, 그리고 최종적으로는 사멸성을 서로 깨달음으로써 자기와 타자 사이의 평등이 회복된다.[38] 따라서 진정한 배려란 자기와 타자 간의 비평등성 가운데 평등을 추구하는 것이다. 리쾨르는 자기 존중이 명령하는 타자, 친구로서의 타자, 마지막으로 고통받는 타자와 관계하여 평등을 추구하는 배려를 통해서만 온전히 실현된다는 것을 보여 주고자 한 것이다.

자기 존중은 좋은 삶을 소망하는 반성적 계기이다. 배려는 이러한 자기 존중에 '결핍'(Mangel)이라는 의식을 덧붙여 자기 자신을 스스로 하나의 타자로서 인식하게 한다. 그래서 리쾨르에게 배려란 타자와의 대화적 차원을 전개하면서 좋은 삶을 소망하는 자기 존중에 구체적인 의미를 부여하며 반성하는 과정이라고 말할 수 있다. 자기 존중과 배려가 만나는 대화의 상호성의 차원은 "전환성"(Umkehrbarkeit)과 "비대체성"(Unvertretbarkeit), 그리고 "유사성"(Ähnlichkeit)이 개입되는 자의식의 반성 과정을 통해 열린다. 전환성이란 다른 사람의 입장으로 바꾸어 생

37 *SA*, p. 232.
38 *SA*, p. 234.

각할 수 있는 반성 과정이다. 우리는 나와 너, 그리고 그나 그녀로 칭할 수 있는 입장에 서 볼 수 있다. 이때 각자에게는 그 누구와도 바꿀 수 없는 고유한 비대체성을 지니고 있다는 의식이 생겨난다. 그리고 자신의 고유성에 대한 의식은 타자에 대해 존중으로 응답하게 한다. 결국 타자를 나 자신으로 존중하는 것과 나 자신을 타자로서 존중하는 것은 같은 것이라는 유사성에 대한 의식이 상호 간의 신뢰를 바탕으로 생기게 된다. 이러한 의식은 자기가 무언가 할 수 있음을 믿게 하는 일종의 자기 증언이 상호적 관계로 확장된 것이다. 즉, 전환성은 대화 속에서 서로의 역할을 바꾸어 생각하는 반성 과정이다. 그것은 각각의 자기 자신이 나와 너, 그리고 그나 그녀로 칭할 수 있는 역할의 교환이 가능하다는 의미이다.[39] 비대체성이란 누구와도 바꿀 수 없는 인격의 고유성을 의미한다. 각각의 인격은 우리의 애정과 존중 속에서 교환될 수 없는 존재이다. 특히 우리는 타자의 죽음을 경험하면서, 타자의 삶이 나의 삶을 대체할 수 없음을 깨닫는다. 따라서 배려란 자기와 타자가 서로 대체할 수 없다는 의미에서 나와 마주하고 있는 타자에 대한 존중으로 응답하는 것이다. 마지막으로 역할들의 전환성과 인격들의 비대체성에 유사성이 더해지는데, 그것은 "자기 자신에 대한 존중과 타자를 위한 배려 간의 교환의 열매"이다. 자기와 타자 간의 이 유사성 때문에 타자를 나 자신으로 존중하는 것과, 자기를 타자로서 존중하는 것이 평등하게 되는 것이다. 리쾨르는 다음과 같이 말한다.

> 자기로서 당신 역시 나 자신처럼 이 세상에서 무엇인가를 시작할 수 있고, 어떤 이유 때문에 행위할 수 있으며, 행위의 우선 순위를 결정

39 *SA*, p. 235.

할 수 있고, 행위의 목표들을 존중하고 평가할 수 있다. 그리고 그것을 한 뒤, 내가 나 자신을 존중하고 평가하듯 당신도 당신 자신을 존중하고 평가할 수 있다.[40]

나 자신과 타자 간의 상호 존중은 나 자신처럼 너도 마찬가지로 자신을 존중한다는 신뢰에 근거한다. 이러한 신뢰는 자기가 무엇을 할 수 있음을 믿게 하는 자기 증언이 서로에게 확장된 것이라고 볼 수 있다.

2) 타자에 대한 배려와 실천적 지혜

리쾨르는 "인격들의 복수성과 타자성이 포괄적인 인간성의 이념에 의해서 무시되지 않길 바라는 배려의 목소리에 귀를 기울여야 한다."라고 말한다.[41] 한 예로 리쾨르는 생존의 가망이 없는 환자에게 진실을 말해야 하는가 하는 물음을 제시하고 있다. 이 경우 타자를 위한 진정한 배려는 어떤 것인지 살펴보기로 하자. 돌보는 사람은 이에 대해 두 가지 극단의 태도를 생각해 볼 수 있을 것이다. 우선 죽어 가는 사람의 죽음을 받아들일 능력이나 기대 혹은 요구를 고려하지 않고 순전히 도덕 법칙에 대한 존경에서 어떠한 예외도 인정하지 않고 그에게 진실을 말하는 태도를 생각할 수 있다. 이는 환자에게 죽음의 선고를 내리는 셈이다. 반대로 죽음에 대항하는 환자의 힘이 약화되어 환자의 고통이 더욱 극심해질까 두려워 거짓말을 하는 태도를 생각할 수 있다. 그것은 죽음에 대한 무의미한 싸움을 부추길 수 있다. 이러한 상황에서 실천적 지혜의 역할은 "보편적인 도덕 법칙에 대한 존경보다도, 그 누구와도 대체

40 *SA*, p. 235.
41 *SA*, p. 274.

할 수 없는 개별성을 지닌 인격들에게 적합한 배려의 이름으로 각각의 인격들의 존경에 우선성을 제공"하는 것이다.[42] 여기서 보편적인 도덕 법칙이란 칸트의 정언 명령을 말하며, 그 내용은 다음과 같다.

> 너는 너 자신의 인격과 다른 모든 사람의 인격에 있어서 그 인간성을 언제나 동시에 목적으로 대하고 결코 단순히 수단으로서만 사용하지 않도록 행위하라.[43]

칸트의 도덕 법칙의 내용이 담고 있는 인간성에 대한 존경은 보편적인 이성적 존재로서의 인격을 전제로 한다. 리쾨르는 칸트의 도덕 법칙에서 인격의 타자성과 개별적인 복수성이 고려되고 있지 않음을 지적한다. 리쾨르는 각자 다른 인격의 복수성과 타자성이 보편적인 인간성이라는 이념에 의해 무시되지 않는 배려를 강조한다.[44] 우리는 각각의 고유한 인격체에게 적합한 배려를 해야 하며, 이는 타자의 기대를 중심으로 한 상호성의 원리에 근거한다. 즉, 좋은 삶을 지향하는 타자의 기대와 요구를 중심으로 한 상호성의 원리에 근거하여 그것이 도덕 법칙과 조화를 이룰 수 있도록 판단해야 한다. 앞의 사례에서는 거짓말을 하지 말라는 보편적인 도덕 법칙에 따르는 것과 타자의 기대와 요구를 존중하는 것 사이에 갈등이 발생할 수 있다. 리쾨르에 따르면 좋은 삶을 지향하는 자기 존중에 근거한 타자의 기대를 우선시해야 한다. 그리고 타자의 기대에 따라서 어떻게, 어느 정도 그것이 도덕 법칙과 조화를 이

42 *SA*, p. 318.
43 I. Kant, *Grundlegung zur Metaphysik der Sitten*, Hamburg: Felix Meiner Verlag, 1965, p. 52.
44 *SA*, p. 274.

루게 할지를 결정하는 것은 실천적 지혜의 역할이다.[45]

여기서 죽어 가는 환자의 인격을 존중하고 그를 배려하기 위해 돌보는 사람은 그가 추구하는 좋은 삶의 기대에 따른 행복과 고통의 관계에 대해 숙고하여 적합한 행위를 선택하는 실천적 지혜를 지녀야 한다. 즉, 그에게서 자기 존중의 근거로서의 좋은 삶의 상태인 행복이 무엇이며, 그것이 고통과 어떠한 관계가 있는지를 숙고해 보아야 하는 것이다.

켐프(P. Kemp)에 따르면 "행복이란 자유로운 인격들이 서로 자기 존중을 주고받는 일상적 실천"이다.[46] 죽음을 수용하는 고통의 과정에서도 이러한 주고받음이라는 행복은 배제되지 않는다. 죽어 가는 환자를 돌보는 사람이 지니는 배려의 의식은 전환성, 비대체성, 그리고 유사성이다. 진실을 말하는 대화를 통해서 죽어 가는 사람은 자신의 인격과 동등한 돌보는 사람과의 교류 속에서 상호 평등이 이루어지는 행복의 기회를 가질 수 있다. 서로 진실을 주고받는 과정에서 돌보는 사람과 죽어 가는 사람은 서로 대치될 수 없는 각자의 인격의 고유성을 깨닫게 되지만, 궁극적으로 인간의 연약성과 사멸성에 대한 진실을 교환하면서 진정한 공감에 이르게 된다. 진정한 공감 상태인 평등은 타자보다 행위 능력이 큰 자기가 고통받는 타자의 연약함에 의해 영향을 받는 상태에 놓일 때 일어난다. 고통받는 타자의 행위 능력과 존재의 힘이 영향을 주는 것이 아니라, 죽음 앞에서의 인간의 연약성과 사멸성이 영향을 주는 것이다. 돌보는 사람은 오히려 죽어 가는 사람으로부터 인간의 연약성과 사멸성에 대한 깨달음을 얻어 그로 인한 공감에 의해 진정한 배려를 할 수 있다. 물론 돌보는 사람이 진실을 말하는 것이 환자에게는 행복의 기회가 되지 않을 수도 있다. 자신의 현실에 대한 진실을 받아들이기에

45 *SA*, p. 318.
46 *SA*, p. 326에서 재인용.

도덕적으로 혹은 육체적으로 너무 약해져 있는 사람들에게 필요한 것은 연민이다. 따라서 이 모든 개별적 상황마다 적합한 판단을 하는 실천적 지혜가 요구된다. 돌보는 사람은 각자의 좋은 삶을 위해 적합한 배려가 무엇인지에 대해 사려 깊은 판단을 할 수 있어야 한다. 그래서 죽어 가는 환자에 대한 진정한 배려는 그가 추구하는 좋은 삶의 기대에 따른 행복과 고통의 관계를 숙고해야 한다. 돌보는 사람은 죽어 가는 사람의 인격의 고유성과 개별성을 자각하면서 동시에 누구에게나 다가올 인간의 유한함을 깨닫는다. 진정한 돌봄이란 이러한 인간의 연약성과 사멸성에 대한 인식을 교류하며 진정한 공감 상태에 이를 수 있을 때 실천되는 것이다.

3) 생명의 시초에 대한 배려의 윤리

리쾨르는 배아나 태아의 인격에 대한 존중과 배려의 문제 또한 다룬다. 배아나 태아의 경우 불확실한 존재론적 지위로 인해 그에 대한 복잡한 윤리적 논의가 발생된다. '사물도 아니고 인격체도 아니라면, 배아나 태아는 도대체 무엇인가?'라는 질문에 대한 대답은 무척 어려워 보인다.[47] 생명윤리에서는 일반적으로 인격의 존엄성에 대한 두 가지 관점이 논의된다. 첫 번째 관점은 수정체가 형성되어 유전자가 결정되는 시기부터 개별적 생명이 시작된다는 생물학적 견해이다. 이는 그 생명이 인격을 지탱하는 만큼 인격과 생명은 불가분적이며 태아의 살 권리는 "살 기회"(Lebenschance)를 가질 수 있는 권리라는 입장이다.[48] 두 번째 관점은 도덕적 존경의 대상으로서의 칸트의 인격에 대한 관점으로서, 자율

47 *SA*, p. 327.
48 *SA*, p. 328.

적 능력을 구비하지 못한 인간은 존경받아야 존재가 아니라 보호받아야 할 존재라는 입장이다.

리쾨르는 생명체의 발달의 정도나 단계들을 인정하지 않고 '전부가 아니면 아무것도 아님'의 입장을 채택하고 있는 위의 생물학적 논변과 같은 실체론적 존재론이나 칸트의 도덕적 존재론을 회피한다. 리쾨르는 인격체로의 발전에 따른 파고트(A. Fagot)의 '진보적 존재론'(progressive ontologie)을 선택한다. 파고트의 진보적 존재론에 따르면 배아나 태아는 잠재적 인격체이며, 권리와 의무의 발전은 그것의 발전에 상응한다. 리쾨르는 이러한 잠재적 인격체에 대한 생명윤리는 생명의 발전 단계에 대한 현명한 판단을 해야 하는 영역을 다룬다고 말한다. 그리고 이 판단은 칸트의 도덕적 존재론이 간과한 생명의 발전 단계들을 기술하는 과학을 수용할 수 있어야 한다. 동시에 실체적 존재론이 간과한 과학이 기술한 생명의 단계들에 적합한 생명의 권리와 그에 대한 우리의 의무를 평가할 수 있어야 한다는 것이다. 여기서 권리는 시작하는 생명체에 귀속되는 것이고, 의무는 시작하는 생명을 다루는 존재에 귀속되는 것이다. 물론 생명의 발전 단계에 따라 도덕적 권리를 부여하는 것에 명증한 기준은 없다. 이때 요구되는 현명한 판단은 배아적 존재와 5개월 된 태아, 다섯 살 된 아이에 대한 우리의 도덕적 책임들이 같을 수 없다는 단순하고 상식적인 직관과 조화하는 윤리학에 근거한 것이다. 오늘날 배아나 태아에 대한 생명윤리는 칸트의 도덕이 간과한 인격체와 사물[생명체] 사이의 중간 영역을 과학적으로 기술하고 그 발전 단계에 따른 권리와 의무를 평가하는 현명한 판단을 내리는 데 필요한 실천적 지혜를 요구한다.[49] 수없이 많은 배아 조작에 대한 논의는 생명의 권리를 위해

49 *SA*, p. 328-329.

무조건적으로 싸우는 자들에게만 해당되는 것이 아니다. 그것은 실천적 지혜에 속하며, 인격에 대한 존경으로 갈등 상황이 야기되는 영역, 즉 인격체와 사물 사이의 이분법이 존재하지 않는 영역에서 요구되는 것이다. 학문과 기술의 발달은 인간 생명의 시초에서 죽음에 이르기까지의 과정에서 전통적인 도덕 법칙에 적용될 수 없는 많은 예외들을 야기하기 때문에 보편적인 인간성의 이념을 모든 사례에 일방적으로 적용할 수는 없다. 리쾨르는 특히 범죄 행위가 아닌 낙태를 결정하기 위해서는 단지 심리적인 것이 아니라 엄격하게 도덕적으로 훈육된 실천적 지혜가 요구됨을 강조한다.[50]

리쾨르는 다양한 생명윤리의 갈등 사례에서 실천적 지혜가 제시하는 공통점을 다음과 같이 정리하고 있다.

> 첫째, 배아나 태아가 사물인가 완전히 도덕적인 인격체인가 하는 대립된 입장이 있다 하더라도 똑같이 인격에 대한 존경의 원칙에 근거해서만 구분될 수 있다는 것은 사려 깊은 것이다.
>
> 둘째, 보편적 법칙이 아닌 올바른 중간(rechte Mitte), 아리스토텔레스적인 중용을 추구하도록 하는 것은 충고할 만하다. 가장 심각한 도덕적 결정에서 중용이 권고되는 것은 허용된 것과 금지된 것 사이의 관례적인 이분법적 분리를 하지 말아야 하기 때문이다.
>
> 셋째, 상황 속에서 이루어지는 도덕적 판단은 개인의 자의적인 것이 아니다. 의사 결정자는 한 사람의 지혜로운 자가 아니라, 공적인 토론을 통해 다수의 "지혜로운 자"(phronimos)의 충고를 모아 의사 결정을 해야 하기 때문이다.[51]

50 *SA*, p. 328-331.

51 *SA*, pp. 330-331. 지혜로운 자, 즉 프로니모스(phronimos)란 "자신에 있어서

리쾨르는 생명윤리에서 발생하는 인격에 대한 존경과 관계된 다양한 사례를 분석하면서 다음과 같은 결론을 내린다. "존경은 '잠재적 인격체들'을 포함하여 인격의 개별성과 타자성에 마음을 쓰며 배려할 것을 지시한다."[52] 그러나 이것은 소박한(naive) 배려가 아니라 비판적 배려이며, 이중의 시험을 통과한다. 비판적 배려는 첫 번째로 인격에 대한 도덕적 존경이라는 규범에 관한 시험을 통과해야 하며, 두 번째로는 그 시험에 의해 야기되는 갈등들을 통과해야 한다. 이는 배아나 태아와 같은 잠재적 인격을 포함한 인격의 개별성과 타자성을 존중하는 실천적 지혜의 모습인 것이다.

리쾨르의 자기 존중에 기초한 배려의 윤리는 의료 현장에서 자기 존중 능력이 위협을 받는 취약한 상황에 처한 환자들 어떻게 보호하고 존중할 것인가에 대해 사려 깊은 숙고를 하게 한다. 그는 1인칭의 '나'로서 칭해지는 자기 자신뿐 아니라, 모든 인칭으로 불릴 수 있는 타자로서의 '자기'와 타자와 함께 타자를 위하여 좋은 삶을 지향하는 인격들을 서로 존중하고 배려해야 한다는 윤리적 사고를 보여 준다. 그리고 이는 소박한 배려가 아니라 좋은 삶을 지향하는 타자의 기대와 소망에 비추어 상황의 고유성에 적합한 판단을 하는 실천적 지혜에 의한 비판적 배려이다. 비판적 배려란 보편적인 인간성의 이념과 충돌하지 않으면서 자기 존중에 기초한 고유한 인격체로서의 타자의 기대와 요구에 따른 행복의 기회를 주기 위해 적합한 판단을 하는 것이다. 그에게 실천적 지혜는 자기를 표현할 수 없는 무의식의 환자, 중환자실에서 죽어 가는 환

선한 일이나 이익이 있는 것에 대해서 부분적으로 생각하지 않고, 전체적으로 어떤 것이 행복에 도움이 되는가에 대해 곰곰이 숙고하는 능력을 소유한 사람"이다. 박성호, 「프로네시스의 실천적 조건으로서 헥시스」, 『철학논총』 제10집, 1994, 6쪽 참조.

52 *SA*, p. 331.

자, 정신분열증 환자, 치매 환자 등 타자화된 인격체, 그리고 배아와 태아와 같은 잠재적 인격체 모두에 대한 현명한 판단을 하도록 하는 것이다.[53] 이러한 윤리적 사고는 그들을 항상 가까이에서 돌보는 의료인들에게 설득력 있게 요구되는 인격에 대한 존중의 태도이다.

53 M. W. Schnell, "Narrative Identität und Menschenwürde" in *Das herausgeforderte Selbst, Perspektiven auf Paul Ricoeurs Ethik* (A. Breitling Stefan Orth Birgit Schaaff (hrsg.)), Würzburg: Konighausen & Neumann, 1999, p. 129.

제5장

여성적 돌봄과 책임의 윤리

돌봄은 자기 자신과 타자와의 관계 속에서 좋은 삶을 기획하고 영위하기 위한 인간의 자연적 본성에서 나온 기본적인 삶의 양식이며, 인간 상호 간의 윤리적 특성을 지닌다.[1] 여성적 돌봄의 윤리학자들은 모성애적·자연적 본성에 뿌리를 두고 공감이나 연민 등의 정서적 참여를 통해 인간관계 속에서 실현되는 돌봄의 윤리를 중요시한다. 또한 타자를 위한 전문적 돌봄의 실천은 타자를 돕고자 하는 의도적인 행위이지만, 타자에 대한 동정심이나 연민이나 헌신 등의 정서를 동반한 책임을 우선시해야 한다. 고통받는 타자에 대한 책임을 중요시하는 돌봄의 관점은 특히 취약한 상황에 처한 환자에 대한 보호와 책임이 요구되는 상황에서 중요

1 유가에서 자기 자신뿐만 아니라 타인을 돌보는 것에는 어린아이에 대한 양육(養育)과 부모나 어른에 대한 봉양(奉養)이 있다. 양육과 봉양은 인간의 자연스런 본성이며, 동시에 도덕적 본성과 관계한다. 이러한 돌봄의 정서나 실천은 공자의 인(仁)에서 나온 것이고, 맹자의 측은지심으로 이어진다. 여기서 양(養)과 관련해서는 자신의 감각이나 신체가 아니라 뜻을 받드는 것이 더 중요하다. 김교빈, 「돌봄과 치유에 대한 유가정서의 철학적 기초」, 『의철학연구』 제4집, 2007, 9쪽 참조.

하다.[2]

이 장에서는 돌봄의 실천을 공감 등의 정서적 참여를 통한 인간관계와 책임을 중요시하는 돌봄의 윤리의 관점을 길리건와 노딩스의 여성적 윤리를 통해 살펴보기로 하겠다. 이에 더하여 고통받는 타자에 대한 보호와 책임을 강조하는 돌봄의 윤리를 타자 중심의 레비나스의 윤리를 통해서 살펴볼 것이다.

1. 여성적 윤리와 돌봄의 실천

1) 여성적 윤리

돌봄의 윤리학자들은 돌봄의 실천을 위해서 어떤 도덕적 원칙에 따른 행위가 중요한 것이 아니라, 무엇보다도 그 사람의 행위의 동기가 되는 인격, 혹은 마음의 성향, 습관, 성질, 품성을 계발하는 것이 중요하다고 말한다. 원칙주의 윤리학자인 프랑케나(W. K. Frankena)는 "성품 없는 원칙은 무력하고 원칙 없는 성품은 맹목"이라고 말한다. 나아가 훌륭한 모든 성품은 어떤 원칙에 따라 행위하려는 성향을 지니기 때문에, 정의나 선행의 원칙에 따라 행위하고자 하는 사람은 정직이나 성실 같은 성

2 S. D. Edwards, *Philosophy of Nursing: An Introduction*, London: Palgrave, 2001, p. 119. 특히 노트베트(P. Nortvedt)는 타자를 슬픔, 분노, 좌절, 혹은 기쁨이라는 감정을 통해 정서적으로 이해한다는 것은 우리에게 도덕적인 힘을 발휘하게 하는 돌봄의 필수적인 요소임을 강조한다. P. Nortvedt, "Sensitive Judgement: An Inquiry into the Foundations of Nursing Ethics", *Nursing Ethics*, 5(5), 1996, pp. 385-392.

품이 우선적으로 계발되어야 한다고 주장한다.[3] 그래서 그에게 타자에 대한 관심이나 사랑은 도덕적 삶에서 부수적인 경향성이 될 수 있다. 그러나 블룸(A. Blum) 같은 덕 윤리학자에게는 인간의 도덕적 삶을 위해 동정심, 감정 이입, 이타적인 인간에 대한 관심, 연민, 우애와 같은 돌봄의 정서가 필연적인 것이다. 블룸은 아리스토텔레스에 의해 구성된 덕목들인 실천적 지혜나 중용에 덧붙여서 실제로 돌봄의 감정을 중요시한다. 그는 "감정 그 자체가 자주 행위를 도덕적으로 옳게 주어진 상황에 적합한 행위로 이끈다."라고 말한다.[4] 여기서 인간의 도덕적 성장은 인간에 대한 동정심, 관심 등의 돌봄의 정서를 지닌 인격체로 성숙하는 것을 의미한다.[5]

인간의 돌봄의 정서와 관계를 중요시하는 돌봄의 윤리로는 길리건과 노딩스의 여성적 윤리(feminine ethics)를 들 수 있다.[6] 여성적 윤리는 규범적 원칙주의 윤리에 대한 비판적 성찰을 통해 구체적인 삶의 인간관계 속에서 맥락적인 접근을 한다. 그래서 여성적 윤리의 학자들은 개

3 W. K. 프랑케나, 황경식 옮김, 『윤리학』, 종로서적, 1996, 112쪽.

4 A. Blum, *Friendship, Altruism and Morality*, London: Routledge & Kegan Paul, 1980, p. 142.

5 R. Tong, "The Ethics of Care: A Feminist Virtue Ethics of Care for Healthcare Practitioner", *Journal of Medicine and Philosophy*, 23(2), 1998, p. 137.

6 길리건과 노딩스의 여성적 윤리는 실천 윤리의 한 분야로서 확고히 자리매김하고 있으며, 사회 정책과 관련된 사회적 돌봄의 윤리로 확장되고 있다. 마정희, 「돌봄의 정치적 윤리: 돌봄과 정의의 이원론을 넘어」, 『한국사회정책』 제17집 제3호, 2010 참조. 돌봄의 사유를 철학 교육의 방법이나 철학적 사유의 모델로서 해석하거나 여성주의 철학 상담 방법론의 중요한 모델로 제시한 연구도 있다. 이지애, 「철학적 돌봄으로서의 철학 교육」, 『철학윤리교육연구』 제23권 38호, 2007; 이종하, 「돌봄으로서 교양철학 교육의 가능성과 한계」, 『철학사상문화』 제14호, 2012; 홍경자, 「몸철학과 여성주의 철학상담」, 『한국여성철학』 제12집, 2009 참조.

인의 권리나 자율성보다는 인간관계 속의 자아의 역할과 책임을 중요시한다. 그들은 규범적 원칙주의 윤리에서 강조되는 판단자의 자율성과 독립성, 합리적인 추론 과정보다는 관계성, 친밀성, 감성적 판단 등이 도덕적 삶에 있어 중요하다고 생각한다.[7] 여성적 윤리에 따르면 지금까지의 전통적인 윤리 이론은 여성의 도덕적 성숙 과정과 도덕적 사고를 설명해줄 수 없으며, 근본적으로 여성과 남성의 도덕적 사고 및 성숙 과정의 차이점을 간과한 남성주의의 관점에서 생겨난 윤리 이론이다. 특히 길리건은 콜버그(L. Kohlberg)가 남성들의 도덕적 경험을 대상으로 한 연구에서 도출된 정의 도덕관을 비판적으로 성찰한다.[8] 그녀는 콜버그의 이론이 개인의 자율성과 독립성이 인간 상호 간의 친밀감이나 상호 의존성보다 도덕적 우위에 있어야 하는지에 대한 근거를 제시하지 않고 도덕 발달 단계를 남성의 경험에 근거하여 구성했다고 주장한다. 이에 따라 길리건은 여성의 도덕적 경험을 바탕으로 돌봄의 윤리를 전개한다.[9]

7 R. Tong, "The Ethics of Care: A Feminist Virtue Ethics of Care for Healthcare Practitioner", pp. 131-132

8 콜버그는 아동기에서 성인기에 이르는 도덕 발달의 여섯 단계를 보여 주는데, 그의 가설은 20여 년 동안 자신이 관찰한 84명의 남아들에 대한 경험적 연구를 토대로 한 것이다. 1단계와 2단계에서는 전인습적 수준으로 처벌과 복종에 대한 성향을 지니며, 인습적 수준에서 3단계는 인간관계를 타인을 도와주는 선함과 동일시하는 단계이고, 4단계에서는 인간관계가 규칙에 지배를 받는다. 후인습적 수준으로 5-6단계는 규칙이 정의의 보편적 원리에 종속되는 도덕적 성숙의 단계이다. 캐롤 길리건, 허란주 옮김, 『심리이론과 여성의 발달』, 철학과현실사, 1995, 40-41쪽 참조.

9 콜버그는 개인의 자율적 권리와 평등에 기초한 정의를 중요시하는 것을 도덕적 성숙으로 본다. 이러한 그의 관점과는 달리 길리건은 여성의 도덕적 성숙 과정을 다음과 같이 기술한다. 첫 번째 단계에서 여성은 자신의 생존을 위해 자신만을 보살핀다. 두 번째 단계에서는 이기적 자아에 대해 비판을 하고, 세 번째 단계에서는 자아와 타자의 연결에 대한 새로운 이해를 하며, 다른 사람에 대한 책임과 자신에게 의존한 사람 및 열등한 사람에 대한 모성적 도덕을 선택

우선 길리건의 돌봄의 윤리의 특징에 대해 살펴보자. 여성의 돌봄의 능력은 다음의 도덕적 성숙 과정에서 개발된다. 여성은 우선 도덕적 발달 과정에서 일차적으로 자신만을 고려하다가 타자와의 관계성을 의식하면서 차츰 정서적 공감의 과정을 통해 타자와의 관계에 대한 책임감을 느낀다. 이처럼 돌봄의 윤리는 타자에 대한 정서적 공감의 과정을 통해 타자에 대한 책임감을 인식하는 데에서 출발한다. 도덕적 자아의 최고의 성숙 단계는 타자와의 관계 속에서 타자에 대한 책임을 자신이 자율적으로 선택하는 단계이다. 이때 자아는 자신의 권리와 타자의 복지에 대한 책임이 갈등을 일으키지 않는 자율적인 선택적 원리로서의 돌봄의 원리를 채택한다. 돌봄의 윤리는 또한 평등의 원칙에 따라 모든 사람에 대해 똑같이 돌봄을 제공하는 것이 아니라, 개인의 상황과 처지에 따른 필요와 요구에 따라 차이를 두는 형평성을 전제로 한다. 이와 같이 길리건은 상호 의존적인 인간관계 속에서의 공감 능력, 타자에 대한 책임감, 그리고 개인의 자율성과 타자에 대한 책임이 조화를 이루는 것으로 돌봄의 성격을 특징짓는다.

이에 반해 노딩스는 돌봄의 내적 성격을 밝혀내는 데 주안점을 둔다.[10] 돌봄의 내적 성격에서 중요한 것은 타자를 수용하는 감정이며, 그의 상황을 있는 그대로 받아들이면서 느끼며 함께 존재하는 것이다. 여

한다. 네 번째 단계에서 여성은 자기 희생의 원칙을 도덕적 이상으로 간주하고 무조건적인 돌봄과 순응을 행위의 원리로 채택하지만, 이때 자기 희생과 돌봄의 혼돈 상태, 이기심과 책임감의 대립, 동감과 책임감의 대립이 일어난다. 다섯 번째 단계에서 여성은 자신도 돌보아야 함을 깨닫고, 타자에 대한 돌봄과 책임의 원리를 "도덕적 판단의 보편적인 자기 선택적 원리"로서 자율적으로 채택한다. 캐롤 길리건, 허란주 옮김, 『심리이론과 여성의 발달』, 312쪽 참조.

10 N. Noddings, *Caring: A Feminine Approach to Ethics and Moral Education*, Berkeley: University of California, 1984, p. 14.

기서 돌보는 사람은 느낌을 통해 타자의 현실을 감지하면서 구체적인 인간관계 속에서 타자의 인격성과 만난다.[11] 즉 우리는 그가 무엇을 기대하고, 그의 기대와 상황에 대해서 우리가 무엇을 느끼며, 그의 상황이 우리에게 무엇을 요청하는가에 대해 인식한 후에야 비로소 그를 돌볼 수 있는 것이다. 이러한 돌봄의 윤리는 매 상황의 특수성을 고려하여 구체적인 상황 속에서 구체화되는 것이다.

이러한 노딩스의 윤리의 이론적 토대는 인간은 모두가 선천적으로 돌봄에 대한 자연적 충동을 지니고 있다는 것이다. 이러한 돌봄의 도덕적 원천은 자연적 본성으로서 나 자신을 타자와의 정서적인 과정에 몰입하게 하여 인간 상호 간의 자연적 공감 상태에 이르게 한다.[12] 이러한 노딩스의 인간의 돌봄에 대한 윤리에서는 사랑[에로스]과 여성적인 정신이 중요하다. 에로스(eros)는 수용성, 관계성, 책임성에 근거한다. 이러한 에로스는 로고스(logos)보다 더욱 기본적인 윤리적 행위를 위한 인격체 형성의 기초가 된다.[13] 노딩스의 돌봄의 윤리는 흄의 윤리에서의 도덕감정에 기초하기 때문에, 공감, 동정심 등이 일상적 삶에서 도덕적 결정과 행위를 이끈다고 본다.[14] 이때 노딩스는 자연적 돌봄과 윤리적 돌봄의 관계와 그 차이에 대해서 설명한다. 돌봄의 초기 경험은 무의식적으로 다른 사람을 돕고자 하는 자연스런 감정으로부터 이루어진다. 이러한 자연적 돌봄이 이루어지는 관계의 형성은 근원적인 인간 삶의 조건이며, 돌봄에 대한 갈망은 인간을 도덕적이게 하는 동기가 된다. 그 이후의 도덕적 행위는 감정과 정서에 의한 자연스런 돌봄에서 당위적 성

11 N. Noddings, *Caring: A Feminine Approach to Ethics and Moral Education*, p. 95.
12 N. Noddings, *Caring: A Feminine Approach to Ethics and Moral Education*, p. 225.
13 N. Noddings, *Caring: A Feminine Approach to Ethics and Moral Education*, p. 2.
14 R. Tong, "The Ethics of Care: A Feminist Virtue Ethics of Care for Healthcare Practitioner", p. 147.

격을 지닌 윤리적 돌봄으로 나아가며, 그것은 자연적 돌봄보다 사려 깊고 신중하다. 여기서 노딩스는 자연적 돌봄에서 윤리적 돌봄으로 나아가는 것으로 도덕적 발달을 서술하지 않는다. 오히려 도덕적 당위는 도덕적으로 성숙한 단계에서 곧바로 원하는 것, 즉 자연스러운 것이 된다. "윤리적인 것은 돌보는 자세를 유지하고 추구하려는 돌봄에 기초하며, 따라서 그것은 자연적 돌봄보다 우월하지 않고, 오히려 자연적 돌봄에 의존한다."[15] 윤리적 돌봄이란 우리 자신의 고유한 관심이 타자를 긍정·수용하기 위해 부정되는 것이 아니라, 오히려 우리 자신의 기본적인 자연스런 욕구를 충족시키면서 행위하는 것이다.[16]

노딩스에게 돌봄을 실제로 실천함에 있어서 가장 핵심적인 개념은 모성애(mothering)이다. 모성애는 인간 삶에 있어서 일상적인 신체적 욕구와 오랜 기간의 정서적·지성적 발달과 관계된 실제적인 돌봄의 실천임에도 불구하고 도덕적 성찰로부터 제외되어 왔다. 모성애는 가장 최초의 기본적인 인간관계의 경험이 형성되는 출발 지점이며, 따라서 우리가 어떤 인격체로 되어 가야만 하는가에 대한 사고를 시작할 수 있는 가장 기초적인 장소이다. 따라서 돌봄 이론은 인간 본성의 특별한 개념에 근거하기보다는 모성애라는 근원적인 인간관계에 대한 기초로부터 출발할 수 있다. 노딩스는 모성애의 실천에 대해 탐구하고 그것에 요구

15 N. Noddings, *Caring: A Feminine Approach to Ethics and Moral Education*, p. 53.

16 N. Noddings, *Caring: A Feminine Approach to Ethics and Moral Education*, pp. 147-157. 또한 루딕(S. Ruddick)은 기존의 철학적 사유에 포섭되지 못했던 어머니의 사고 방식인 '모성적 사고'(maternal thinking)를 강조하는데, 이는 아이를 돌보며 양육하는 인간관계 속에서 아이의 성장을 바라고 기다려 주는 마음과 같은 평화주의 사유이다. S. Ruddick, *Maternal Thinking: Toward a Politics of Peace*, Boston: Beacon Press, 1989; S. 루딕, 이혜정 옮김, 『모성적 사유: 전쟁과 평화의 정치학』, 철학과 현실사, 2002, 229쪽 참조.

되는 성격적 특성과 지적인 기술을 이해함으로써 돌봄의 내용을 얻을 수 있다고 주장한다.[17] 이러한 모성애에 기초한 돌봄의 세 가지 성격적 특성은 이타주의, 동정심, 사회성이며, 그것은 돌보는 사람의 인격적 발전을 위한 배려에 있어서 핵심적인 요소로서 작용한다.[18] 건강한 모성애는 개별자의 각각의 상황을 중요시하며 인간관계에서의 상호 호혜성을 필요로 한다. 이러한 모성애에 기초를 둔 돌봄의 관계에서는 감정 이입을 통해 타자의 감정과 사고를 이해하고 읽어 내는 것이 매우 중요하다. 따라서 돌봄의 윤리에서는 정직, 지혜, 용기라는 덕목보다는 오히려 돌봄의 관계 형성의 기초가 되는 감정 이입 능력과 이타적인 도덕적 감정으로서의 공감 능력이 돌보는 사람에게 무엇보다도 중요한 것이다.

2) 여성적 돌봄의 윤리적 실천

돌보는 사람은 돌봄의 요구를 지닌 타자와의 만남을 통해 돌봄을 실천한다. 이 타자와의 만남에서 가장 중요한 것은 바로 그의 돌봄의 요구가 무엇인지에 대한 이해이다. 돌보는 사람은 인간은 항상 상처에 노출되어 있고 고통을 느끼며 그것을 표현하는 존재라는 것을 이해한다. 그래서 특히 아픈 사람을 돌보는 사람은 고통을 경험하는 환자 각자의 요구와 그 표현에 대해 공감적 과정을 통하여 응답할 도덕적 책임을 지니는 것이다.[19] 이러한 맥락에서 앞에서 기술한 길리건과 노딩스의 여성적 윤리의 이론은 특히 공감적 이해와 도덕적 책임이라는 관점에서 전문적

17 R. Groenhout, "Care Theory and the Ideal of Neutrality in Public Moral Discourse", *Journal of Medicine and Philosophy*, 23(2), 1988, p. 171.

18 N. Noddings, *Caring: A Feminine Approach to Ethics and Moral Education*, pp. 176-177.

19 N. Noddings, *Caring: A Feminine Approach to Ethics and Moral Education*, p. 111.

돌봄을 실천하는 간호사들의 돌봄의 윤리에 의해 지지를 얻고 있다. 간호사들은 환자가 놓인 각각의 개별적인 상황적 맥락에 따른 건강에 대한 요구를 공감적 과정을 통해 파악하여 수용하고 응답해야 할 도덕적 책임을 지니기 때문이다. 간호윤리학자인 프라이(S. T. Fry)는 여성적 윤리를 간호에서의 돌봄의 윤리와 직접적으로 연관시킨다. 그녀에 따르면 환자에 대한 진정한 돌봄은 환자를 있는 그대로 받아들여서 그들의 요구를 수용해야 하며, 그것을 함께 느끼는 구체적인 인간관계 속에서 이루어져야 한다. 그리고 이러한 돌보는 행위는 환자에 의해 수용되고 인지되는 상호적 관계 속에서 이루어지는 것이다.[20]

간호 실무 현장에서 돌보는 사람은 환자 개인의 총체적인 관계적 상황이 지닌 고통의 문제에 관심을 가지고 보살펴야 한다. 간호사는 항상 환자와의 공감을 통해 그들의 요구를 인지하고 수용해야 하고, 환자 역시 돌보는 행위를 수용함으로써 그 사이에 상호 관계성이 성립되어야 한다. 그러나 여성적 윤리에서처럼 항상 간호사와 환자의 상호 관계 속에서 돌봄의 요구를 인지하여 수용하는 공감의 상태에서 돌봄의 실천이 이루어지는 것은 아니다. 예를 들어 깊은 혼수상태에 빠져 중환자실에 누워 있는 환자의 간호나 극심한 정신분열 상태에 놓여 있는 환자의 간호, 그리고 수술실에서의 간호 행위 등에서 모든 환자와 '함께 느낀다'라고 하는 정서적 몰입이 항상 일어날 수 있는 것은 아니다. 가령 중환자실에서 혼수상태에 빠져 있는 환자에 대한 간호는 정서적 몰입을 통한 돌봄보다는 그가 생명을 유지하도록 신체적으로 지원해 주는 것이 되어야 할 것이다. 극심한 정신분열증에 시달리는 환자 간호에 있어서 역시 환자의 정서에의 몰입이나 공감이나 인간관계의 상호성보다는 환

20 S. T. Fry, "Toward a Theory of Nursing Ethics", *Advanced Nursing Science*, 11(3), 1989, pp. 9-22.

자의 생활 세계로의 복귀를 위한 선의에 중점을 두어야 할 것이다. 간호사는 도저히 공감과 친밀한 관계 형성이 일어나지 않는 환자에게조차도 선의를 가지고 건강과 복지를 위한 전문적 돌봄을 제공하여야 한다.[21]

또한 여성적 윤리의 핵심인 감성적인 수용성으로서의 공감, 연민, 상호성, 친밀성 등의 돌봄의 가치는 구체적인 인간관계가 성립될 수 있는 돌봄의 실천 현장에서 중요하다. 그러나 이러한 돌봄의 가치는 도덕적 의사 결정을 필요로 하는 특수한 상황에서는 실현하기가 어렵다. 예컨대 응급 상황에서 어느 환자를 우선 순위로 간호하여야 하는가? 간호사의 손길은 부족한데 간호 요구가 많은 일반병실에서는 어떠한 지침에 의해 각각의 환자 요구에 따른 간호 행위를 할 수 있는가? 돌봄의 실천 현장에서 돌보는 사람은 건강 문제들과 관련된 다양한 상황에 처한 사람들의 돌봄의 요구에 따라 차별적인 돌봄을 제공해 주어야 한다. 돌보는 사람들이 환자들의 요구를 수용할 수 없는 긴박한 상황에서 여성적 윤리는 한계를 지닐 수밖에 없을 것이다.[22]

여성적 윤리는 간호사가 전문적인 돌봄을 수행함에 있어서 환자에 대한 돌봄의 책임을 우선시한다. 그러나 돌보는 사람은 이러한 돌봄의 원리와 방법 등을 자율적으로 판단, 선택할 수 있는 권리를 지니며, 동시에 이에 대해 전문직으로서의 책임을 지녀야 한다. 돌봄의 자율적 선택의 권리는 개인의 자율성과 구분되는 전문직으로서의 자율성과 관계한다. 간호 전문직의 자율성이란 첫째, 간호의 목적 내지 가치를 자체적으로 마련할 때, 둘째, 이 목적 내지 가치에 비추어 간호 활동을 스스로 선택할 때, 셋째, 그 활동을 아무런 강제 없이 실제로 행할 때 확보

21 한성숙 외, 『간호윤리학』, 대한간호협회, 2004, 39-41쪽.

22 R. 문손, 박석건 외 옮김, 『의료문제의 윤리적 성찰』, 단국대학교출판부, 2001, 80-86쪽.

된다. 이러한 전문직으로서의 자율성은 병원이나 시설 등에서의 환자나 환자 가족 관계에서뿐만 아니라, 의사와 그 이외의 다양한 돌봄 종사자 사이의 협동적 관계 속에서 실현되는 관계적 자율성이다. 간호사 개인은 이러한 관계적 자율성 속에서 돌봄의 원리나 방법을 판단, 선택할 수 있다.[23] 오늘날 전문직으로서 돌봄을 실천하는 간호사에게는 각각의 개별적 상황에 따른 총체적인 간호 요구를 파악하여 무엇보다도 돌봄을 행위를 선택할 수 있는 판단력이 관계적 자율성 속에서 요구되는 것이다.[24]

길리건과 노딩스의 여성적 윤리는 간호사와 환자의 공감에 기초한 정서적 태도와 환자의 요구를 수용하여 그에 대해 응답하는 상호성과 책임의 윤리에 대한 설명력을 지닌다. 또한 여성적 윤리가 모성적 도덕이기 때문에 간호사의 자율성이 간과되기 쉽다는 우려는 길리건이 주장한 돌봄의 선택적 자율성에 대한 올바른 이해를 통해 해소될 수 있을 것이다. 간호사의 최고의 도덕적 성숙 단계는 돌보는 사람의 전문직으로서의 자율성과 돌봄을 받는 사람에 대한 책임 사이의 조화로운 평형관계가 이루어지는 단계이다. 이 단계에서는 간호사 개인의 자율적인

23 관계적 자율성에 대한 간호 윤리에 대해서는 C. MacDonald, "Nurse Autonomy as Relational", *Nursing Ethics*, 9(2), 2002, pp. 194-201; A. Jameton, *Nursing Practice: The Ethical Issues*, New Jersey: Prentice-Hall Inc., 1984, p. 50 참조. 의사를 비롯한 다양한 보건의료인과의 관계 속에서 이루어지는 돌봄의 원리로서 자율적으로 선택하는 '환자의 옹호자'에 대한 입장에 관해서는 S. Gadow, "Existential Advocacy: Philosophical Foundations of Nursing" in *Nursing Images and Ideals: Opening Dialogue with Humanities* (S. F. Spiker & S. Gadow (eds.)), New York: Springer, 1980; 한성숙 외, 『간호윤리학』, 42쪽 참조.

24 그러나 일부 간호학자는 길리건의 타율적인 돌봄에 해당하는 희생과 헌신, 연민, 동정심 등을 여성의 덕목으로 요구해 왔던 사회에서의 직업윤리가 그대로 반영되었다는 점을 지적한다. 김문실 외, 『간호의 역사』, 대한간호협회 1998, 19-21쪽 참조.

권리가 실현되는 것이 아니라, 대상자와 관계하는 모든 상호 의존적인 인간관계와 상황을 고려하여 돌봄의 원리를 자율적으로 선택하는 관계적 자율성이 실현되는 것이다. 또한 노딩스의 윤리적 돌봄의 이론에 따르면, 타자와의 돌봄의 관계를 유지해야 하는 이유는 바로 스스로 윤리적 이상을 고취하고자 하는 나 자신의 의지에 있다. 따라서 길리건의 돌봄의 자율적 선택의 단계와 노딩스의 이상적인 윤리적 돌봄은 결국 돌보는 사람의 자율성이 환자의 관계와 책임 의식 속에서 실현되는 이상적인 돌봄의 성숙 단계라고 말할 수 있다. 그러나 궁극적으로 윤리적 돌봄이란 이러한 돌봄의 자율적 선택이 이루어지고 자아의 윤리적 이상을 고취시킬 수 있는 돌봄이다. 이러한 돌봄은 길리건이 말한 모든 상황적 맥락을 고려하여 타자를 위한 돌봄이 자신의 자율적 권리와 조화를 이룰 수 있는 관계가 성립되었을 때 가능한 것이다.

2. 돌봄과 책임의 윤리: 레비나스의 윤리에 기초하여

돌봄을 필요로 하는 인간은 자신의 고통을 드러내고 표현할 수 있는 신체를 지닌 인간이다.[25] 고통받는 타자의 얼굴은 돌보는 사람의 몸의 감수성에 호소하며, 그것을 받아들여 무조건적으로 응답해 줄 것을 요청한다. 특히 고통받는 사람의 얼굴에 대한 주의 깊은 응시와 가까이 다가섬, 말하기, 접촉하기 등은 돌보는 사람으로 하여금 피할 수 없이 윤리적 책임의 관계로 들어서게 하는 중요한 계기가 된다. 여기에서는 레비

25 간호 실천의 기반으로서의 인간의 취약성에 대한 반응에 대해서는 S. Derek, "Towards an Undersatnding of Nursing as a Response to Human Vulnerability", *Nursing Philosophy*, 6(1), 2005, pp. 2-10 참조.

나스의 윤리에 기초하여 타자의 얼굴과의 감성적 만남을 통해 열리는 무조건적인 타자에 대한 책임의 윤리가 어떻게 가능한지를 살펴보고자 한다. 궁극적으로는 고통받는 타자에 대한 책임의 윤리가 돌봄의 관계가 지닌 윤리적 특성을 설명하는 데 어떠한 의미와 가치를 지니는지 기술해 볼 것이다.

1) 레비나스의 고통의 현상학과 몸의 감수성

레비나스는 의식 속에 주어진 고통의 현상에 대하여 다음과 같이 기술한다.

> … 고통은 상처를 입는다는 의미에서 수동적이다. 고통을 인식한다는 것은 엄격하게 말하자면 '취한다'는 뜻은 아니다. 그것은 의식 행위의 능동적인 수행이 아니고 오히려 적대적인 것, 곧 굴종이다. 그것은 심지어 굴종에 대한 굴종이라고까지 말할 수 있는데, 아파하는 의식이 의식하는 내용이 바로 고통이라는 것, 즉 상처받는 것이기 때문이다. … 고통의 수동성은 우리 감각 기관의 수동성보다 훨씬 더 심각한 의미에서 수동적이다. 감각의 수동성에는 환영하는 능동성이 있으며 그렇게 함으로써 지각이 일어나지만, 고통을 당하는 감수성은 상처에 노출된 약점이 있고 수동성보다 더 수동적이다. 그것은 경험보다 더 수동적인 시련이다.[26]

레비나스에 따르면 고통은 순수하게 당하는 것, 어떠한 도피처도 없이 굴복당하는 경험이며, 견딜 수 없이 낯선 것, "자신에 의해 수용이

26 E. Levinas, "das Sinnlose Leiden" in *Zwischen Uns* (M. Krueger (ed.)), München, Wien: Carl Hanser Verlag, 1995, p. 118.

불가능한 감성"이다. 즉 고통은 하나의 의미 전체로 통합될 수 없으며, 감성을 통해 주어지면서도 견딜 수 없는 방식으로 존재하는 범주적으로 애매한 현상인 것이다. 아무런 방어나 보호 없이 상처에 노출되어 경험하는 고통은 악이고, 고통의 상해는 부조리의 폭발이며 가장 심원한 부조리의 표현이다. 고통은 의미 없고 쓸모없는 것, "아무것도 아닌 것을 위한 것"이다.[27] 특히 질병이나 상해 등에 의해 시달리는 사람의 신체적 고통은 능동적인 모든 활동을 박탈당한 상실의 경험을 보여 준다. 내가 체험하는 고통 그 자체는 무의미하고 수동적이며 나를 구속하고 나를 잡아 두며 나에게 강요하고 또한 그로부터 벗어나기 위한 행동을 촉구한다.

이렇듯 레비나스에게 고통의 현상이란 한편으로는 극도의 수동성, 무력, 포기, 극도의 고독한 상황이고, 다른 한편으로는 수용할 수 없는 것, 통합 불가능한 것, 낯선 것, 나의 것으로 환원되지 않는 치유 불가능한 것이다. 이러한 고통의 타자성이란 바로 그 수용할 수 없음, 낯섦, 내 밖으로 내몰아야만 함 자체에 기인한다. 그러나 바로 고통을 내 안에서 수용할 수 없다는 그 점 때문에, 나의 고통은 타자에게로 열릴 수 있는 것이다. 즉, 내가 어찌할 수 없는 것, 내 밖으로 밀어내야만 하는 고통의 타자성 때문에 도움의 요청을 담은 한탄, 외침, 신음, 한숨 등은 타자에게로 나아가 호소한다.

고통이라는 현상 그 자체는 수동적으로 당하는 경험이며, 근본적으로 그것으로부터 벗어나고자 자신에게 혹은 타자에게 행동을 촉구하고 요청하는 것이다. 고통받는 사람은 다른 어떤 내면적인 필요나 요구보다 더욱 강하게 자신을 표현하며 그것으로부터 벗어나고자 하는 절박

27 강영안, 「고통과 윤리」, 『서강인문논총』 제8집, 1998, 12쪽.

하고 강렬한 욕구와 행동에 대한 요청을 지닌다. 그 요청은 고통에 대한 항의이며, 고통의 감소나 제거를 바라는 호소이다. 그러므로 그것은 다른 어떤 욕구나 충동보다 더 강하고 절박하게 타자와의 의사소통과 행동을 요구한다. 나의 고통은 외롭고 닫혀 있다. 그래서 그것은 고통받는 사람에게 고유하다. 하지만 인간관계 속에서 드러나는 고통에 대한 지각은 의사소통과 행동을 촉구한다.[28] 고통 그 자체가 지닌 의사소통과 행동을 촉구하는 본성 때문에 인간관계의 차원에서 윤리적 관점이 열리는 것이다. 여기서 고통에 대한 윤리적 태도는 내가 타자의 고통 그 자체가 담고 있는 호소에 대한 태도이다. 고통 그 자체가 촉구하고 있는 호소와 요청을 듣고 그에 관심을 기울일 때 비로소 고통에 대한 윤리적 전망이 열리는 것이다.[29] 그렇다면 타자와의 의사소통과 행동을 촉구하는 타자의 고통은 어떻게 내게 윤리적 의미로 다가오는 것일까?

레비나스는 인간은 본래 자신의 내면성을 유지하면서 존재하며, 밖으로는 타자를 향해서 존재한다고 말한다. 자기중심적인 사람들은 타자를 대상화하여 자아 안으로 포섭하고 자기화하며 장악하고 동일시한다. 그러나 인간이 자아로부터 타자에게로 초월해 나가는 것이야말로 윤리적 관계 형성의 올바른 계기가 된다. 인간 안에는 자기와는 다른 낯섦, 즉 타자를 향한 무한한 열망이 본질적으로 자기의 바깥을 향해 열려 있다. 이러한 열망은 채워질 수도, 완성될 수도, 통합될 수도 없는 타자와의 관계로 무한히 나아가게 한다. 타자를 욕망의 대상으로 삼는 것이 아니라 타자의 존재를 인정하고 타자를 열망하면서 윤리적 관계가 열리는 것이다.[30]

28 공병혜, 「고통과 윤리적 삶」, 『인문의학』, 휴머니스트, 2008, 130쪽.
29 강영안, 『타인의 얼굴, 레비나스의 철학』, 문학과지성사, 2005, 105-106쪽.
30 김연숙, 『레비나스 타자윤리학』, 인간사랑, 2001, 227쪽.

레비나스는 인간이 자아 중심적인 경향에서 벗어나 타자에게 열리는 계기를 인간 몸의 수용성과 민감성에서 찾는다. 즉, 주체는 자신의 몸을 통해 타자에게 노출되어 보이고 타자로부터 영향받는 감성적 존재인 것이다. 인간의 의식, 이성, 인식이 추상적이라면 감성은 대상에 직접 부딪히는 직접성, 민감성, 상처받을 수 있음을 그 특징으로 한다. 레비나스는 다음과 같이 말한다.

> 타자를 위한 존재는 단지 피와 살의 존재들 사이에서만 의미를 가진다. 타자적인 것은 주체에 저항하고, 고통을 통해 내면성의 주체에 영향을 준다. 감성, 몸은 자기 안에 만족해 있는 향유이고 타자에게 드러나는 상처받을 가능성이자 타자를 위한 존재 조건이다.[31]

타자와의 관계에서 '상처받을 수 있는' 인간의 감성은 직접적으로 타자와 접하고 있는 부분이며, 이성의 능동적 사유 작용에 앞서서 타자로부터 오는 고통의 호소에 노출된다. '상처받을 가능성'이란 곧 고통에 대한 감수성(sensibility)으로서, 상처받기 쉬운 불편한 감정을 말한다. 타자를 위한 존재는 타자로 인해 불안해하고 불편함과 부담을 느끼며 그에 대해 초연할 수도, 냉담할 수도 없는 감성적 존재인 것이다. 레비나스는 이 같은 감성의 상태를 '가까움' 혹은 '근접성'(proximity)으로 표현한다.

> 감성적인 것—모성, 상처의 가능성, 염려—은 육화의 끈을 자아의 통각보다 더 큰 구성에 연결시킨다. 이 같은 구성에 나는 나의 몸에 묶인

31 E. Levinas, *Otherwise than Being or Beyond Essence* (A. Lingis (tr.)), Dordrecht: Kluwer Academic Press, 1974, p. 76.

존재이기 전에 타자에게 구속된다.[32]

이러한 타자에 대한 가까움은 타자의 고통을 방관할 수 없는, 타자에 접근하는 영혼의 상태이다. 그러나 타자와의 윤리적 관계는 이러한 타자에 접근하는 가까움을 통해서 고통받는 사람의 호소에 대한 응답이 이루어져야 하는 관계이다. 이는 타자가 받는 고통에 자신을 노출시켜 내가 고통을 받고 책임을 진다는 의미이다. 내가 체험하는 고통은 무의미하고 나를 구속하지만, 타자의 고통받는 얼굴에 노출되어 내가 고통받을 때 그 고통은 윤리적으로 의미가 있는 것이다. 그러면 레비나스에게서 고통에 대한 윤리적 관점은 어떤 계기를 통해 열리는가? 즉, 윤리적 전망을 가능하게 하는 타자를 위한 도덕적 주체의 고통은 어디서 오는가? 그것은 자기 이기심을 억제하고 도덕 법칙을 따라야만 한다고 하는 나의 내면의 도덕적 심정에서 오는 것이 아니다. 윤리적 주체의 고통은 나의 감수성에 노출되어 수용되는 타자의 얼굴에서 온다. 레비나스는 다음과 같이 타자의 얼굴에 대해 기술한다.

> 남의 얼굴을 쳐다본다는 의미가 아니라, 차라리 얼굴로 나아가는 것, 그것이 곧 윤리라 본다. … 동시에 얼굴과의 관계는 곧바로 윤리이다. 얼굴이란 누구도 죽일 수 없는 것이다. 그 얼굴의 뜻은 "당신을 죽일 수 없소."라고 말하는 데 있다. … 그 얼굴은 말한다. 그 말은 응답이요, 책임이다.[33]

타자의 얼굴이 나타나는 방식은 현현(epiphany)이다. 여기서 타자의

32 E. Levinas, *Otherwise than Being or Beyond Essence* (A. Lingis (tr.)), pp. 75-76.
33 E. 레비나스, 양명수 옮김, 『윤리와 무한』, 다산글방, 2002, 111쪽.

얼굴이 보여 주는 현현은 유한한 자아의 사유에 의해 개념화되지 않는 무한성의 흔적을 계시한다.[34] 이는 자아가 타자를 통합, 동일화, 장악할 수 없음을 보여 준다. 타자의 얼굴은 나의 의도나 지향과는 무관하게 그 자신을 나타내고 개시하고 보여 주며, 그 어떤 맥락과도 무관한 근원적인 윤리적 언어, '살인하지 말아라'라는 명령이다. 그것은 동정심에 호소하는 것이 아니라 강한 정의를 표현하는 것이다.

이렇듯 레비나스에 따르면 윤리적 주체는 고통받는 타자의 얼굴의 부름에 응답했기 때문에 고통을 받는 자이며, 상처에 노출되어 있는 감성적 존재이다. 고통받는 타자의 얼굴의 부름은 우리에게 윤리적으로 행동하도록 호소하고 명령하는 윤리적 첫 번째 언어(first word)이다. 그것은 '너는 나를 죽여서는 안 된다'와 같은 윤리적 명령과 요청의 형태를 띤다. 이에 대해 레비나스는 다음과 같이 말한다.

> 무한은 나의 주도권을 무력화시키는 윤리적 저항을 띠는 얼굴로 나타난다. 그리고 그 얼굴은 방어 없는 깊은 눈빛으로 자신의 벌거벗음과 결핍의 노출에서 분명히 드러난다. 우리가 타자의 결핍과 기아를 이해할 수 있을 때, 타자에 대한 가까움이 형성된다. 무한[타자]의 현현은 표현이며 대화이다.[35]

타자의 얼굴은 나를 바라보며 호소하고 스스로를 표현한다. 타자의 얼굴이 지닌 윤리적 저항은 우리의 자유를 문제 삼으며, 우리에게 의무를 부과한다. 타자의 얼굴은 호소하는 자를 부정하거나 파괴하지 못

34 E. Levinas, *Totality and Infinity* (A. Lingis (tr.)), Netherands: Kluwer Academic Publishers, 1991, p. 198.

35 E. Levinas, *Totality and Infinity* (A. Lingis (tr.)), pp. 199-200.

하게 하는 명령이며, 의무를 부과하도록 하는 원초적 대화를 열어 준다. 타자에 의해 부과된 의무를 깨닫는 것은 타자의 얼굴에 응답하는 것, 타자를 환영하는 것, 타자에게 말을 걸고 대화를 시작하는 것이다. 대화에서 행해지는 '말하기'란 얼굴을 마주하고 타자에 가까이 다가서는 것을 의미한다.[36]

이렇듯 얼굴을 마주하고 말을 건네 주고받는 대화의 과정은 얼굴의 의미를 읽어 내는 과정이다. 타자의 얼굴은 정직함을 드러내며, 그것은 인간이라는 것의 감성적 출현이다. 얼굴은 육화된 인간의 윤리적 해석이며, 말하기는 얼굴 그 자체가 지닌 의미의 표현으로서 이미 근원적이며 본래적인 의미를 지닌다. 따라서 얼굴과 말하기는 함께 온다. 그 얼굴은 내게 말을 걸어 오고, 나도 그에게 말을 건넨다. 얼굴이 모든 대화를 가능하게 하고 모든 대화를 시작하게 한다. 왜냐하면 얼굴로부터 근원적인 인간 본래의 의미가 잉태하고 출현하기 때문이다. 근원적인 윤리적 인간관계는 얼굴을 마주하는 대화로부터 비롯되며, 이러한 대화로부터 응답과 책임이 부과되는 것이다.

따라서 윤리적 인간관계는 얼굴과 함께 묶여 있는 대화를 통해 타자로부터 자아에게 오는 것이다. 마주하는 얼굴을 통해 일어나는 대화는 그 자체로 윤리적이며, 말하기는 타자의 얼굴의 의미를 읽어 내어 그것을 받아들이고 응답하는 주체의 수동성을 보여 준다. 그렇다면 말하기에서의 응답과 책임에 대한 주체의 수동성이란 무엇을 의미하는가. 레비나스는 말하기 그 자체를 인내와 고통, 벌거벗음 등의 개념으로 설명한다. 말하기는 타자에게 드러남이라고 할 수 있다. 타자로부터 불리고 지명되는 자는 자신을 열어야 한다. 이는 자신을 스스로 희생하기보

36 E. Levinas, *Otherwise than Being or Beyond Essence* (A. Lingis (tr.)), p. 77.

다 타자에게 노출되어 타자의 불행에 묶이는 것을 의미한다. 레비나스는 이 같은 윤리적 상황이 '어떤 수용성보다도 더 수동적인' 상황임을 강조한다.[37] 그러므로 말하기에서 드러나는 타자와의 관계는 서로 주고받는 상호성의 관계가 아니라, 자신을 타자에게 노출시키면서 타자를 위하여 자기가 희생되는 비대칭적 관계이다. 윤리적 주체는 얼굴이 지닌 윤리적 절박성과 의무를 깨닫고 타자의 얼굴의 표정과 호소에 응답해야 하는 것이다.

2) 타자성과 책임의 윤리

고통받는 타자의 고통과 기아, 불안, 병고 등의 시름은 우리의 감성에 호소한다. 그의 호소에 노출되는 감성적 존재는 그의 소리를 듣고, 그 요청에 귀를 기울이며, 그에 응답한다. 따라서 자아와 타자의 얼굴의 관계는 말보다는 섬김의 실천을 요구한다. 자아에게 윤리적 행위를 요구하는 타자의 윤리적 힘은 벌거벗음 속에서 드러나는 고통받는 타자의 결핍과 가난 속에 있다. 그가 배고프면 배고플수록, 그가 불의를 당하면 당할수록 그의 윤리적 호소는 커져 가고 그에 따라 자아에게 보내는 윤리적 명령도 커져 간다. 이러한 윤리적 명령에 대해 윤리적 자아는 타자에 대한 책임을 감수해야만 한다는 구속을 받게 된다.

레비나스는 윤리적 주체를 타자에게 영향받고 상처받을 수 있는 존재, 상처로 노출되는 존재, 타자에게 보이고 고통을 대리하며 볼모로 잡힌 존재로 설명한다. 그리고 그 존재가 처한 윤리적 상황을 "인질", "강박관념", "불안", "대속" 등으로 표현한다.[38] "인질"은 타자에게 사로잡

37 E. Levinas, *Otherwise than Being or Beyond Essence* (A. Lingis (tr.)), p. 75.

38 E. Levinas, *Otherwise than Being or Beyond Essence* (A. Lingis (tr.)), p. 112.

힌 사람이고, '불안'은 나 자신의 동일성 안에 편안히 거할 수 없는 상태이며, '대속'은 타자의 고통을 대신하여 희생되는 상황이다. 따라서 그의 타자의 윤리에서 인간의 도덕성이란 자유로부터 오기보다는 오히려 자신의 자유의 자의성이나 과도함에 대한 죄책감으로부터 일깨워진다. 우리가 자신의 자유의 과도함에 대해 반성할 때 도덕적 주체는 더욱 타자를 향하고 고통받는 사람의 부름과 호소에 귀 기울이며 그에 사로잡혀 응답하게 되는 것이다.

레비나스는 타자의 얼굴과의 만남을 통해 부과되는 고통받는 타자에 대한 책임을 "타자에게 사로잡힌 … 자아의 책임"이라고 특징짓는다.[39] 타자에게 사로잡힌 자아는 다른 사람에 대해 책임을 지는 일종의 인질로서의 존재이다. 인질은 타자에 붙잡힌, 무제한적 책임 앞에 놓인 윤리적 주체이다. 레비나스는 우리가 인질로 존재하는 경우에만 세계 안에 동정, 연민, 용서, 가까움이 있을 수 있다고 말한다. 몸의 감성에 사로잡힌 타자에 대한 도덕적 책임은 타자를 대신하여 고통을 받는 것이고 타자를 위해 희생하는 것이다. 레비나스는 이러한 도덕적 책임을 타자의 위치에 있는 대리(substitution)로 설명한다. 이는 자신과 무관한 다른 사람이 행한 것에 대해서까지 또는 다른 사람들이 겪게 되는 고통에 대해서까지도 책임을 지는 것을 의미한다. 레비나스는 이러한 타자를 대신하는 책임론을 다음과 같이 설명한다.

> 주체란 다른 사람에 대한 책임을 떠맡으면서 형성되기 때문에, 다른 사람을 대리하게 된다. 주체는 인질의 처지를 감수한다. 주체란 처음부터 인질이다. 대신 속죄하면서까지 다른 사람들에게 책임을 진다.[40]

39 E. Levinas, *Otherwise than Being or Beyond Essence* (A. Lingis (tr.)), p. 114

40 E. Levinas, *Otherwise than Being or Beyond Essence* (A. Lingis (tr.)), p. 129.

나는 다른 모든 사람을 대신할 수 있지만, 아무도 나를 대신할 수는 없다. 그는 타자에 대한 주체의 책임에 대해 "우리 모두는 모든 것에 대해 책임이 있다. 모두 앞에 있는 모두에 대해 우리 모두의 책임이 있다. 그리고 내 책임은 다른 사람들 보다 더 크다."라고 하는 도스토옙스키의 말을 인용한다.[41] 여기서 나와 타자의 관계는 비상호적인 대리의 관계이다. 나는 늘 타자를 위해 존재하지만, 타자는 나의 위치에 오지 않는다. 레비나스적 책임은 나의 자유 의지와 상관없이 발생하는 것이며, 이미 행해진 어떤 행위에서부터 생겨나는 것이 아니라 내가 무언가를 하기 전에, 그리고 특정한 행위 책임이 일어나기 전에 발생하는 책임이다.[42]

결론적으로 레비나스의 타자를 위한 책임의 윤리학에서 타자의 얼굴의 출현은 윤리적 관계를 가능하게 하는 윤리적 근원어이다. 타자의 얼굴의 출현으로 나의 감성은 타자에게 열리고, 말하기를 통해 타자에게 응답하면서 나는 타자와 윤리적 관계를 맺는다. 타자의 얼굴의 현현, 표현, 말하기를 통한 응답과 도덕적 책임은 자아에게 고통스러움과 희생을 강요하는 것이다. 추상적·이성적·합리적 자아가 아니라 몸을 지닌 감성적 존재로서의 자아가 타자에게 노출되고 타자에 붙잡혀 도덕적 책임을 진다는 것은 자신의 살과 피, 시간과 노력을 바쳐 몸으로 실천하는 것을 의미한다. 레비나스에게 윤리적 자아는 고립된 이기적 자아로부터 벗어나 타자의 얼굴과의 만남으로 타자에게 열리며 가까이 다가가는 감성적 자아이다. 윤리적 자아는 타자의 얼굴과 대면하는 감성적 열림을 통해 타자의 고통을 대신하여 책임지는 도덕적 실천을 보여 주는 자이다.

41 E. 레비나스, 양명수 옮김, 『윤리와 무한』, 다산글방, 2002, 132쪽.

42 변순용, 「휴머니즘, 타자와 나: E. Levinas를 중심으로」, 『철학연구』 제59집, 철학연구회, 2002, 230쪽.

3) 돌봄의 실천에서 몸의 감성과 책임

간호의 맥락에서 인간이 몸을 지닌다는 것은 인간이 상처받을 가능성을 지닌 존재로서 자신의 몸을 통해 결핍과 요구를 드러내며 돌봄을 필요로 하는 존재라는 의미를 지닌다. 그래서 돌봄을 요구하는 인간은 자신의 몸을 통해 고통을 드러내며 호소하고, 그에 대한 응답을 필요로 한다. 여기서 고통받는 인간의 몸은 그 자신이 몸담고 있는 삶의 조건을 인식하고 스스로 표현하고 해석하며 동시에 타자와 작용하는 주체로 이해되어야 한다.[43] 그러면 타자를 돌보는 간호에서의 윤리적 차원은 어떻게 형성되는가? 이 윤리적 차원은 고통받는 환자의 얼굴을 마주하면서, 그 얼굴이 호소하는 돌봄의 요구를 회피하지 않고 받아들일 때 열린다. 특히 타자에게 열린 몸의 감성에 호소하는 도덕적 명령은 바로 그들의 요구를 수용해서 책임을 져야만 한다는 당위적 성격을 갖는다. 그에 따라 간호사의 환자의 얼굴에 대한 주의 깊은 응시, 가까이 다가섬, 접촉, 대화 등을 통해 일어나는 신체적 감응은 그들의 요구를 이해하고 수용하여 그에 응답해야 한다는 도덕적 책임을 지니게 된다.

환자를 돌보는 실천 현장에서는 상호성의 윤리보다는 오히려 비대칭적인 책임의 윤리가 요구된다. 예컨대 극심한 신체적 고통에 시달리는 환자, 의식 불명의 환자, 지적 장애아, 특수 치료를 요하는 장애인 등을 돌봄에 있어서 간호사에게는 그들의 신체로 표현되는 결핍의 요구를 수용하고 그에 간호 행위로 응답해야 할 책임이 요청된다. 간호사는 환자들을 자율적 권리를 행사할 수 있는 이성적 주체라고 생각하기 이전에 무조건적으로 도움과 보호를 받아야만 하는, 인격 훼손의 위험에 처

43 P. Benner & J. Wrubel, *The Primacy of Caring, Stress and Coping in Health and Illness*, Menlo Park, CA: Addison-Wesley, 1989, pp. 70-75.

한 나약한 신체적 존재로 받아들여야 한다.

물론 우리는 간호의 영역에서 인간 존엄성의 위협을 받는 극한 상황에 놓인 환자들의 인격적 가치를 보호하기 위한 보편 윤리로서 칸트의 정연명령을 들 수 있다. 칸트의 정연명령은 '인간을 수단으로 대하지 말고 목적 그 자체로 대하라'라고 하는 무조건적인 명령이다. 그것은 절대적인 윤리적 명령으로서, 감성이 아닌 실천 이성에 의한 합리적 추론에 따라야만 하는 도덕 법칙이다. 따라서 칸트의 정언 명령은 모든 인간이 실천 이성의 사유 능력과 의지의 자율성을 지닌 도덕적 주체라는 것을 전제한다. 칸트에 따르면 인간만이 실천 이성과 자유 의지에 근거한 인간 존엄성에 대한 이념을 지닌다. 인간 존엄성의 이념이란, 인간은 고유한 인격체로서 절대적 가치를 지니며 '목적 그 자체'라는 것이다. 그러나 의료인에게 전적으로 자신의 자율권을 위임하고 삶의 한계 상황에 처해 있는 환자, 특히 무의식 상태에 있는 환자, 신생아, 치매 환자, 중증의 신체적 고통에 시달리는 환자를 생각해 보자. 이러한 경우에 간호사는 이들을 자율적으로 판단할 수 있는 도덕적 주체로 대우하기 이전에 우선 전적으로 도움을 받아야만 하는 의존적 존재로서 수용해야만 한다.[44] 모든 인간이 자율성을 지닌 이성적 존재라는 가정을 지닌 칸트의 정연명령은 인간의 신체적 감성에 호소하는 것이 아니라, 누구에게나 타당한 실천 이성의 도덕적 사고에 호소한다. 그러나 임상에서 흔히 경험할 수 있는 극심한 고통에 시달리는 환자들을 돌보는 간호사에게 직접적인 실천력을 지니게 하는 윤리적 동기는 신체적 감수성에서 나온다. 신체적 감수성에 의한 환자에 대한 불가피한 책임은 직접적인 돌봄의 실천으로 이끈다.

44 M. W. Schnell, "Ethik als Lebensentwurf und Schutzbereich" in *Pflegen und Philosophie* (M. W. Schnell(hrsg.)), Göttingen, 2002, pp. 286-288; "Leiblichkeit-

간호윤리학자 노트베트에 따르면, 간호에 있어서 환자를 응시하는 것은 임상적 사실을 윤리적으로 보는 것이다. 간호사의 신체적 감수성은 질병의 경험을 이해하게 할 뿐만 아니라, 환자가 처해 있는 취약한 상황에 대한 그 어떤 도덕적 의무나 책임감까지 함축한다.[45] 호흡 곤란의 통증을 느끼는 환자의 예를 들어 보자. 그 환자를 응시한다는 것은 그 사람의 얼굴 표정 속에서 고통의 표현을 느끼는 것이며, 이러한 신체적 표현을 통해 그 고통의 호소와 간호에 대한 요구를 감지해 내는 것이다. 이러한 임상적 응시(clinical gaze)는 일종의 인식론적이며 도덕적인 태도의 표현이기도 한 것이다. 환자의 아픔을 본다는 것은 곧 인간의 조건, 상처받는 인간의 경험을 본다는 것이다. 이때 환자의 얼굴에서 요청하는 불가항력적인 책임은 자기 행위에 대한 자기 의식에서부터 오는 것이 아니라, 신체적 감수성에서부터 출현하는 일종의 명령에서 오는 것이다. 간호사는 고통받는 환자의 요구에 대한 응답을 이성적으로 판단하여 선택할 수 없다. 환자를 어떻게 간호해야 하는가에 대한 자율적 선택은 이차적인 것이다. 고통받는 환자의 얼굴을 대면하면서 간호사의 신체적 감응에 부과되는 도덕적 명령은 불가항력적인 것이다. 간호윤리학자들은 신체적 감수성에 호소하는 책임의 윤리로서 레비나스의 윤리

Verantwortung-Gerechtigkeit-Ethik. Vier Prinzipien einer Theorie des Bedürftigen Menschen", *Pflegen und Philosophie* (M. W. Schnell(hrsg.)), pp. 14-16. 슈넬(M. W. Schnell)에 따르면 인간의 신체성은 간호나 의료, 그리고 특수 치료의 분야에서 돌봄을 필요로 하는 인간의 이해의 전제 조건이다. 특히 간호에서 요구되는 인간관은 자율적으로 판단하고 선택할 수 있는 이성적 능력에 기초한 인간관이 아니라, 인간의 존엄성을 보호받아야 하는 인간 조건의 한계 상황에 처한 신체성에 기반을 둔 것이다.

45 P. Nortvedt, "Subjectivity and Vulnerability: Reflections on the Foundation of Ethical Sensibility", *Nursing Philosophy*, 4(3), 2003, pp. 222-230.

를 타자를 돌보는 간호 윤리의 기초로 삼아야 한다고 주장한다.[46] 그러면 레비나스의 윤리가 어떻게 돌봄의 윤리에 적용될 수 있는지 살펴보기로 하자.

4) 레비나스의 타자를 위한 돌봄의 윤리

레비나스의 윤리에서의 도덕적 명령은 인간의 합리성에 따른 것이 아니다. 그것은 타자의 얼굴의 출현을 통해 외부로부터 영향받는 인간의 감수성에 호소하는 것이다. 그는 타자의 요청에 대해 어떻게 행위할 것인가를 선택하는 도덕적 자율성을 강조하는 것이 아니라, 타자의 얼굴과 시선에 사로잡힌 몸의 감수성에 의한 윤리적 행위의 동기를 중요시한다. 따라서 레비나스의 윤리에서 타자로서의 고통받는 얼굴과의 만남을 통한 대화와 응답, 그리고 책임에 대한 사고는 간호에서의 비대칭적인 인간관계의 윤리적 차원을 적합하게 설명해 줄 수 있다.

건강과 관련해 불가피하게 도움을 요청할 수밖에 없는 환자와 그에 응답하는 간호사의 돌봄의 관계는 간호사가 환자의 요구를 수용해서 책임을 져야 하는 비대칭적인 관계의 특성을 지닌다. 간호사를 비롯한 의료인은 응급 상황이나 구조 상황에서 신체적 자유의 제한을 받는 인간의 도움에 대한 요청에 절대적으로 응답해야 하는 의무와 책임을 지닌다. 이러한 간호 상황에서의 도덕적 명령은 인간의 이성이 아니라 신체적 감성의 수동성에 기초한다. 레비나스의 윤리는 타자의 얼굴의 출현에

46 P. Nortvedt, "Sensitive Judgement: An Inquiry into the Foundations of Nursing Ethics", pp. 385-392; M. Trine, "The Exclusion of the Other: Challenges to the Ethics of Closeness", *Nursing Philosophy*, 4(1), 2003, pp. 3-43; L. Mireille & D. Danielle, "The Nature of Care in light of Emmanuel Levinas", *Nursing Philosophy*, 7(4), pp. 225-234 참조.

영향받는 피할 수 없는 인간의 수동적인 몸의 감수성에 호소한다. 그는 타자의 호소와 요청을 어떻게 수용할 것인가에 대한 주체의 이성적·도덕적 판단을 우위에 두는 것이 아니라, 타자의 시선과 얼굴에 사로잡힌 몸으로 느끼는 윤리적 행위의 동기를 중요시한다. 이에 따라 레비나스의 윤리적 차원은 신체적 감수성에 기반을 둔 타자의 얼굴의 출현을 통해 열린다. 거기서 돌보는 사람은 환자의 얼굴과 대면하여 그와 대화하면서 가까워지는 친밀한 관계를 형성함으로써 그의 호소를 경청하는 수용적 자세를 가지고 그에 응답해야 한다. 이러한 돌봄의 관계는 각자의 자율적 권리에 근거한 상호 계약의 모델에 따른 대칭적 관계가 될 수 없다. 돌보는 사람은 고통받는 환자의 삶의 조건을 책임질 수밖에 없다는 도덕적 감수성을 지닌다. 간호사는 환자의 고통에 대한 대리인으로서 그들에게 헌신과 베풂을 다해야 한다. 이러한 헌신과 베풂은 이성적 사고의 추론 과정에 의한 선택적 판단에 의한 것이 아니라, 도덕적 감수성에 의한 몸의 행위이다. 레비나스도 말했듯이 줌과 바침은 마음의 선물이 아니라, 자신의 시간과 노력을 바쳐서 몸으로 하는 행위, 즉 자신의 입에 든 빵, 자신의 입에 가득한 빵을 직접 내주는 것이다.[47] 간호에서의 돌봄은 머릿속에서 사고하는 것이 아니라, 얼굴을 마주하고 몸으로 직접 실천하는 것이다.

그렇지만 이러한 레비나스의 '상처받을 가능성'으로서의 인간의 감성에 기초한 윤리는 간호 윤리의 '자율성'의 측면을 설명하는 데 분명 한계를 지닌다. 이는 특히 타자에 대한 책임을 '대리적 고통'으로 표현하고, '윤리적 주체는 타자에 볼모로 잡혀 있다'라고 표현하는 등에서 발견할 수 있다. '수동적인, 더욱 수동적인 수용성'으로 '상처받을 가능

47 강영안, 「고통과 윤리」, 『서강인문논총』 제8집, 1998, 23쪽 참조.

성'에 노출된 간호사가 개인의 도덕적 자율성에 근거한 자기 반성 과정을 거치지 않고서 어떻게 항상 환자의 고통을 짊어질 수 있겠는가? 어떻게 주체로서의 간호사의 도덕적 사고에 의한 자율성을 무시하고 외부의 '상처받을 가능성'에 노출된 간호사의 수동적인 감수성만으로 고통받는 환자의 요구에 대한 도덕적 응답과 책임을 다할 수 있겠는가? 경우에 따라서 간호사는 고통받는 환자의 얼굴에 대한 직접적인 감응으로 상처받지 않고 오히려 반성적 거리를 유지함으로써 자신의 자율적인 도덕적 사고에 의해 환자를 돌볼 수 있다. 그때 비로소 간호사는 환자의 고통을 이해하고 그들의 고통에 대처할 수 있는 돌봄의 방식을 자율적으로 선택할 수 있을 것이다. 타자를 위해 고통을 대신하는 윤리적 주체의 모습은 마치 인류의 고통을 대속한 예수 그리스도의 정신을 일깨우는 성직자의 태도를 연상케 한다. 이러한 태도는 돌봄의 다양한 실천 현장에서 현실적으로 실현하기 어려운 이상적인 요구가 될 수 있기 때문에, 행위에 대한 지침이나 기준으로 적용될 수는 없을 것이다.

그러나 레비나스의 윤리는 몸의 감수성을 통해 고통받는 타자와의 윤리적 관계가 어떻게 열리며, 개별적인 얼굴과의 만남을 통해 어떻게 무조건적인 책임의 윤리가 가능한지에 대한 윤리적 지평을 보여 준다. 이러한 그의 윤리적 관점은 직접적으로 얼굴을 마주하는 인간관계의 친밀성과 책임감을 강조하는 돌봄의 실천을 위한 윤리적 태도를 드러낸다.

제2부

돌봄의 미학적 실천

제6장

실천예술로서의 돌봄

돌봄 학자들은 돌봄이 함축하고 있는 감성적이며 실천적인 차원을 미학적 접근을 통해 탐구하며, 그것을 '돌봄예술' 혹은 '실천예술'이라는 표현으로 기술한다.[1] 특히 돌봄 학자들은 돌봄의 실천 과정에서 이루어지는 돌봄의 상황에 대한 감성적 인식의 차원과 그것이 실천적 행위로서 표현되는 예술의 차원을 강조한다. 돌봄은 돌보는 사람의 내적 태도를 드러내 주는 감성적 인식의 차원과 돌봄의 실천이 발생하는 예술(techne, art)의 차원으로 구분할 수 있다. 돌봄의 감성적 인식의 차원은 간호가 요구되는 개인과 그 개인이 처한 상황에 대한 감성적 지각을 통해 발생하는 공감적 인식의 차원을 일컫기도 한다. 반면 돌봄의 예술의 차원은 이러한 공감적 인식을 통해 각 상황마다 고유하게 발생하는 돌봄의 행위로 표현되는 실천의 순간으로 이해되기도 한다.

이 장에서는 우선 간호학자 카퍼(B. L. Carper)가 전개한 '간호예술'

1 D. Blondeau, "Nursing Art as Practical Art: The Necessary Relationship between Nursing Ethics", *Nursing Philosophy*, 3(3), 2002, pp. 252-259; J. Watson, *Post-modern Nursing and Beyond*, London, 1999; B. L. Carper, "Fundamental Pattern of Knowing in Nursing", *Advanced Nursing Science*, 1(1), 1978, pp. 13-23.

에 대한 입장과 왓슨(J. Watson)의 '돌봄예술'에 대한 입장을 비판적으로 해석해 보고, 돌봄예술을 수행하기 위한 간호에서의 미학적 실천의 방식에 대해 살펴볼 것이다. 나아가 돌봄 학자들이 전개한 간호예술 혹은 돌봄예술이라는 입장을 미학 이론에 근거하여 어떻게 설명할 수 있는지 비판적으로 성찰해 보고, 돌봄예술의 모범적 사례를 제시할 것이다. 특히 인간 생명의 자연력을 스스로 회복하게 하는 자연 치유예술로서의 돌봄예술에 대한 입장을 나이팅게일을 간호론을 통해 보일 것이다. 또한 히포크라테스의 자연의학[2]과 유사한 방식의 자연의 치유력에 대한 모방을 통해 얻어진 자연 예술로서의 돌봄의 입장을 검토해 보고, 그것이 도덕·실천예술로서 나아갈 방향을 제시해 보도록 할 것이다.

1. 간호에서의 돌봄예술

1) 카퍼의 감성적 앎과 간호예술

간호학자 모스(J. M. Morse)는 지금까지 간호학자들에 의해 제시된 돌봄의 개념을 네 가지 범주를 통해 기술하고 있다. 그에 따르면 간호에서의 진정한 돌봄이란, 인간의 정체성을 구성해 주고, 간호의 도덕적 이상이며, 항상 대인 관계 속에서 정서적 상태를 지니고, 전문적인 치료적 중

2 히포크라테스의 자연의학에 대해서는 반덕진, 『히포크라테스의 발견』, 휴먼라이브러리, 2005, 310쪽 참조. 캉길렘(G. Canguilhem)에 따르면 히포크라테스에게서 의사의 기예는 자연을 관찰해야만 이해되는 것이며, 자연은 건강의 파수꾼이다. 그는 "의술은 자연의 변증법이다(die ärzliche Kunst ist die Dialektik der Natur)."라고 말한다. G. Canguilhem, *Gesundheit-eine Frage der Philosophie* (von H. Schmidgen (Uebersetzt)), Berlin, 2005, pp. 9-13 참조.

재 역할을 하는 것으로 특징지어진다.[3] 즉 돌봄은 취약한 상황에 처한 환자에게 실존적 자기 이해를 촉진시켜 자기정체성을 구성하도록 도와주는 것이다. 또한 돌봄이란 간호가 추구하는 도덕적 이상으로서 인간관계를 통해 질병과 고통 속에서 위협받는 인간의 존엄성을 보호하고 그것을 유지, 증진하는 역할을 한다. 돌봄 학자들은 연민, 동정심, 공감, 책임감 등의 도덕적 감정이 개입된 인간관계 속에서 이루어지는 돌봄의 행위가 지닌 감성적·도덕적 성격을 강조한다. 예를 들어 환자에 대한 신체 간호, 환자 교육, 신체적 접촉, 주의 깊은 경청, 함께하기, 신체적 지지, 위로 등이야말로 감성적·도덕적 차원이 돌봄의 핵심을 이루는 전문적 간호 활동이다.[4]

간호예술에 대한 미학적 접근은 카퍼의 논문 「간호에서 지식의 근본적인 유형들」이 나온 이래로 활발하게 이루어졌다.[5] 카퍼는 간호의 지식의 네 유형인 경험적 앎, 심미적 앎, 인격적 앎, 도덕적 앎 중에서 심미적 앎이 간호예술을 특징짓는다고 하였다. 심미적 앎은 환자가 처한 개별적이고 특수한 상황을 지각했을 때 환자와의 유기적 상호 작용이 일어나는 공감의 과정에서 발생한다. 즉 간호사는 자신의 행위와 환자의 반응이 서로 유기적으로 결합되어 하나가 되는 심미적 경험을 하

3 J. M. Morse, "Concept of Caring and Caring as a Concept", *Advaced Nursing Science*, 13(1), 1990, pp. 2-7.

4 인간관계의 교류에 의한 감성적 지식은 신체적 접촉을 통한 돌봄의 특성을 이룬다. 예컨대 의사의 진단하고 치료하는 손의 접촉은 자신의 전문적 지식과 기술과 수행 능력에 대한 자기 신뢰를 갖게 하지만, 환자의 신체로부터 그의 인격을 분리시킨다. 그러나 간호사의 인격적이며 감성적인 접촉은 개인에게 항상 특별하고 유일하며 순간적으로 하나가 되는 교제의 경험을 하게 한다. I. 매드저 & J. A. 월턴, 신경림 외 옮김, 『질병체험연구』, 현문사, 2001, 49쪽 참조.

5 B. L. Carper, "Fundamental Pattern of Knowing in Nursing", pp. 13-18. 카퍼의 간호예술에 대한 견해는 이후 왓슨 등의 간호학자들에 의해 수용되었다.

게 되는데, 이것이 간호예술을 특징짓는다는 것이다. 그러면 카퍼의 이론에서 심미적 앎이란 무엇이며, 그것은 어떻게 간호예술이 되는가?[6] 간호예술을 특징짓는 심미적 앎은 단순히 무엇을 제작하는 숙련된 기술의 차원이 아닌, 인간 건강이라는 도덕적 선을 추구하는 숙고된 실천적 행위와 어떠한 관계를 갖는가?[7] 카퍼는 심미적 앎을 통해 표현되는 간호 행위를 간호예술로 기술하면서 '열린 개념으로서의 예술'이라는 용어를 삶의 실천 영역인 간호 행위에 적용한다. 그러면 우선 카퍼의 열린 개념으로서의 예술에 대한 입장을 살펴보기로 하자.

카퍼는 열린 개념으로서의 예술은 간호의 조건이나 상황, 경험이 지닌 감성적 차원에 적용될 수 있다고 주장한다.[8] 즉 카퍼는 아름다움을 추구하는 회화, 시, 무용 등에서 일컫는 순수 예술(fine art)이라는 협소한 개념이 아니라, 간호 상황에서의 행위 전반에 응용될 수 있는 포괄적 의

6 카퍼는 심미적 앎과 예술, 그리고 예술와 숙련성을 구분하지 않아 개념상의 혼란을 야기했다는 비판을 여러 학자들에게 받아 왔다. D. Blondeau, "Nursing Art as Practical Art: The Necessary Relationship between Nursing Ethics", p. 259 참조. 카퍼의 간호에 응용될 수 있는 예술 개념은 듀이의 '경험으로서의 예술'에 더 근접해 있다. 듀이는 개념적인 인식 작용으로 인지(recognition)와 구분되는 지각(perception)을 통한 유기적 전체에 대한 심미적 경험은 일상 삶의 모든 실천적 영역에서 가능하며, 이 경험이 삶에서의 예술이 될 수 있다고 주장했다. 공병혜, 「간호의 미학적 접근에 대한 비판적 해석」, 『대한간호학회지』 제33권 제6호, 2003, 680쪽 참조.

7 B. L. Carper, "Fundamental Pattern of Knowing in Nursing", pp. 13-18.

8 카퍼에 따르면 "예술은 단일한 개념으로 정의하기에는 너무 복잡하고 변수가 많으며, 예술이라고 칭해지는 것들 사이에 어떠한 공통된 속성이 없고, 단지 인지할 수 있는 유사성만"을 지니고 있기 때문에 예술은 논리적으로 정의될 수 없다. 카퍼가 사용하는 열린 개념으로서의 예술은 순수 예술이라는 제한된 범위를 넘어서 삶의 실천적 행위의 영역, 즉 간호 행위에 적용이 가능한 예술의 개념이다. 공병혜, 「간호의 미학적 접근에 대한 비판적 해석」, 『대한간호학회지』 제33권 제6호, 2003, 679-680쪽 참조.

미로서의 예술 개념을 사용한다. 이러한 예술로서의 간호의 특성은 기술되거나 형식화되지 않는 특수하고 고유한 심미적인 표현과 경험에 있다. 그것은 "창조적인 것 혹은 개별적이고 특수한 것에 대해 지각하고, 상상해서 주관적으로 표현한 것을 내포"하는 것이다. 또한 카퍼는 간호학자 비덴바흐(E. Wiedenbach)와 오렘(D. Orem)의 간호예술에 대한 다음과 같은 견해를 지지한다. 비덴바흐에게 간호예술이란 "환자 자신의 상황에 대처하기 위한 능력을 재건하거나 확장시키기 위해 환자가 필요한 것을 제공하는 간호사의 행위"이며, 환자의 행위에 의해 표현된 요구와 그 의미를 바로 지각하여 간호 행위로 즉시 반영하는 것이다. 한편 오렘에게 간호예술이란 "개별적인 간호사가 효과적이며 만족스런 간호를 고안하여 제공하기 위해 자신의 고유한 스타일을 통해서 창조적으로 표현"하는 것이며, 그것은 "적절한 결과를 위해 적합한 방식으로 도움을 주는" 간호사의 능력을 개발함으로써 창조적이 된다.[9]

카퍼가 인용한 간호예술이 지닌 감성적 특성을 잘 설명해 주는 것은 듀이의 '경험으로서의 예술'이다. 듀이에게 예술이란 유기적 전체를 직접적으로 지각하는 하나의 경험(an experience)이다. 이는 인지(recognition)의 차원을 넘어서 부분들을 함께 모으고, 흩어진 특수한 것을 경험된 전체 속에서 지각하는 것을 말한다. 따라서 간호에서의 감성적 특성은 환자의 요구의 지각에 따른 간호 행위와 환자의 행위가 유기적 통일체로 지각되는 경험에 있다.[10] 간호사와 환자의 관계 속에서 일어나는 유기적인 상호 작용에 대한 통일적인 지각적 경험이 간호에서의 감성적 특

9 B. L. Carper, "Fundamental Pattern of Knowing in Nursing", p. 18.

10 카퍼의 간호예술에 대한 기술은 간호의 심미적인 부분과 혼용되어 있다는 비판을 받기도 한다. P. Wainwright, "Towards an Aesthetics of Nursing", *Journal of Advanced Nursing*, 32(3), 2000, pp. 750-756 참조.

성이며, 이를 통해 간호는 예술이 된다.[11] 카퍼는 이러한 예술이 되는 간호의 심미적 경험의 방식을 공감(empathy)이라고 특징짓는다. 간호사는 다른 사람의 감정에 참여하여 그것을 경험하는 공감 능력을 통해서 다른 사람의 개별적이며 독특하게 지각된 경험에 대해 더 많은 앎과 이해를 얻으며 노련해진다.[12]

카퍼의 간호예술에 대한 미학적 논의를 간단히 정리해 보면 다음과 같다. 간호예술은 실천적 상황에 응용할 수 있는 열린 개념으로서의 예술이다. 이 예술은 유기적 전체로서의 간호사와 환자의 관계가 하나가 되는 고유하고 개별적인 직접적 지각 경험이다. 이는 공감을 통해 가능한 것이다. 카퍼는 이러한 환자와 하나가 되는 고유한 경험을 심미적 앎이라고 특징짓고, 그것을 보편적인 개념으로 추상화할 수 있는 과학적

11 카퍼의 간호예술에 대한 경험은 돌보는 사람과 돌봄을 받는 사람이 하나가 되는 인간관계의 경험으로, 한국 사회에서 '정'의 관계로 간주될 수 있다. 간호사의 돌봄은 환자의 질병이나 상태를 과학적으로 관찰하여 처치하는 인지적 차원에 머무는 것이 아니라, 환자를 타자와 분리하지 않고 정을 통해 그와 하나가 되는 심미적 차원으로 확장된다. 홍성하, 「간호학에서의 돌봄에 대한 현상학적 연구」, 『철학과 현상학 연구』 제50집, 2011, 235쪽 참조.

12 카퍼는 심미적 특성을 지닌 간호 행위를 어떻게 고안할 것인가에 대한 기준으로서 랭거의 "상호적으로 의존하는 요소들에 대한 구조, 표현, 전체"로서의 형식(form)이라는 개념을 차용한다. 즉 간호예술은 "전체로의 역동적인 통합과 표현이라는 관계 속에서 행해진 것에 대한 조화나 리듬, 통일성을 지각"함으로써 고안된다는 것이다. B. L. Carper, "Fundamental Pattern of Knowing in Nursing", pp. 18-19 참조. 랭거는 '표현적 상징'으로서의 예술론을 주장한 미학자이다. 예술은 작자의 삶과 정신을 표현하는 상징으로서의 형식(form), 즉 비례, 조화, 통일성을 갖추어야 하며, 그것이 예술작품의 미적 가치를 평가하는 기준이 될 수 있는 것이다. S. Langer, *Problem of Art*, New York, 1957 참조. 카퍼는 이러한 랭거의 예술작품을 평가하는 형식이라는 기준을 심미적인 간호 행위를 고안하는 기준으로 차용하지만, 그에 대한 구체적 설명을 하고 있지는 않다. 공병혜, 「간호의 미학적 접근에 대한 비판적 해석」, 『대한간호학회지』 제33권 제6호, 2003, 681쪽 참조.

앎과 구분했다. 그러나 카퍼의 이러한 미학적 논의는 간호의 심미적 특성을 간호 행위가 지닌 실천적 특성과 연관시켜 설명하지 못한다는 지적을 받는다. 간호 행위는 미 자체를 목적으로 하는 순수예술도 아니며, 실용적 목적을 달성하기 위해 숙련성을 요구하는 제작으로서의 응용예술도 아니다. 간호는 인간성을 보호하고 증진하며 인간의 건강을 돌보기 위한 실천예술(practical art)이며, 더욱 근본적으로는 도덕예술이다.[13]

카퍼의 간호예술에 대한 논의를 바탕으로 심미적 앎의 특성을 밝히고, 특히 기술적·실용적 행위와 구분되는 실천예술에 대해 논의해 보자. 우선 간호에서의 예술을 특징짓는 심미적 앎의 특성을 살펴보자. 간호사는 간호가 요구되는 대상자와 그 대상자가 처한 상황을 어떤 원리나 개념에 근거하여 분석적이며 합리적인 절차에 따라 경험하는 것이 아니다. 간호사가 간호 대상자와 그가 처한 상황을 심미적으로 안다는 것은 간호사의 감성적 능력들, 예민한 감응 능력, 상상력 등을 통해 간호 대상자의 요구와 그가 처한 상황을 총체적으로 반성하고 느낀다는 것을 의미한다. 이때 간호사와 간호 대상자 사이에서 일어나는 공감적 인식은 환자의 요구에 대한 응답으로 간호 행위를 통해 창조적이며 개별적으로 표현된다. 환자의 고통에 대한 공감적 인식이 간호사의 행위, 즉, 행동, 접촉, 언어, 형태, 소리, 색깔 등을 통해 표현되어 상호 전달될 때 간호 행위는 예술이 되는 것이다.

그러면 간호예술을 가능하게 하는 공감적 인식의 표현에 대해 살펴보자. 간호사가 간호사의 목표에 따라 간호 계획을 세우고 과학적인 기

13 간호사는 환자의 상처를 치료할 때 기교적인 기술을 사용하지만, 개인의 소망에 따라 통증 조절, 안위 제공 등이 환자의 인격 존중과 인간성 증진에 기여한다는 태도를 지녀야 하기 때문에 돌봄은 실천예술이며, 도덕예술이다. D. Blondeau, "Nursing Art as Practical Art: The Necessary Relationship between Nursing Ethics", p. 259 참조.

술적 절차와 지침에 따라서 간호 행위를 수행한다면 그것은 기술로서의 간호 행위일 것이다. 공감적 인식의 표현으로서의 예술은 어떠한가? 콜링우드에 따르면 예술은 상상력의 활동에 의한 표현이다. 상상력은 마음의 상태를 표현하는 창조적 활동이며, 기술이나 기예를 사용하는 것과 달리 미분화된 감정을 개별화하여 명료히 한다.[14] 간호사가 환자가 불안을 느낄 때 그것을 같이 느낀다는 반응으로서 몸을 떠는 행위는 불안에 대한 공감적 인식을 표현하는 것이 아니다. 그것은 단순히 원시적인 감정의 누설에 불과하다. 이때 불안한 마음 상태에 대한 공감적 인식은 상상력에 의해 상대방의 정서 상태를 좀 더 명료히 인식하여 개별화해 주는 간호 행위, 즉 제스처, 접촉, 대화, 언어로 표현되어야 하는 것이다. 상상력은 미분화되었던 감정을 개별화하고 인지 가능하게 하는 표현 능력이다. 따라서 환자가 간호사의 행위라는 표현을 이해한다는 것은 바로 그 표현을 다시 명료하게 스스로 경험하는 것이라고 말할 수 있다. 즉 간호 대상자의 요구와 상황에 대한 공감적 인식은 규범이나 지침에 따른 기술적 절차를 거쳐 간호 행위로 수행되는 것이 아니라, 상호 교감에 근거하여 미분화된 환자의 정서 상태를 좀 더 명료히 이해하고 표현하며 교류하는 예술적 행위인 것이다. 이러한 예술로서의 간호 행위는 단지 주관의 마음 상태의 상상적 표현으로서의 개인적 행위가 아니다. 진정한 예술로서의 간호 행위는 보편적인 인간성에 바탕을 둔 상호 공감에 의해 돌봄을 실천하는 도덕예술이 되어야 한다.

그렇다면 예술로서의 간호 행위는 어떻게 도덕·실천예술이 될 수

14 콜링우드는 어떤 것이 기술과 다른 예술이 되려면 그것이 마음의 상태에 대한 상상력의 표현이 되어야 한다고 말한다. 기술은 수단과 목적 간의 구분을 필요로 하며, 수단이 목적에 선행한다. R. G. Collingwood, *The Principles of Art*, Oxford: Oxford University Press, 1958, p. 113; 김혜숙·김혜련, 『예술과 사상』, 이화여자대학교출판부, 1995, 38-43쪽 참조.

있는가? 간호에서의 돌봄의 감성적 성격은 인류애에 바탕을 둔 인간의 고통에 대한 도덕적 감수성과 관계한다. 왜냐하면 간호란 언제나 상처받을 가능성에 놓여 있는 고통받는 환자의 요구에 공감하고 받아들여 그에 도덕적으로 응답하는 행위이기 때문이다.[15] 즉 환자를 감정을 통해 정서적으로 이해하는 것은 간호사가 도덕적 힘을 발휘하게 하는 돌봄의 필수적인 요소인 것이다. 그래서 간호예술은 개별적이고 고유한 환자의 요구와 상황을 수용하는 도덕적 감수성에 의한 공감적 인식을 통해 간호 행위로서 응답한다. 언제나 상처받을 가능성에 놓여 있는 환자의 간호 요구에 대한 심미적 앎으로서 공감은 모든 인간이 존엄한 인격체라는 도덕적 이념을 일깨우는 도덕적 감정을 수반하는 것이다. 왓슨은 이러한 도덕적 감정을 지닌 공감적 인식이 간호 행위로 표현될 때 간호 행위는 인간의 존엄성을 보호하고 유지하며 증진하는 간호의 도덕적 이상으로서 진정한 돌봄예술이 된다고 말한다.[16] 그러면 돌봄예술을 간호의 도덕적 이상으로 설명한 왓슨의 돌봄예술에 대한 견해를 자세히 살펴보기로 하자.

2) 왓슨의 돌봄예술

돌보는 사람의 심미적 태도는 사심과 편견이 없이 환자의 요구와 그가 처한 취약한 상황을 그려 보고 상상하여 느껴 봄으로써 공감적 인식의

15 S. D. Edwards, *Philosophy of Nursing: An Introduction*, London: Palgrave, 2001, pp. 132-133; S. D. 에드워즈, 공병혜·홍은영 옮김, 『돌봄과 치유의 철학』, 철학과 현실사, 2004, 238쪽.

16 J. Watson, *Nursing: Human Science and Human Care*, New York: National League for Nursing, 1988, p. 68.

차원으로 나아갈 수 있게 한다. 심미적 인식이란 대상자와의 상호 관계 속에 깊이 참여하며 그 상황을 직관으로 통찰하는 과정이며, 이 과정을 통해서 예술로서의 간호 행위가 출현할 수 있다. 이러한 예술로서의 간호 행위는 반복될 수 없는 고유한 특수한 실례들이며 순간에 존재한다. 예를 들어 만성적 통증에 시달리는 환자의 경험을 상상해 보고 그 의미를 직관하여 위로하는 행위는 대상자와의 상호 작용을 통한 심미적 인식을 직접적이며 고유한 방식으로 반영하는 간호예술이 될 수 있다.[17] 이러한 간호에 대한 미학적 접근은 특히 초개인적 인간관계 속에서 돌봄예술에 대한 입장을 전개한 왓슨의 간호 이론을 통해 조명해 볼 수 있다.

왓슨은 돌봄을 받는 인간을 신체적·정신적·영적 능력을 지닌 세계내 존재(being in world)로서 이해하며, 인간 삶을 주체의 실존적 의미가 충족되어 가는 자아실현의 과정으로 이해한다.[18] 한편 간호란 총체적인 인간 돌봄(human caring)의 과정이다. 인간 돌봄은 서로 다른 인격체들 사이의 상호 관계 속에서 자기 인식, 자기 통제, 자기 치유 과정이 일어나도록 도와주는 것이다. 이를 통해 인간은 끊임없이 자기의 경계를 초월하며 신체적·정신적·영적 차원의 더욱더 높은 조화와 일치를 획득해 나갈 수 있다. 따라서 돌봄이란 몸, 마음, 영혼의 조화 상태를 추구하는 인간의 존엄성을 보존하고 증진해 주는 간호의 도덕적 이상이다. 즉 돌봄이란 내적인 통합이 깨어진 불건강과 고통이라는 현존재의 상황 속에서 인간 내부의 자아의 통합과 조화의 감각을 회복시키면서 자기 인식, 자기 통제, 자기 치유에 대한 감각을 찾도록 도와주는 것이다. 그러므로 초개인적 돌봄이란 인격체 상호 간의 내적 움직임을 통해 몸, 마음, 영

17 P. L. Chinn & M. K. Kramer, *Theory and Nursing Theory and Nursing*, St. Louis: Mosby-Year Book, 1995, p. 16.

18 J. Watson, *Nursing: Human Science and Human Care*, p. 55.

혼의 내적인 조화를 얻을 수 있도록 하는 자기 치유의 과정을 생성하고 강화하는 과정이다.[19] 이때 간호사와 간호 대상자 사이에서 서로 자기 존재에 대한 의미가 새롭게 생성되며, 각자의 삶의 주관적 경험은 현상적 장(phenomenal field)에서 서로 만나 영향을 미치게 된다. 여기서 현상적 장이란 간호사와 환자의 상호 교호적 작용(transaction)이 일어나는 체험의 영역이다. 이렇듯 초개인적 돌봄은 간호사와 대상자가 서로 만나 영향을 주고받는 과정에서 서로의 의식이 확장되어 영적 차원으로까지 고양이 일어날 수 있음을 의미한다. 즉 돌봄의 인격적 접촉과 만남을 통해 실제적 돌봄의 기회(actual caring occasion)가 발생하는데, 그 돌봄의 기회란 양자가 완전히 돌봄의 순간에서 서로의 결속을 느끼는 순간 상호 주관적으로 체험된 삶의 실재성인 것이다. 왓슨은 이러한 돌봄의 순간을 '사건'(event)이라고 표현한다.[20]

왓슨은 이러한 사건으로서의 돌봄은 직관, 상상력을 통해서 보고 듣고 상상함으로써 다른 사람의 감정을 같이 느끼고 표현할 수 있는 능력에서 발생한다. 즉, 간호사는 다른 인격체의 감정을 읽어 내서 표현함으로써 마음을 움직이는 정서를 경험할 수 있어야 한다. 간호사와 대상자의 상호 주관적 관계 속에서 일깨워진 감정은 행동, 접촉, 소리, 그리고 언어 등의 수단을 통해 전달된다. 이것이 바로 왓슨이 말하는 예술로서의 돌봄, 즉 돌봄예술이다. 돌봄예술은 전적으로 자신의 자아를 대인관계의 상황 속에 참여시켜 감정을 전달하고 드러나게 하는 것이다.

왓슨은 예술의 역할이란 인간의 도덕적 감정, 인류애라는 가치 있는 감정을 표현하여 그것을 환기시키고 그 감정을 전달하는 데 있다는 톨스토이의 사고를 돌봄의 과정에서 상호 전달되는 감정에 연결시킨다.

19 J. Watson, *Nursing: Human Science and Human Care*, p. 58.
20 J. Watson, *Nursing: Human Science and Human Care*, p. 59.

돌봄의 과정에서 일깨워지는 감정은 사랑, 공포, 용기, 기쁨, 고요함, 놀라움 등 보편적인 인간애에 근거한 가치 감정이다. 이 감정을 행위나 동작, 표정, 접촉, 음성, 언어, 색깔, 형태라는 수단을 통해 전달하여 공유할 때 간호는 예술이 되는 것이다. 예술로서의 돌봄의 사건이 발생하려면 특히 간호사는 타자의 감정과 내적 상태를 상상하여 그것을 가시화해 느끼고 표현하여 전달하게 하는 감성적 능력을 지녀야 한다. 이렇듯 왓슨의 간호 이론에서 돌봄예술은 인간성을 보호하고 증진하는 간호의 도덕적 이상이다. 실제적으로 이러한 돌봄은 각자가 속한 과거와 현재의 삶의 경계를 넘어서며 몸, 마음, 영혼의 일치와 조화를 향해 보편적 인간성 증진으로 나아가는 자기 인식의 확장과 치유가 동시에 일어나는 순간에 이루어진다.[21]

2. 나이팅게일의 간호예술

1) 돌봄과 자연의 기예

왓슨은 앞에서 기술한 초개인적 인간관계 속에서 출현하는 돌봄예술에 대한 견해를 돌봄-치유예술(caring-healing arts)로 심화시켰다.[22] 그는 거

21 J. Watson, *Nursing: Human Science and Human Care*, p. 60.

22 J. Watson, *Postmodern Nursing and Beyond*, pp. 214-219. 왓슨의 돌봄-치유 모델을 사용해서 화병 대상자의 돌봄-치유 과정을 연구한 질적 연구 논문이 있다. 논문에서는 화병 대상자의 돌봄-치유 과정에서의 적극적 경청, 공감적 이해, 치유적 관계 형성이라는 본질적 구조가 드러났으며, 타자에게 관심을 갖는 적극적 경청이라는 지향적 태도를 통해 상호 주관적인 초인격적 관계 속에서 공감적 이해가 일어나며, 이러한 과정에서 간호사와 환자가 함께 '존재 의미의

기서 전근대적인 나이팅게일의 간호론을 재조명해 보는 것이 오늘날 돌봄과 치유예술을 이해하기 위한 중요한 단초가 된다고 말한다. 나이팅게일의 간호론에는 인간의 내적 자연력과 외적 환경, 그리고 우주적 자연과 신적 영성의 결합을 강조하는 인간의 생명과 건강에 대한 전체론적(holistic) 사고에 근거한 돌봄의 모델이 제시되어 있다는 것이다.[23] 최상의 자연적 치유 조건을 갖도록 도와주는 기본적인 돌봄(basic caring)에 대한 나이팅게일의 사유는 몸과 마음, 그리고 영혼과 연결을 맺는 정서적·정신적·미적·직관적·물리적·영적 차원을 포괄하는 초인격적 돌봄 예술에 대한 새로운 비전을 담고 있다. 거기서 나이팅게일은 몸과 영혼은 간호사에게나 환자에게 하나이며, 영적인 돌봄은 신체적 돌봄과 분리될 수 없다는 점을 강조한다. 왓슨에 따르면 나이팅게일에게 간호는 신체적 접촉, 소리, 색채, 형태 등의 감성적 수단으로 통증 조절, 증상 완화 등의 건강에 대한 감각을 창조하는 데 도움을 주며, 인간의 몸과 영혼의 통합을 위한 잠재력을 활성화시키는 치유예술이다.[24] 그러나 무엇보다 나이팅게일의 간호론은 스스로 치유하는 자연의 기예(art, Kunst)를 닮은 예술로서의 간호에 대한 핵심적 견해를 담고 있다. 이를 나이팅게일의 간호관에 대한 해석을 통해 살펴보기로 하자.

나이팅게일은 질병이란 "자연의 회복 과정"이며, 이 과정은 "신선한 공기, 채광, 난방, 정숙, 청결, 혹은 식이 관리 중 어느 한 가지 요소 혹은 전부에 대한 지식이나 주의력 부족에 의해서 방해를 받으며, 이러한 방해에 의해 고통이 발생하거나 회복 과정에서 방해가 발생한다."라고

생성 과정'에 참여하는 치유적 관계가 형성됨이 밝혀졌다. 김순용 외, 「화병에서 돌봄의 본질: Transpersonal caring-healing model을 중심으로」, 『대한간호학회』 제35권 제2호, 2005, 225-238쪽 참조.

23 J. Watson, *Postmodern Nursing and Beyond*, p. 215.

24 J. Watson, *Postmodern Nursing and Beyond*, pp. 202-203.

말한다.[25] 그러면 간호란 무엇인가? 간호란 "자연이 환자에게 어떤 작용을 할 수 있도록 최상의 상태에 환자가 놓이도록 하는 것이다."[26] 따라서 간호란 신선한 공기, 햇볕, 따스함, 청결함, 조용함을 적절히 갖추고 그것들을 살려 활용하는 것, 또는 식사 내용을 적절히 선택하여 적절히 제공하는 것 등이며, 환자의 생명력, 즉 체력의 소모를 최소화하면서 이루어지는 모든 것이다. 자연은 우리의 신체 내부에서 활동하고 있는 자연의 본성으로서의 자연의 치유력을 말한다. 간호란 신체의 자연의 치유 과정을 지켜보고 관찰함으로써 그 자연의 치유력이 최대로 발휘될 수 있도록 가장 좋은 상태(the best condition)를 만들어 환자가 요양할 수 있도록 하는 것이다. 환자에게 있어서 생명력의 소모를 최소화하면서 자연의 치유력이 작용할 수 있는 최적의 요양 환경은 신선한 공기와 햇볕 등 환자가 호흡하는 공기의 질에 대해 배려가 되어 있으며, 수면, 청결 등 생활에 관계되는 모든 것들이 적절히 갖추어져 있고, 특히 소리, 냄새, 다양한 형태와 다채로운 색깔 등의 감성적 수단을 통해 다양한 변화를 주는 미적인 환경이 중요하다. 요컨대 환자가 생명력의 소모를 최대한으로 줄여서 자연의 치유력이 작용할 수 있는 최상의 생활조건에 놓이도록 도와주는 것이 훌륭한 '간호의 정의'인 것이다.[27]

이러한 나이팅게일의 간호에 대한 사고의 뿌리에는, 인간의 체내에

25 F. Nightingale, *Note on Nursing: What is, and What it is not* (Commemorative Edition), Philadelphia, 1992; F. 나이팅게일, 김조자 외 옮김, 『나이팅게일의 간호론: 참 간호와 그릇된 간호』, 현문사, 1997, 13쪽. 나이팅게일은 경험에 비추어 의약품, 치료 방식이 성공적인 회복에 어떠한 영향을 주는지 정확히 확인할 수 없는 데 반해 간호는 회복에 절대적으로 중요하다고 말한다.

26 F. 나이팅게일, 김조자 외 옮김, 『나이팅게일의 간호론: 참 간호와 그릇된 간호』, 23쪽.

27 F. 나이팅게일, 김조자 외 옮김, 『나이팅게일의 간호론: 참 간호와 그릇된 간호』, 24쪽.

서 작용하고 있는 신이 부여한 자연의 법칙에 대한 관찰과 경험의 중요성이 자리 잡고 있다. 나이팅게일은 신이 부여한 인간의 신체와 세계의 법칙, 그리고 신이 부여한 정신과 육체의 건강에 관한 법칙을 이해하고 간호를 해야 하며, 이를 위해서 '질병이라는 자연의 회복 과정'(reparative process)에서 신이 자신의 법칙을 어떻게 나타내며 어떻게 가르치는가를 관찰하고 배워야 한다고 말한다.[28] 따라서 간호사는 생명이라는 '신의 귀한 선물'이 자신의 손안에 놓이면 재빠르고 세밀하며 정확한 자연의 관찰자가 되어야 하며, 각 개인의 특성마다 자연의 치유력이 어떤 환경에서 어떻게 작용하는지를 관찰해야 한다. 이러한 세심한 관찰이야말로 실제적으로 자연의 치유력이 작용할 수 있는 최상의 조건을 갖추도록 도와주는 데 필수적이다.

나이팅게일은 이러한 자연의 치유력이 발휘되기 위한 최상의 환경을 갖추도록 하는 위생적 간호가 무엇보다도 중요하지만, 자연에 대한 세밀하고 정확한 관찰과 경험을 통해 습득되는 기술적 간호를 소홀히 해서는 안 된다고 주장한다. 가령 환자가 위생적인 장소에 있다고 해도 출혈이 심하면 사망할 수 있고, 스스로 움직일 수 없는 환자에게 공기, 햇빛, 정숙한 환경이 주어져도 체위 변경을 할 줄 모른다면 욕창으로 사망할 수 있기 때문이다.[29] 나이팅게일은 "병리학은 질병의 장해, 그 이상을 가르치지 않고", "내과 의학이나 외과 의술은 신체의 치유에 대한 장애만을 제거할 뿐이며, 오로지 자연만이 치유할 수 있다."라고 말한다.[30]

28 F. 나이팅게일, 김조자 외 옮김, 『나이팅게일의 간호론: 참 간호와 그릇된 간호』, 37쪽.

29 F. 나이팅게일, 김조자 외 옮김, 『나이팅게일의 간호론: 참 간호와 그릇된 간호』, 152쪽.

30 F. 나이팅게일, 김조자 외 옮김, 『나이팅게일의 간호론: 참 간호와 그릇된 간호』, 156쪽. 나이팅게일에 따르면 "외과술은 치유에 방해되는 다리에 박힌 총알을

그래서 그녀는 자연의 치유력에 대한 관찰과 경험만이 건강 상태의 유지 및 질병으로부터의 회복의 방법을 가르쳐 준다는 점을 강조한다.

또한 나이팅게일은 자신의 저서 곳곳에서 은유적인 방식으로 자연의 치유 과정을 돕기 위한 환경으로서의 감성적 요소를 강조한다. 나이팅게일은 햇빛, 맑은 공기, 청결 등의 위생적 환경뿐만 아니라, 미적인 환경으로서 다양한 변화를 주는 색상과 형태, 특히 바람 소리와 같은 자연의 소리와 인간의 목소리 등의 감성적 요소들이 자연의 치유력을 활성화하는 간호예술의 조건임을 제시한다.[31]

지금까지 기술한 간호에 대한 나이팅게일의 입장을 다음과 같이 정리할 수 있을 것이다. 간호란 자연의 치유 과정을 최대로 가능하게 진행할 수 있도록 최상의 조건을 지원해 주는 것이며, 이를 위해서는 질병이라는 자연의 치유력의 회복 과정과 생성 과정을 관찰함으로써 신이 부여한 자연과 건강의 법칙을 학습하고 경험해야 한다. 여기서 간호예술은 개인마다 다양하게 전개되는 자연의 회복 과정을 이론에 의존하지

빼내지만, 상처를 치유하는 것은 오직 자연만이 치유할 수 있는 것이다." 그녀는 그 당시의 간호사들이 의약품은 환자의 회복을 위한 필수 조건이라고 여기면서, 공기, 정숙, 청결은 소홀히 하는 경향에 대해 비판한다. 간호예술은 병동의 일상적인 관리, 인간 생사의 법칙 및 병동의 건강 법칙에 대한 지식과 동시에 많은 경험과 주의 깊은 탐구를 통해 획득되는 것이다. F. 나이팅게일, 김조자 외 옮김, 『나이팅게일의 간호론: 참 간호와 그릇된 간호』, 159쪽 참조.

31 환자와의 관계에 있어서 환자에게 모든 망설임과 의심을 구구절절 이야기하는 것보다는 단호하고 간결한 표현을 사용하는 것이 좋다. 환자가 흥분한 상태일 때 그 환자를 평가하려고 해서는 안 되며, 또한 환자가 심하게 앓고 있어 책을 읽지 못하는 경우 환자에게 책을 읽어 줄 때 지나치게 큰 소리로 읽지도, 너무 빨리 읽어 주지도 말고, 천천히, 분명하게, 그리고 지속적으로 읽어 줘야 한다. F. 나이팅게일, 김조자 외 옮김, 『나이팅게일의 간호론: 참 간호와 그릇된 간호』, 103-106쪽 참조. 이렇듯 환자의 안위를 위한 돌봄에 있어서 사소한 것에 대한 관찰은 인간 자연의 치유하는 상태에 놓일 수 있는 환경을 만들어 주기 위해 중요한 것이다.

않고 세밀하고 정확하게 관찰함으로써 습득된다. 이는 개인마다 다르게 수행되는 간호예술을 실천하기 위한 필수 조건이다. 따라서 간호사는 병든 개인의 자연의 치유력이 작용하는 최상의 상태를 지닌 생활 방식을 갖도록 신체가 준비하고 있는 회복 과정과 생명 유지의 경이적인 프로그램, 그리고 그가 무엇으로 인해 생명력을 소모하며 무엇이 그에게 해를 주고 있는지를 관찰해야 한다. 그래서 생명력의 폭을 넓히는 원조, 그리고 건강한 힘을 활용하여 생명력을 향상시키는 돌봄의 계획을 개별적으로 세워야 한다.[32] 즉 나이팅게일에게 간호는 이러한 자연의 치유력이라는 자연의 지혜가 주는 가르침에 따라야 하며, 그에 따라 돌보는 사람은 질병을 통해 드러내 보이는 자연의 기술을 습득하여 간호예술을 실천해야 한다. "간호란 자연의 작품을 더욱 진전시키거나 완성시키는 예술과도 같다."[33]

이러한 인간 자연의 치유력에 대한 관찰과 경험으로 습득되는 예술[기술]에 대한 사고는 아리스토텔레스의 자연의 모방(mimesis)으로서의 예술론을 상기시킨다. 자연에 대한 관찰과 경험으로부터 인간이 얻은 많은 생각들에서 보편적 판단이 산출되면 기술[예술]이 생기는데, 그것은 관찰과 경험에 의한 구체적 특수에서 보편을 찾아가며 학습되는 미메시스(mimesis)의 과정이다.[34] 아리스토텔레스는 자연학에서 "예술은 자연이 완성할 수 없는 것을 완성하거나 자연을 모방한다."라고 말

32 카나이 히토에, 김병순 외 옮김, 『코미이론과 코미차트 시스템』, 대왕사, 2004, 26-27쪽. 나이팅게일의 돌봄은 인간의 생명 과정과 생활 과정을 원조하는 행위이다.

33 H. Nerheim, *Die Wissenschaftlichkeit der Pflege*, Bern, Göttingen: Hans Huber, 2001, p. 431.

34 손효주, 「아리스토텔레스에 있어서 예술과 자연」, 한국미학예술학회 엮음, 『예술과 자연』, 미술문화, 1997, 18-19쪽.

한다.[35] 고대에 퓌시스(physis)로서의 자연은 '생산된 외적 세계'라는 의미와 동시에 '자연적 본성, 원리, 자연의 방식'이라는 두 가지 의미로 사용되지만, 여기서는 인간의 '자연적 본성, 원리, 자연의 방식'을 의미한다. 고대 자연의학자인 히포크라테스는 "건강이란 바로 자연적 상태와 같은 것이며"[36] 인간의 신체는 자연의 치유력으로 스스로를 유지하고 보호하고 강화하려는 생명력을 지니고, 의술의 목적은 자연이 스스로를 치유하는 상태로 돌아가는 것이라고 말했다.[37] 즉, 의사는 자연이 지닌 강력한 치유력을 이용하여 자연에 무리를 가하지 않는 선에서 자연을 도와 치료한다. 히포크라테스의 사고는 현대 의술의 과제를 설명한 가다머의 건강관도 일치한다. 가다머에 따르면 "우리 자신이 자연의 일부이며, 우리의 신체가 유기적인 자체 방어 시스템으로 우리의 내적 평형을 유지할 수 있게 하는 것이 우리 안에 있는 자연이다."라는 자각이 병행될 때 우리는 진정한 건강을 유지할 수 있다.[38]

나이팅게일의 간호예술은 '스스로 치유하는, 본래의 자연 상태로 되돌리는' 히포크라테스의 의술이나 가다머의 건강에 대한 사고와 유사하다. 그녀의 간호예술에 따르면, 스스로 치유하는 자연의 기예를 관찰하고 탐구하여 습득되며 자연의 지혜의 가르침에 따르는 생활 방식을 갖는 것이 건강의 법칙인 것이다. 간호가 자연의 치유력이 최상의 상태를 발휘하도록 삶의 조건을 조성해 주는 예술이라면, 바로 그 간호예술은 자연의 본성, 즉 자연이 지닌 치유력에 대한 관찰과 경험이라는 미메시스 활동을 통해 습득되는 것이라고 이해할 수 있다.

35 손효주, 「아리스토텔레스에 있어서 예술과 자연」, 21쪽 각주.
36 반덕진, 『히포크라테스의 발견』, 310쪽.
37 반덕진, 『히포크라테스의 발견』, 316쪽.
38 H. G. 가다머, 이유선 옮김, 『철학자 가다머, 현대의학을 말한다』, 몸과마음, 2002, 184-185쪽.

2) 간호예술과 돌봄

그러면 '자연의 모방'으로서의 간호예술이라는 나이팅게일의 입장을 검토하면서 '돌봄의 도덕·실천예술'로 나아가기 위한 사고들을 정리해 보기로 하자. 우선 나이팅게일의 간호예술에 대한 사고는 오늘날 구체적으로 인간관계 속에서 수행되는 돌봄의 모델이 되기 위한 인격적 돌봄에 대한 사고로 더 나아가야 할 것이다. 우리는 우리 신체 자연의 치유력을 회복하고 증강시키는 자연력을 이용한 강력한 치유의 방식들이 인간관계 속에서 어떻게 상호 작용하고 정서적 반응을 일으키며 돌봄예술이 될 수 있는지에 대해 생각해 볼 수 있다. 왜냐하면 간호는 환자와 간호사, 그리고 환자의 가족의 인간관계 속에서 궁극적으로 환자의 복지와 안녕을 목적으로 한 의도적 돌봄으로서 인간 생명체의 자연의 치유과정을 돕는 차원을 넘어서 환자의 고유한 인격체로서의 가치가 보호받도록 하는 도덕적 차원을 지녀야 하기 때문이다. 신이 부여한 자연과 건강 법칙을 습득하여 간호한다는 나이팅게일의 사고는 개별자마다 다르게 나타나는 자연의 치유력을 관찰하여 그것을 회복하고 향상시키는 돌봄의 예술적 차원을 지닌다. 그러나 돌봄은 생명 보존과 삶의 복지(well-being)에 기여해야 할 뿐만 아니라, 인격적 가치가 위협받는 취약한 상황에서 도덕적 지위를 지닌 인간의 인격적 가치를 회복시켜 주는 데에도 기여해야 한다.

우리는 인간 자연의 치유력을 회복하고 증진하기 위한 자연 치유라는 돌봄의 차원에서 인간성을 보호하고 증진하는 도덕적 차원으로 이행해 나가는 돌봄예술에 대한 사고의 단초를 칸트의 자연에 대한 목적론적 사고에서 발견할 수 있다. 칸트는 자연적 존재로서의 유기체가 지닌 자연의 창조력, 즉 스스로 유기화하는 힘을 "자연의 내적인 합목적성"이라고 칭한다.[39] 거기서 유기체는 '전체로부터 스스로를 형성하는 유기화된, 그리고 스스로 유기화하는 존재'로 표현된다. 그는 이러한 생명체의 유기화하는 창조의 예술을 "숨겨져 있고 파악될 수 없는 위대한 예술"이라고 칭하며, 그것은 곧 "세계 창조주의 예술지혜"에 기초한다고 말한다.[40] 이러한 칸트의 사유 방식을 나이팅게일의 생명과 건강의 법칙이 곧 신이 자연에 부여한 지혜라는 사유의 맥락에서 재해석해 볼 수 있다. 자연의 치유력으로 유기화하는 창조적 힘에 대한 세심한 관찰과 관심은 신에 대한 이념, 자연의 원인에 대한 관심, 자기 존재의 목적에 대한 도덕적 관심을 일으키게 한다.[41] 칸트에 따르면 모든 유기체는 스스로를 유지하기 위해 다른 사물들과 외적인 합목적적 관계를 필요로 하지만, 궁극적으로 인간은 생명체로서 자연에 대한 의존성에도 불구하고 자기 존재의 마지막 목적을 인격적 가치에서 찾는다. 인간 자연은 단순히 생명 보존에만 만족하는 것이 아니라 그러한 자연을 뛰어넘어 지성, 자의 등의 자연적 기질의 계발을 통해 인간성의 실현을 위해 스스로 목적을 부여한다. 즉 인간은 자신의 자연성을 계발하고 도야함으로써 스스로 목적을 부여하는 인격적 가치를 지닌 존재이다.

여기서 칸트의 자연의 목적론에서 전개된 인간 이해를 근거로 하여 진정한 돌봄이란 인간의 자연적 치유력을 회복하도록 도와줄 뿐만 아니라, 동시에 스스로 목적을 부여하며 인간성 실현을 추구하도록 도와주는 문화적 행위로서의 돌봄예술이라는 입장을 발견하게 된다. 돌봄예술은 무의식적인 자연의 치유력을 모방하여 의도적으로 치유의 기술을 발휘한다. 그것은 스스로 회복할 수 있는 힘을 최상으로 발휘할 수 있는 신체

39 I. Kant, *Kritik der Urteilskraft* (이하 *KU*), Hamburg: Felix Meiner Verlag, 1974, Bd 10. B 291.

40 *KU*, B 415.

41 공병혜, 「칸트에 있어서 자연의 목적론과 문화의 의미」, 『헤겔연구』 제8집, 한길사, 1999, 508-509쪽.

내부의 생리적인 항상성과 신선한 물, 공기 등 외부의 환경적 조건을 갖추도록 도와주는 기예인 것이다. 이러한 돌봄은 또한 인간의 의지, 상상력, 지성 등의 인간 자연이 지닌 잠재력을 동시에 활성화해 주고, 스스로 목적을 부여하고 살아갈 수 있는 인격체로 성장할 수 있도록 해야 한다.

지금까지 나이팅게일의 간호론에서 전개된 신과 자연, 그리고 인간의 조화라는 전체론적 사고에 근거한 자연의 예술, 즉 자연의 치유력에 대한 모방으로서의 간호예술에 대한 입장을 해석해 보았다. 나이팅게일의 간호예술은 자연의 치유력이 최상의 상태로 발휘되도록 삶의 조건을 조성해 주며 그 예술은 자연이 지닌 치유력에 대한 세심한 관찰과 경험이라는 미메시스 활동을 통해 성취된다. 한편 나이팅게일은 신이 부여한 인간의 신체와 세계의 법칙, 그리고 정신과 육체의 건강에 관한 법칙을 이해하고 간호를 해야 하며, 이를 위해서는 질병이라는 자연의 회복 과정에 대한 관찰을 통해 신이 자신의 법칙을 어떻게 나타내며 어떻게 가르치는가를 배워야 한다고 말한다. 돌보는 사람은 생명이라는 '신의 귀한 선물'이 그의 손안에 놓이면 재빠르고 세밀하며 정확한 자연의 관찰자가 되어야 한다. 간호예술이란 각 개인의 특성마다 자연의 치유력이 어떤 환경에서 어떻게 작용하는지를 관찰함으로써 획득되는 것이다. 더 나아가 이러한 자연의 손길과 지혜를 닮은 간호예술은 인격의 존엄성을 보호하고 회복시켜 주는 도덕예술이어야 한다. 나이팅게일의 간호관에는 암묵적으로 신과 자연, 그리고 인간에 대한 도덕적 소명 의식이 깔려 있다. 따라서 그것은 자연을 닮은 예술로서의 간호가 곧 신으로부터 부여받은 도덕적 소명의 실천으로서의 간호와 무관하지 않음을 보여 준다. 세계 창조주의 자연에 대한 돌봄과 치유의 손길을 닮은 간호사의 돌봄 행위는 자연적 존재로서 생명력을 불러일으킬 뿐만 아니라, 도덕적 지위를 지닌 인격적 가치를 존중하여 전달하는 과정에서 도덕예술이 될 수 있는 것이다.

제7장

철학적 미학과 돌봄의 실천

제6장에서 제시된 실천예술로서의 돌봄예술을 실천하는 자들은 과연 어떠한 미적 성품과 자질을 지녀야 하는가? 우리는 감성적 인식 능력을 전인적 교양의 도구로 이해한 철학적 미학 이론을 토대로 하여 돌보는 사람의 미적 성품과 자질을 설명할 수 있다. 바움가르텐의 미학 이론에 기초한 감성적 인식 능력의 계발은 간호사가 간호 대상자의 건강 상태를 예민하게 감응하여 판단하고 직관하며 상상하여 각자의 요구에 합당한 개별적인 돌봄을 하기 위한 자질로서 필요하다. 실러의 미적 교육론에 따른 조화로운 미적 성품으로부터 나오는 간호 행위는 간호 대상자의 자율성과 삶의 생동감을 증진해 주는 아름다운 행위이다. 칸트의 미학에서 전개된 인간의 공통감은 타자에게로 확장된 감성적 사유 방식으로서 돌봄의 과정에서의 공감적 의사소통을 가능하게 해 주는 능력이다.

이 장에서는 예술로서의 돌봄을 실천하기 위해서 필요한 총체적 감성적 능력과 조화로운 인성의 계발을 통해 얻어지는 미적 성품과 자질에 대해 살펴보도록 할 것이다. 또한 이를 철학적 미학에서 다루어지는 인간 교양(Bildung)에 대한 이론을 토대로 탐구하고자 한다. 바움가르텐의 미학 이론에서 출발하여 실러의 미적 교육론, 칸트의 공통감에 기초하여 돌봄의 미학적 실천을 위한 미적 성품과 자질, 그리고 의사소통 과

정을 다루어 보도록 하겠다.[1]

1. 인간의 감성적 능력과 미적 성품

1) 감성적 능력의 육성과 돌봄

18세기 영국의 철학자 허치슨(F. Hutcheson)과 흄은 대상에 대한 외적인 지각에 대해서 내적으로 반응하는 일종의 내감(inner sense)인 섬세한 취미(taste)에 대한 이론을 전개시켰다. 내감은 도덕적 감정과 유사한 능력으로서 감정을 통해서 사물을 예민하게 판별하고 주의 깊게 관찰하는

1 유럽의 인문주의 전통에서 교양(Bildung)은 새로운 이상을 향한 인간성으로의 고차원적인 자기 형성 과정을 의미하며, 그것은 근대 시민사회의 문화에 속한다. 18세기 시민사회의 문화는 이러한 전인적 인간 교양을 목표로 했고, 이러한 문화의 흐름을 주도한 것은 인간의 공통감 혹은 취미나 상상력 같은 감성적 능력의 육성과 예술적 행위를 통한 미학적 실천이었다. 그 시대의 인본주의자들은 이러한 감성적 능력을 미와 예술에 대한 경험이나 창조에만 제한시키지 않고, 그 시대의 사회적·정치적 주요 현상과 관련하여 좋은 사회에 대한 공동체적 감각이라고 여겼으며, 이상적인 시민사회의 성장에 기여한다고 여겼다. 특히 섀프츠베리(A. Shaftesbury)나 비코(G. B. Vico) 등을 포함한 유럽의 인문주의자들은 공통감이나 취미가 시민사회의 윤리적 연대성을 형성하는 사회적 덕목이자, 사회적·정치적 전통과 연결되어 공동의 선을 위한 이상적인 교양 사회를 지향하는 공동체적 감각이라는 점에 주목했다. 근대 미학의 대표자인 칸트와 실러는 인간성의 형성을 미적 유희 상태라는 자율적인 인간의 감성 구조의 형성 속에서 기획하고 있다. 이는 그 시대의 세계 시민사회의 문화를 이끄는 전인적 인간 교양에 대한 이념을 제시해 주는 것이다. 이 장에서는 이러한 인간의 감성의 능력을 돌봄을 실천하는 자질에 적용한다. 공병혜, 「인간의 교양과 취미」, 『인문학연구』 제43집, 조선대학교 인문학연구원, 2012, 84-85쪽 참조.

능력이다. 흄에 따르면 이러한 섬세한 취미는 사고의 명석성, 판별의 정확성, 건전한 지각 능력을 기반으로 하여 감정을 통해 개별적 대상을 식별하고, 예민하게 사물의 특성에 대해서 반응하는 능력이다.[2] 돌보는 사람은 돌봄을 받는 사람들과 그가 처한 상황을 지각하고 판별하여 그에 반응하기 위한 예민한 내감을 지녀야 할 것이며, 경험과 연습을 통해서 이러한 자질을 숙련시키는 것이 돌봄을 위한 기초가 된다.

독일에서 미학이라는 학문을 성립시킨 바움가르텐은 감성적 인식 능력과 감성적 인식에 대한 체계적인 탐구를 하였다.[3] 그는 감성적 인식 능력을 사물과의 관계에 대한 개념적 추리를 하고 보편적 진리를 인식하는 이성에 의한 능력과 동등한 차원에서 탐구하였다. 그에게서 아름다움과 예술의 창조는 이러한 감성적 인식 능력이 완전하고 조화롭게 계발된 상태에서 가능하며, 인간은 이를 통해 미적 성품을 지니게 된다. 미학은 바로 이러한 감성적 능력에 의한 인식을 탐구하는 학문이며, 인간의 마음의 능력들을 조화롭게 계발하기 위한 전인적 교양을 위한 도구가 된다. 따라서 미학의 진정한 목적은 자연적 기질인 예민한 감응 능력과 감성적 판단력을 계발해 미적 인간을 완성시키는 데 있다.[4] 바움가르텐은 인간의 선천적인 자연적 기질로서의 이러한 감성적 인식 능력의 총체성을 '유사 이성'(analogon rationis)이라고 칭한다. 유사 이성이란 이성의 능력과 유사한 방법으로 사물과의 관계를 감성적으로 인식하는 인식 능력이다. 유사 이성에는 다음과 같은 능력들이 있다.

첫째, 주의력은 사물의 유사성, 즉 다르게 보이는 사물들 사이의 공

2 김혜숙·김혜련, 『예술과 사상』, 이화여자대학교출판부, 1995, 184-185쪽.

3 A. G. Baumgarten, *Theoretische Ästhetik. Die Grundlegende Abschnitte aus der "Aesthetica" (1750/1758)*, Hamburg: Philosophische Bibliothek, 1983.

4 G. Siefert, *Einführung in die Ästhetik*. München: W. Fink Verlag, 1995; G. 지페르트, 공병혜 옮김, 『미학입문』, 철학과 현실사, 1998, 50-58쪽.

통점을 발견하는 감성적 능력이며, 외적 감관의 작용에 의한 지각 활동뿐만 아니라, 내면적인 정신적 변화와 영혼의 변화를 감지해 내는 능력이다. 둘째, 예민성은 사물들 사이의 차별성을 예민하게 지각하여 내감에 의해 반응하는 능력이다. 이는 예민한 감수성을 의미한다. 셋째, 기억력은 이미 가지고 있는 일련의 표상들을 재인식하는 능력이다. 넷째, 예지력은 일련의 표상군이 지닌 법칙성을 통해 미래를 예견하는 능력이다. 다섯째, 기호 능력은 대상과의 일치를 표현하는 능력이다. 여섯째, 감성적인 판단 능력은 감정[감응]을 통해 사물들에 대한 조화, 부조화를 예리하게 판별하는 능력이다. 일곱째, 시적인 창조적 상상력은 기억력과 주의력의 도움을 받아 새로운 형태, 즉 이미지를 상상해 내는 능력이다. 이러한 감성적 인식의 총체적 능력으로서의 유사 이성은 사물들 간의 유사성, 차이점, 그리고 시간의 경과에 따른 그것들 간의 관계와 전체성을 지각하고 또한 그것을 이미지를 통해 새롭게 표현하는 능력이다. 시적인 창조적 능력은 사물들 간의 새로운 관계를 이미지를 통해 표현할 수 있는 능력이다.[5]

바움가르텐이 체계적으로 분석한 이러한 인간의 총체적 감성적 능력은 특히 돌보는 사람의 자질을 위해 중요하다. 돌보는 사람은 대상자의 건강 상태와 요구들을 감성적 능력, 특히 주의력, 상상력, 감성적 판단력을 통해 즉각적으로 파악하고 그려 내며 예견할 수 있고, 이를 언어와 태도, 행위를 통해 돌보는 행위로서 표현할 수 있다. 즉, 돌보는 사람은 개인의 각각의 상황에 대해 주의 깊은 관찰력을 통해 유사성을 발견하고 그것에 대해 상상하고 그려 볼 줄 알아야 하며, 그 결과를 전달할 수 있는 표현 능력이 있어야 한다. 한편 쾌와 불쾌의 감정을 통해 개

5 공병혜, 「칸트의 미의 개념에 대한 발생론적 고찰」, 『칸트와 그의 시대』, 한국칸트학회, 1999, 184-185쪽.

인의 상황을 판단하는 돌보는 사람의 능력은 각각의 개인이 놓인 상황에 적합한 돌봄을 실천하기 위한 감성적 능력이다. 간호학자 베너에 따르면, 탁월한 간호사는 자신의 수많은 상황에 대한 경험에 근거하여 상황의 패턴을 섬세하게 구분하는 식별 능력을 지니고, 그 식별 능력을 통해 각각의 패턴에 따라 환자가 놓여 있는 상황마다 달리 반응하여 돌봄을 수행한다. 또한 탁월한 간호사는 환자의 현재, 과거, 그리고 미래에 가능한 것을 파악함으로써 임상적 상황에서 진행될 가능성이 있는 '큰 그림'을 볼 수 있어야 하며, 무엇보다도 특정한 환자들에게 임상적으로 중요한 현상과 관련해서 다른 사람들이 인지하지 못하는 미세한 임상적 변화를 판별할 수 있어야 한다. 즉 탁월한 간호사는 섬세한 지각적 판별 능력으로 상황에 대한 전체 그림을 파악하고, 거기서 다른 간호사들은 미처 예상하지 못한 임상적·개인적 변화를 포착하여 그에 반응한다.[6] 이러한 돌봄이 대상자가 처한 건강과 불건강과 관련된 개별적인 삶의 상태를 예민하게 지각하여 언어와 행위를 통해 전달하기 위해서는 총체적인 감성적 능력의 도야가 요구된다. 따라서 바움가르텐의 미학에서 제시되고 있는 감성적 능력의 총체성은 전인적 인간 교양을 위한 자질일 뿐만 아니라, 특히 탁월한 돌봄의 실천을 위한 자질이라고 할 수 있다.

2) 미적 성품과 돌봄

조화로운 전인적 인간은 미적 성품의 계발로 가능하며, 그것은 미적 교육을 통해 이루어진다는 이론은 실러의 미학에서 발견할 수 있다. 그에게 미적 성품은 인간의 감성충동과 형식충동이 조화롭게 만나 일어나는

6 P. Benner et al., *Expertise in Nursing Practice, Caring, Clinical Judgment and Ethics*, New York: Springer, 1996, p. 156.

상상력에 의한 유희충동(Spieltrieb)의 계발에 의해 형성된다.[7] 실러에 따르면 인간의 합리적·기술적 이성의 일방적인 계발은 오히려 인간의 자연스런 감성을 억압하고, 이기적 목적 달성에만 기여할 수 있다. 실러는 이러한 이성의 일방적인 계발이 자아의 내적 소외는 물론 억압적인 사회 구조와 모순을 낳게 한다는 깊은 통찰을 갖고, 인간의 미적 교육론을 기술적 문명이 파괴한 인간 본성의 총체성을 회복하기 위한 대안으로 제시하고 있다.

실러는 인간을 추상적인 두 가지 개념을 통해 설명한다. 그것은 "머무는 것"으로서의 그의 "인격"(Person)과 "끊임없이 변화하는 것"으로서의 그의 "상태(Zustand)"이다. 인격은 인간의 이성적·도덕적 성품의 표현으로서 "영원히 변하지 않는 나" 속에서 스스로를 드러내는 존재이며, 자유를 본질로 한다. 상태는 그의 감성적 성품의 표현으로서 모든 생성의 조건인 시간에 근거한다. 인격은 항상 이성적 본성으로부터 출현하며, 상태는 인간의 감각적 본성으로부터 출현한다. 그러나 우리는 인격과 상태를 분리해서 생각할 수 없다. 왜냐하면 우리의 인격은 감각적 충동에 의해 변화하는 구체적인 삶의 생동성을 수용하여 그것과 상호 작용하여 표현되기 때문이다. 이렇듯 인간에게는 직접적인 삶의 변화와 생동하는 상태를 지향하는 감성충동과 상태의 온갖 변화 속에서도 삶의 원칙들을 제시하는 형식충동이 있으며, 이러한 힘의 충동들이 서

7 F. Schiller, *Über die ästhetische Erziehung des Menschen*, Stuttgart: Reclam, 1990; F. 실러, 안인희 옮김, 『인간의 미적 교육에 관한 편지』, 청하, 1995, 78-82쪽. 또한 도덕 교육의 장소로서 비극이 전개되는 무대는 모든 정신력에 자양분을 주고 지성과 심정의 교양을 가장 고귀한 기쁨과 결합시켜 미적 성품을 개발하는 데 중요한 의미를 지닌다. F. 실러, 장상용 옮김, 『소박문학과 감상문학』, 인하대학교출판부, 1996, 131쪽 참조.

로 상호 작용하여 하나의 성품이 형성되는 것이다.[8]

실러에 의하면 진정한 인간이 될 수 있는 가능성은 감성충동과 형식충동을 조화, 일치시켜 총체적인 미적 성품을 계발하는 데 있다. 그러면 두 충동 가운데 어느 하나가 다른 하나를 종속시키지 않는 상호 작용의 관계가 이루어지는 조화와 일치는 어떻게 가능한가? 감성충동과 형식충동이 경험 속에서 완전히 조화, 일치된다면 인간의 내부에 잠재해 있던 하나의 새로운 충동이 일어나는데, 이것을 실러는 유희충동이라 부른다. 이것은 감각적 충동과 도덕적 법칙성을 동시에 실현시키면서 두 충동 어느 하나에 의해 강제되지 않는 충동이다. 이러한 유희충동의 대상은 아름다움이다. 감성충동의 대상이 변화하는 생명이며, 형식충동의 대상이 인간의 사고 능력에 의한 원칙이라고 한다면, 유희충동은 두 충동의 조화로운 놀이를 통해 "살아 있는 형태", 즉 아름다움 혹은 예술작품을 창조한다. 실러에게 미적 행위는 인간의 감각적 성품과 도덕적·이성적 성품을 조화, 일치시킨 성품의 총체성에 근거한 것이므로 참된 인간성의 실현을 나타내는 것이다. "인간은 오직 그가 그 말의 완전한 의미에서 인간일 경우에만 유희하며, 유희할 경우에만 온전히 인간이다."[9] 유희충동은 감성충동과 형식충동이 조화, 일치되어 자유로운 심정의 상태를 환기시켜 미적 행위를 가능하게 한다. 예술로서의 미적 행위는 인간을 인간답게 만들고 삶 전체를 충만케 하는 자유롭고 현실성을 지닌 심적 상태를 조성한다.

유희충동의 계발을 통하여 감성적 성품과 도덕적 성품이 자유롭게 조화된 총체적인 미적 성품이 형성될 수 있다. 미적 성품으로부터 나오는 미적 행위는 외부의 현실을 수용하는 감각이나 욕구의 노예가 되지

8 F. 실러, 안인희 옮김, 『인간의 미적 교육에 관한 편지』, 82쪽.
9 F. 실러, 안인희 옮김, 『인간의 미적 교육에 관한 편지』, 88쪽.

도 않으며, 동시에 어떤 이성에 의한 원칙에도 구속되지 않는 자유롭게 유희하는 마음의 상태에서 이루어지는 행위이다. 이러한 미적 행위에 의해 예술이 창조되는 것이다. 실러에게서 예술은 인성의 총체성을 분열시키지 않고, 오히려 현존하는 현실적 관계에 의해 소외되고 억압된 개인의 자율성과 이성의 통찰 능력을 회복시키는 역할을 한다.[10]

실러의 유희충동의 계발에 의한 미적 성품은 돌보는 사람의 이상적인 성품으로 간주될 수 있다. 간호사는 간호 대상자가 처한 구체적인 상황을 민감하게 수용하여 생생한 삶의 현장성을 체험해야 하지만, 동시에 돌봄의 도덕적 목적을 향해 그러한 삶의 생동성을 자신의 행위를 통해 형태화하여 아름다운 행위로 표현해야 한다. 조화로운 미적 성품 속에서 나온 간호 행위는 간호 대상자에게 예술로서의 간호 행위를 체험하게 한다. 실러에게서 예술은 인간의 자율성을 실현시키는 행위이다. 간호사의 미적 성품으로부터 나온 간호 행위는 간호 대상자와 그가 처해 있는 현실적 요구에 강박되어 있지 않으면서도 또한 그 어떤 원칙에 구속되어 있지 않으며, 자신의 고유한 인격의 가장 자유로운 심정 상태에서 자발적으로 돌봄을 수행하는 것이다. 이때의 돌봄은 이성에 의한 도덕적 원칙과 생생한 삶을 감지해 내는 감성이 서로 조화를 이루는 심적 상태로부터 나온 자율적 행위이다. 간호사는 감성충동에 의해 생생하게 대상자의 삶의 현실을 접촉하고 감지하여, 이러한 직접적인 삶의 경험을 자신의 도덕적·인격적 가치 속에서 담아 내 행위로 표현한다. 즉 간호사는 환자와 그 환자가 처한 변화하는 구체적 상황을 생생히 지각하고 수용하여 그것을 자신의 인격 속에 자리 잡은 원칙을 통해 표현하고 전달해야 한다. 그래서 아름다운 형태로 표현되는 돌봄의 행위는

10 G. 지페르트, 공병혜 옮김, 『미학입문』, 179-191쪽.

구체적인 각각의 개별적 상황에서 어떠한 원칙이나 규칙의 지침에 따르는 기술적·실천적 행위가 아니다. 그것은 간호사 고유의 대상자에 대한 생생한 감성적 체험을 자신의 인격 속에서 개성적으로 표현하는 자율적인 행위이다. 생생한 구체적 삶을 감지하는 감성적 능력과 이를 반성하는 이성적 능력의 조화를 통해 생겨나는 유희충동의 계발은 돌봄을 위한 간호사의 가장 이상적인 미적 성품을 위해 필연적인 요소이다. 아름다운 행위로서 간호사의 돌봄은 돌봄을 받는 사람에게 분열된 자아라는 자기 소외의 상태에서 벗어나 통합된 자아에 대한 감각을 일깨우는 치유의 과정이 될 수 있다. 미적 행위로서의 간호사의 돌봄은 스스로에게 생동감 있는 현실을 개성적이며 자율적으로 표현하는 자기 통합의 감각을 회복시켜 줄 뿐만 아니라, 동시에 이러한 돌봄을 받는 사람에게도 인간으로서의 자율성의 회복과 자아 통합이라는 치유의 감정을 일깨워 줄 수 있는 것이다. 간호사의 미적 성품은 구체적 현실을 생생히 감지하고 수용해 자신의 인격 속에서 자율적으로 반성하여 그것을 개성적으로 표현할 수 있게 한다. 이러한 간호사의 미적 성품은 돌봄을 도덕적 이상으로 삼는 간호사들의 미덕이 될 수 있다.[11]

2. 미적 태도와 공감적 의사소통

실러의 미적 성품론은 칸트의 '상상력과 지성의 자유로운 유희'라는 개념에서 발전된 유희충동이라는 개념을 바탕으로 한다. 실러는 생생하고 구체적인 삶을 감지하고 체험하는 감성충동과 이성에 의한 도덕 법칙에

11 공병혜, 「돌봄의 윤리를 위한 미감적, 윤리적 패러다임」, 『대한간호학회』 제32권 3호, 2002, 369쪽.

따르는 형식충동이 자유롭게 조화된 유희충동의 계발을 통한 미적 성품이야말로 사회적 인간관계와 현실에서의 소외 및 억압을 극복할 수 있는 진정한 인간성의 실현을 위한 대안임을 보이고자 하였다.[12] 여기에서는 돌보는 사람의 도덕적 심성의 계발과 그에 기초한 관계 윤리로서 공감적 의사소통 윤리에 대한 모델을 칸트 미학에 대한 인간학적 해석에서 찾아보려고 한다. 돌보는 사람의 도덕적 심성 속에 자리 잡은 인간의 미덕으로서의 취미 능력은 개인의 편협한 시선과 현실의 직접성 및 욕망으로부터 벗어나 타자와의 공감적 지평으로 나아갈 수 있는 상상력에 의해 확장된 정신 능력이기 때문이다. 인간의 미덕으로서의 취미의 계발이야말로 학적 인식의 수단이나 도덕적 의무의 법칙에 속박되지 않은 '상상력과 지성의 자유로운 유희'라는 고유한 자율적 방식으로 인간의 자연적 기질을 도덕적 심정으로 고양시키는 역할을 할 수 있다.

칸트의 미학에서 제시된 취미는 경험적으로는 사회적 인간관계 속에서 서로 공감하며 소통할 수 있는 사교적 능력에 해당된다.[13] 여기에서는 취미를 사회적 인간관계의 상호성의 윤리 지평 위로 확대시켜 어떻게 취미가 공감적 이해를 통한 의사소통을 가능하게 하는지를 살펴보기로 하겠다. 그래서 취미 판단을 할 때 주관이 대상을 대하는 미적 태도를 통해 체험하는 아름다움과 숭고의 감정을 인간관계의 윤리적 지평

12 F. 실러, 안인희 옮김, 『인간의 미적 교육에 관한 편지』, 83-90쪽.

13 I. Kant, *Kritik der Urteilskraft* (이하 *KU*), Hamburg: Felix Meiner Verlag, 1974, B 163. 공동체적 감각으로서 취미에 기초하는 공통감을 아렌트는 보편적 관점을 향한 확장된 사유로서 자신을 세계 공동체의 일원으로 판단하고 정치적 행위를 하는 능력으로 해석한다. 한나 아렌트, 김선욱 옮김, 『칸트 정치철학 강의』, 푸른숲, 2000, 145쪽 참조. 칸트 미학의 본질이 감정에 기초한 미적 의식의 소통 방식에 있음을 보여 준 연구로는 J. Kneller, "The Aesthetic Dimension of Kantian Autonomy" in *Feminist Interpretations of Immanuel Kant* (R. M. Schott (ed.)), Pennsylvania State, 1977 참조.

에서 해석해 보고, 돌봄의 관계 형성을 위한 공감적 의사소통에 주목해 보고자 한다.

1) 칸트의 미적 태도와 공감적 의사소통

칸트의 미적 반성적 판단의 성질을 특징짓는 핵심적인 용어로 등장하는 '무관심적 만족감'은 주관이 대상을 대할 때 일어나는 감정 상태이다. 대상에 대한 무관심성이란 현존하는 대상에 대한 직접적 감응이나 인식에 대한 관심, 자신의 욕망의 수단으로 삼으려는 실용적인 관심이나 도덕 법칙에 대한 의무감으로부터 자유로운 마음의 상태를 의미한다. 칸트는 이러한 주관이 대상에 대해 갖는 자유로운 마음의 상태를 "호의"(Gunst)라고 부른다.[14] 칸트 이전의 영국의 섀프츠베리나 허치슨은 주체가 어떤 대상에 대한 집착으로 벗어난 무욕적인 태도를 미적 태도와 연관시켰다. 반면 칸트의 미적 태도란 '지금 이 순간', '어디에'라는 현실과의 직접적인 감응 상태로부터 거리를 두는 것이다. 즉 '무관심성'이라는 미적 태도는 타자의 현존에 대한 직접적인 쾌감이나 불쾌감 등의 직접적인 감응의 지배, 이미 주어진 선지식을 통한 객관적 규정과 인식이라는 과학적 태도로부터 벗어난 것이다. 칸트의 미적 태도는 개인의 사적 관심이나 욕망의 대상으로 상대방을 바라보거나 어떤 목적 달성을 위한 기술적·전략적 태도를 버리고 상대방 그 자체를 향해 호의적으로 다가가 반성하는 태도를 말한다.

따라서 상대방에 대한 무관심성은 현실의 직접적인 자극으로부터 반성적 거리를 두고, 그 어떤 개념이나 이론에 의해 상대방의 특질을 객

14 *KU*, B 16.

관적으로 규정하지 않는다. 그것은 개인적 욕망의 필연적인 강압이나 목적 의식으로부터 벗어나 상대방을 향해 자유롭고 개방적으로 관계하기 위한 태도이다.[15] 칸트의 미적 판단에서 보이는 미적 태도는 서로 다른 복수적 인간관계 속에서 개인의 사적 관심이나 이해관계, 그리고 선입견에 사로잡히지 않는 상대방에 대한 호의적 태도인 것이다.

그렇다면 자유로운 인간관계 속에서 어떻게 공감적 의사소통의 장이 미적 태도를 위해서 열릴 수 있는가? 칸트는 감정을 통해 자신의 판단에 대한 보편적인 전달과 동의를 얻을 수 있는 소통 능력을 가정하는데, 그것을 "공통감"(Gemeinsinn, sensus communis)이라고 한다.[16] 아렌트는 이러한 공통감을 '불편부당성'(impartiality), 즉 어떤 사태나 사건에 대해 자신의 이해관계를 결부시키지 않고 공정하게 바라보는 개방된 태도를 통해서 실현되는 보편적 소통 능력이라고 해석한다.[17] 이러한 공통감이란 판단력의 격률로서 스스로 반성하고 편견에 사로잡히지 않으며 모든 타자의 입장에서 사고할 수 있는 확장된 사유 방식이다. 이는 우리의 판단을 타자에 대한 실제적 판단이 아닌 가상적 판단과 비교함으로써 우리 자신을 타자의 입장에 놓을 수 있는 정신 능력이다. 이렇듯 타자를 등장시켜 우리의 사고를 확장하게 하는 반성적 능력은 바로 상상력이다. 이 상상력은 편협한 사적 이해관계를 벗어나 우리 스스로를 타자의 입장에 놓아 잠재적으로 다른 모든 사람의 입장에 서 보게 하고, 지성은 이에 대해 반성함으로써 우리를 공감적 이해의 영역으로 들어가게 한다. 즉 공통감을 통해 우리는 자신의 현실에 대한 직접적 이해관계

15 하선규, 「자연과 상상력의 자유로움」, 『미학 예술학 연구』 제24집, 한국미학예술학회, 2006, 35쪽.

16 *KU*, B 156.

17 한나 아렌트, 김선욱 옮김, 『칸트 정치철학 강의』, 92쪽.

로부터 벗어나 자신의 입장을 타자의 입장에서 자유롭게 상상하여 점점 다른 모든 사람의 입장의 이미지를 떠올려 반성할 수 있다. 우리는 이러한 과정을 통해 일어나는 감정을 서로 공유하며 상호 소통의 장으로 나아갈 수 있다.[18]

이렇듯 상대방에게 자유롭고 개방된 미적 주관이 마주하는 현실은 객관적인 대상, 성질, 요소 등으로 객관화되지 않는, 상상력이 자유롭게 활동할 수 있는 정서적이며 구체적인 상황적 세계이다. 이 주관은 자신의 신체적인 직접적 감응에 따른 욕구에 속박되지 않는다. 그러나 그는 상대방에 대한 구체적이고 생생한 현실의 경험에 뿌리를 두고 잘 눈에 띄지 않는 신체적 지각이나 움직임, 시선, 표정, 몸짓과 비유적 표현 등을 놓치지 않고 그에 대한 기억과 연상을 통해 새로운 이미지를 마음속에서 그려 내며 타자의 특수한 상황과 마음의 상태를 읽어 낸다. 따라서 상상력에 의해 확장된 정신 능력에 의한 소통의 가능성은 주관의 상상력과 지성의 상호 촉진 활동, 기억과 상상, 정서적 지각과 상상력의 유희 활동, 은유와 언어적 표현 등 인간학적으로 대단히 중요한 잠재 능력이 실현되는 과정에서 발생한다.[19] 만약 주관이 신체적인 직접적 감응이나 욕망에 붙잡혀 있거나, 지성적 개념이나 이론에 구속받거나, 목적 달성을 위한 전략적 태도를 가지고 상대방을 대한다면, 우리의 상상력은 자신의 입장을 벗어나 상대방의 이미지를 떠올리며 다른 모든 사람의 입장으로 향하는 관점으로 나아가는 소통의 장을 예비할 수 없을 것이다.

우리의 공통감에 의해 반성되어 다른 사람에게 전달돼 감정을 통해

18 아렌트에 따르면, 상상력을 통해 우리의 정신이 확장됨으로써 우리는 우리의 경험을 이미지화해 반성하여 보편적인 세계시민적 관점을 획득할 수 있다. 한나 아렌트, 김선욱 옮김, 『칸트 정치철학 강의』, 93쪽 참조.

19 하선규, 「자연과 상상력의 자유로움」, 37쪽.

동의가 일어나는 마음의 상태를 공감(sympathy)이라고 표현한다면, 그 마음의 상태는 어떻게 필연적으로 가능한 것일까?[20] 즉 사회적인 인간관계 속에서 공감적 상호 소통이 가능하기 위해 요구되는 취미의 뿌리는 과연 무엇인가? 칸트에 따르면 인간의 확장된 사유 방식으로서의 취미의 근거는 "도덕적 이념의 계발과 도덕적 감정의 도야"에 있으며, "도덕적 심성과 감성의 합치"를 통해서만이 참된 취미가 형성될 수 있다.[21] 즉, 취미의 계발은 우리 마음속의 도덕적 이념을 받아들이며 그것을 현실 속에서 다양한 감성적 경험을 통해 이미지화할 수 있는 상상력의 확장을 통해 가능한 것이다. 그래서 칸트는 취미 판단을 할 때 "우리는 누구나가 보편적인 전달에 대한 고려를 마치 그것이 인간성 그 자체에 의해 지시된 원초적 계약에서 나오는 것처럼, 모든 사람들에게 기대하고 요구한다."라고 말한다.[22] 이는 사회적인 인간관계 속에서 타자를 반성할 때 상호 소통에 의한 반성적 감정이 일어날 수 있는 근거가 바로 우리 내부의 인간성의 이념, 초감성적인 도덕적 이념의 세계에 있음을 보여 준다. 칸트에 따르면 우리의 취미 판단은 지성적 개념이나 이성의 원칙에 의해 규정될 수 없다. 그럼에도 불구하고 취미 판단이 누구에게나 전달과 동의가 가능한 보편성을 지닐 수 있는 근거는 "우리 안에 있는 초감성적인 무규정적 이념", 즉 보편적인 인간성의 초감성적 기저에 있

20 칸트는 미적 판단론에서 공감에 대해서 언급하지 않지만, 여기에서는 공통감에 의해 상호 소통하여 동의하는 반성적 감정을 공감이라는 용어로 표현하였다. 칸트는 『도덕형이상학』에서 공감은 타자의 삶의 환경에 대한 인식과 판단을 내포하는 도덕적 통찰의 일종이며, 그것은 도덕적 판단의 동기를 부여하는 역할을 하는 것이 아니라, 성숙한 도덕적 성격에 따라오는 인식론적 특징임을 보여 준다. R. Cagle, "Becoming a Virtuous Agent: Kant and the Cultivation of Feelings and Emotions", *Kant-Studien*, 96(4), 2005, pp. 452-467 참조.

21 *KU*, B 264.

22 *KU*, B 393.

다.[23] 인간관계 속에서 일어나는 다양한 이해의 충돌에 따른 불화 속에서도 우리의 상상력이 보편적 인간성의 이념을 향할 때 공감에 의한 소통이 가능한 것이다. 이때 공감적 소통이란 결국 개인 간의 사적인 감정의 동질성을 뛰어넘어 보편적인 인간의 존엄성에 대한 이념을 받아들이는 도덕적 감정에 기초한다. 이 감정은 인간 누구나 스스로 도덕적 주체로서 절대적인 인격적 가치를 지니고 있다는 인간 존엄성에 뿌리를 둔 감정이다. 따라서 이러한 공통감을 지닌 주관은 사회적 인간관계 속에서 보편적인 인간성의 이념에 대한 감성화를 추구하는 상상력의 자유를 지닌다. 즉 우리의 상상력은 인간관계의 특수한 상황이 담고 있는 다양한 이해 방식의 충돌과 갈등에도 불구하고 개인의 감성적 욕구나 행위의 법칙이 지닌 구속으로부터 자유롭게 활동한다. 그래서 이러한 공감적 소통은 인간관계 속에서 생생히 체험되는 제스처, 음성, 언어 등을 통해 감성화된 우리 내부의 인간성의 이념에 대한 이미지를 서로 주고받는 과정에서 이루질 수 있는 것이다.

또한 우리는 이러한 감정을 통한 의사소통이 지닌 보편성의 근거를 칸트의 '취미 판단은 예시적 보편성을 지닌다'는 주장[24]과 관련해서 해석해 볼 수 있다. 이것은 각각의 판단이 취미 판단의 보편성, 즉 누구에게나 전달과 동의가 가능한 공감적 소통의 실례여야 한다는 것이다. 인간관계 속에서 공통감을 통해 소통할 수 있는 방식은 보편적 인간성에 대한 이념을 서로 주고받는 대화를 통해 표현된다. 예를 들어 죽어 가는 환자와 이를 돌보는 사람의 대화적 과정에서 인간성의 이념이 전달되는 상호 소통의 경험은 인간의 사멸성에도 불구하고 서로의 인격적 가치를 함께 나누고 느끼는 공감적 의식의 과정에서 이루어진다.

23 *KU*, B 239.

24 *KU*, B 67.

지금까지 칸트의 미학 이론을 인간관계의 윤리적 지평 위로 확장시켜 공통감을 지닌 주관의 타자를 향한 무관심성, 호의를 지닌 미적 태도를 통해 공감적 의사소통의 의미를 적극적으로 재해석해 보았다. 주관의 '무관심적 만족감'에 의한 미적 태도란 개인이 처한 현실의 직접성으로부터 반성적 거리를 두고, 그 어떤 개념이나 이론에 의해 상대방의 특성을 객관적으로 규정하지 않으며, 또한 개인적 욕망의 필연적인 강압이나 목적 의식에 따른 기술적·실용적 관심에서 벗어나 상대방에게 개방적이며 호의적으로 다가갈 수 있는 자유로움이라고 말할 수 있다. 이렇듯 인간 상호 간의 공감적 소통이 열리는 지평으로 나아가는 취미의 작용의 핵심에는 바로 상상력의 자유가 놓여 있다. 상상력은 현실의 직접성에 따른 감성적 자극이나 자신의 편협한 사적 이해관계를 벗어나 다른 모든 사람의 입장에서 반성해 볼 수 있는 개방적 사유 방식을 가능하게 하여 상호 공감의 영역으로 들어가게 하는 능력이다. 상상력이 다른 사람과의 관계에서 현실적 체험을 이미지화하여 그에 대해 지성과 함께 유희적으로 사고하여 나아가는 정신의 확장은 인간성의 이념이라는 보편적인 관점을 향한 것이며, 이때 비로소 공감에 의한 소통의 가능성이 열리는 것이다. 여기서 공감이라는 것은 개인 상호 간의 감정 이입이나 감정의 전염에 따른 감정의 동일시를 뛰어넘어 인류애라는 보편적 감정에 서로 동의하는 마음의 상태라고 말할 수 있다.[25] 따라서 상상력

25 셸러(M. Scheler)에 따르면 진정한 의미의 공감은 타자의 체험에 참여하려는 의식적 의도를 내포하고, 타자와 나 사이에 간격과 거리감, 분리 의식을 유지하며, 타자를 단순한 영상이 아니라 나와 같은 실재적인 인격체로 인식하는 것이다. 셸러는 공감이란 타자의 기쁨과 슬픔에 뒤따라오는 반응으로서의 감정의 전염도, 타자와 자신을 동일시하여 타자의 사고와 감정을 자신의 것으로 착각하는 동일시의 감정도 아니고, 또한 감정의 합일 상태도 아니라는 것을 강조한다. 막스 셸러, 조정옥 옮김, 『동감의 본질과 형태들』, 아카넷, 2003, 533-534쪽 참조.

이 상대방이 처한 고유한 상황을 생생히 그려 내면서 자기 반성을 통한 기억과 연상, 이미지를 떠올리며 보편적인 인간성의 이념을 향해 열릴 때 우리는 무한한 사고와 반성을 통해 일어나는 공감적 의사소통을 예비할 수 있는 것이다.

이와 같은 인간관계 속에서의 공통감에 기초한 미적 태도는 돌봄의 관계 형성을 위한 의사소통의 모델이 될 수 있다. 돌보는 사람은 어떠한 이기적이며 실용적인 관심을 배제한 채, 자유로운 호의적 관계 속에서 돌봄의 관계를 형성할 수 있다. 돌보는 사람이 인간성의 이념을 향해 확장되는 상상력의 자유로운 활동에 의해 상대방의 마음을 읽어 공감하는 과정에서 환자와의 돌봄의 관계가 형성된다. 이러한 간호사의 자질로서의 공통감의 계발은 보편적 인간성에 대한 이념을 향해 자신의 사유 방식을 도덕적으로 확장시킨다. 공통감이 계발된 간호사는 보편적 인간성에 기초한 공감이라는 반성적 감정을 통해 환자와 교류함으로써 인간의 존엄성을 보호, 증진하고자 하는 돌봄의 목적을 성취할 수 있다.

2) 숭고의 감정과 도덕적 주체성

이렇듯 돌보는 사람은 상대방에 대한 호의적인 태도를 가지고 보편적인 인간성의 이념을 향해 확장되는 상상력의 자유로운 활동에 의해 상대방의 마음을 읽어 공감을 한다. 이러한 공감을 통한 돌봄의 관계 형성을 위해서 돌보는 사람은 공통감을 계발해야 한다.

한편 칸트는 미적 판단에서 대상과의 자유로운 호의적 관계 속에서

이러한 공감은 칸트에게서 인간성의 이념에 근거하여 상상적 유희를 할 수 있는 거리 두기를 통해 타자를 고유한 인격체로서 인식하는 과정에서 일어나는 반성적 감정과 구조적 유사성을 지닌다.

일어나는 순수한 미적 감정뿐만 아니라, 대상과의 대립적 혹은 모순적 관계 속에서 일어나는 반감 혹은 고통을 내면적으로 극복함으로써 일어나는 '숭고'의 감정에 대해서도 논한다. 대상과의 관계에 있어서 순수한 아름다움은 대상과의 조화로운 관계에서 일어나는 반성적인 공감에 의해 체험되지만, 숭고의 감정은 대상에 대한 감성적 거부감을 극복하는 과정에서 일어나는 자기 고양, 자기 긍지의 감정이다. 어떤 대상을 대할 때 마음에 생명감을 불러일으키는 상상력의 유희가 일어나는 것이 아니라, 일단 그 대상에 대한 감성적 반감이 일어나 생명감이 저지되는 고통스런 불쾌감으로 상상력이 저지당하는 때가 있다. 이때 마음은 감성적 한계에 부딪히게 되며 그 대상을 거부하게 된다. 그러나 만약 우리의 심성이 인간의 존엄성이라는 이념에 근거하여 도덕적으로 계발이 되었다면, 자신의 감성적 한계를 극복하는 과정을 거치게 된다. 우리는 그 대상에 대한 좌절과 절망이라는 마음의 동요를 통해 자신의 한계를 체험하지만, 대상과의 거리를 유지하며 자신의 내면으로 향한다. 자신이 지닌 감성적 한계를 극복하고 자신의 내부를 향해 도덕적 이념들을 일깨우는 자아에 대한 반성적 과정을 겪으며 정신적인 숭고의 감정이 일어나는 것이다. 칸트는 우리가 자연을 사랑하는 마음의 준비가 되었을 때는 아름다움을 느끼게 되며, 자연을 존중하는 마음에서는 숭고의 감정이 생긴다고 말한다.[26] 자연미의 경우 상상력은 자연의 형태와 유희한다. 그러나 숭고의 경우 상상력은 감성적 한계를 넘어서는 자연의 절대적 크기와 위력으로 인해 내면으로 향한다. 즉, 숭고의 감정은 상상력이 직접적으로 유희할 수 없는 그러한 대상을 만났을 때 오히려 내면으로 돌아가 스스로 도덕적으로 반성하여 일어나는 감정이며, 이를 통해 그

26 *KU*, B 115.

대상을 존중하게 되는 감정인 것이다.

우리는 이러한 숭고를 느끼는 대상 영역을 서로 차이를 지닌 복수적 인간관계의 영역에 적용해 볼 수 있다. 거기서 숭고를 체험하는 인간은 사회 속에서의 개별적이며 자율적인 인간이다. 숭고를 체험하는 인간은 타자와 조화 혹은 합일을 이룰 수 없는 타자와의 차이를 절감하는 근원적 동요와 긴장감을 느끼지만, 그러한 대립과 좌절, 고통에도 불구하고 자기 내면으로 귀환하여 자신에 대한 긍지와 존엄성을 느끼는 존재이다.[27] 그리고 숭고의 감정은 이를 통해 타자를 존중하게 되는 감정이다. 개별성이 중요시되는 공동체 내에서 숭고를 체험하는 인간은 지속적으로 타자와의 갈등과 대립의 해소를 자신에 대한 도덕적 반성 속에서 발견하는 인간이다. 그러한 인간은 인간관계 속에서 끊임없이 긴장과 갈등, 좌절과 고통을 체험함에도 자신에게로 돌아와 도덕적 주체성을 확고히 하고 동시에 존엄한 인격체로서의 타자와의 관계를 회복함으로써 타자에 대한 존중을 하게 된다.[28]

이러한 칸트의 숭고의 체험에 대한 사고를 돌보는 사람과 돌봄을 받는 대상자 사이의 인간관계라는 지평 위에 적용해 볼 수 있다. 돌보는 사람은 호의적 관계를 이룰 수 없는 고통과 절망에 처한 사람들에 직면하게 된다. 이때 숭고의 체험은 생명감이 저지되는 상황에서조차 환자에 대한 존중감이 일어나는 심미적 체험이다. 고통과 상실에 시달리는 환자들, 도저히 공감할 수 없는 감성적 거부감으로 두려움밖에 일어나

27 숭고를 체험하는 인간은 인간관계의 복수성 속에서 차이와 갈등을 겪으면서도 자기 의식으로 귀환하여 자기의 존엄성과 타자의 존엄성의 화해를 추구하는 호모 폴리티쿠스의 한 유형으로 해석될 수 있다. 이는 숭고를 사회적 인간관계의 윤리의 차원에서 해석한 것이다. 최준호, 「숭고함의 체험과 호모폴리티쿠스」, 『철학』 제67호, 2001, 217쪽 참조.

28 공병혜, 「돌봄의 윤리를 위한 미감적, 윤리적 패러다임」, 370쪽.

지 않는 환자를 대할 때, 돌보는 사람은 그들에게서 직접적으로 생명감과 사랑스러운 감정을 느낄 수 없다. 오히려 간호사는 그들과의 감성적인 거리가 좁혀질수록 그들로부터 상처받을 가능성에 노출된다. 그러나 이때 돌보는 사람이 환자와의 반성적 거리를 유지하며, 환자에게로 향하던 상상력을 자신의 내면으로 돌려 고유한 인격체로서의 자신의 도덕적 능력을 환기한다면 외부의 어떠한 감성적 자극에도 흔들리지 않는 자신의 주체적 능력을 찾을 수 있다. 돌보는 사람 자신의 내부에 있는 인간의 존엄성이라는 도덕적 이념을 일깨워 외부의 어떠한 감응에도 흔들리지 않는 자신의 긍지를 되찾고 다시 존엄한 인격체로서의 환자와의 관계를 회복할 수 있을 때, 그를 존중하게 되는 숭고의 감정이 일어난다. 따라서 숭고의 감정을 통한 대상과의 관계는 그를 대하는 주관의 더욱더 높은 정신적·도덕적 능력의 수양에 의해 가능한 것이다. 미적 태도에 의한 감정은 상대방에 대한 반성적 공감에 기초하여 생명감이 고양되는 감정인 반면에, 숭고의 감정은 타자로서의 상대방에 대한 반감에 기초하여 생명감이 저지되는 자기 고통과 감성적인 자기 한계를 경험하지만 그것을 극복함으로써 생기는 도덕적 고양의 감정이다. 숭고의 감정은 타자와의 반성적 거리를 취하면서 자신의 내면에서 도덕적 능력을 되찾음으로써 자기뿐만 아니라 존엄한 인격체로서의 타자와의 관계를 회복하는 도덕적인 가치 감정이라고 말할 수 있다.

궁극적으로 인간관계 속에서 공감에 의한 미적 감정이나, 대립과 모순, 그리고 차이로 인한 고통의 경험에 대한 극복으로서의 숭고의 감정은 모두 도덕적 이념을 수용하는 주체로서의 돌보는 사람의 도덕적 감수성과 취미 능력이 계발되었을 때 발생하는 감정이다. 미적 감정은 환자에 대한 정서적 감정 이입의 과정을 통해 반성적으로 일어나는 사랑스럽고 생명감에 넘치는 감정이다. 반면 숭고의 감정은 타자로서의 환자와의 반성적 거리를 유지하면서 자신의 감성적 한계를 극복하는 도덕적 능력에 의해 체험되는, 자신과 타자에 대한 존엄의 감정이다. 그래서 숭고의 감정은 외부의 어떠한 고통과 역경에도 흔들림이 없는 자기 자신의 도덕적 주체성을 확보하면서 돌봄의 행위를 하는 사람에게 체험될 수 있는 것이다.

3) 공감적 의사소통과 배려의 실천 사례

지금까지 칸트의 취미론을 인간 상호 간의 미적 태도에 의한 공감과 숭고의 감정을 통한 소통의 윤리라는 지평 위에서 고찰해 보았다. 그러면 공감에 의한 소통의 윤리는 어떻게 돌봄의 현장에서 실천될 수 있는가? 인간관계 속에서 배려(Fürsorge, caring for)란 자기 존중이 타자에 대한 존중 속에서 상호 실현되는 대화적 구조를 지닌다.[29] 즉 인간관계에서의 배려란 마치 복음서의 "남에게 대접받고자 하는 대로 너도 남을 대접하라." 혹은 "네 이웃을 너 자신처럼 사랑하라."와 같은 황금률, 다시 말해 자기 인격을 존중하는 것처럼 타자의 인격을 존중하는 상호 대칭적 관계 속에서이루어진다.[30]

다양한 복수적 인간관계 속에 '목적 그 자체'로서의 개인의 인격적 가치가 표현되고 상호 소통하는 배려의 윤리적 차원을 칸트 미학의 공통감의 이론을 통해서 해석해 보자.[31] 공통감은 우리의 상상력에 의해

29 P. Ricoeur, *Das Selbst als ein Anderer* (이하 *SA*), Aus dem Franz. von J. Greisch, München: W. Fink Verlag, 1996, p. 235; 공병혜, 「리쾨르의 이야기적 정체성과 생명윤리」, 『철학과 현상학 연구』 제24집, 한국현상학회, 2005, 72쪽.

30 *SA*, p. 265.

31 이러한 접근이 의미를 갖는 것은, 칸트의 정언명법에서 전제하는 도덕적 인간은 아렌트가 지적한 대로 오로지 실천 이성이 부여한 도덕 법칙에 자율적으로 따라야만 하는 의무를 지닌 이성적 존재로서 지구상에서 살아가는 다양한 삶

확장된 소통 능력이다. 공통감은 개별적 인격체들 사이의 자기 존중이 상호 교류하는 배려의 차원을 지닌다. 배려의 과정이란 개별적인 인격체들 사이의 차이와 대립으로 인한 비대칭성에서 상호성의 공감의 차원으로 나아가는 과정이다. 즉 공통감을 지닌 복수적 개인은 자유로운 호의적 태도를 통해 타자를 향해 나아가는 '전환성'과 '비대체성', 그리고 보편적인 인간성의 이념을 향한 '공통성'에 대한 자기 반성 과정을 통해서 배려의 차원으로 나아갈 수 있다.[32]

여기서 칸트의 공통감은 배려에 대한 자기 반성 과정을 가능하게 한다. '전환성'이란 대화를 하면서 다른 사람의 입장을 상상해 볼 수 있는 역할 교환이 가능하다는 의식이다. 우리는 대화를 하면서 우선 '무관심성'을 통해 획득된 사적 편견이나 과학적 지식의 틀, 목적 의식에 사로잡히지 않는 개방적 태도를 통해 다른 사람의 입장에 서 볼 수 있다. 자신을 다른 사람과 동일시하는 의식이 아니라, 내가 그 사람의 입장이라면 혹은 우리가 그들의 입장이라면이라고 하는 어떤 가상의 다양한 이미지들을 그려 보면서 비교하고 반성하는 것이다. 이러한 상상력과

의 모습에 관심을 두지 않기 때문이다. 이에 반해 취미 판단에서 전제하는 인간은 타자와의 동반을 필요로 하는 사회적 존재, 즉 복수적 존재로서 다른 사람과 함께 자유롭게 소통하는 지상 위의 개별자들이다. 한나 아렌트, 김선욱 옮김, 『칸트 정치철학 강의』, 67쪽 참조.

32 공통감은 본래 역사적으로 인간 사회의 사교적 능력으로서의 공동체적 감각에 뿌리를 둔다. 가다머는 그것이 아리스토텔레스의 실천적 지혜에서부터 비코를 거쳐 섀프츠베리와 허치슨 등의 영국의 철학자들에게까지 일종의 사회적 덕목으로 이어져 왔지만, 칸트에 와서 선험적 차원으로 탈정치화가 일어났다는 점을 지적한다. H. G. 가다머, 이길우 외 옮김, 『진리와 방법 I — 철학적 해석학의 기본 특징들』, 문학동네, 1999, 71쪽 참조. 한편 리쾨르가 배려의 반성적 계기를 '전환성', 비대체성', 유사성'으로 구분한 데 비해(*SA*, p. 234) 필자는 여기서 칸트의 공통감에 의해 수반되는 배려의 반성적 계기를 '전환성', '비대체성', '공통성'이라고 칭하여 해석해 보았다.

그에 대해 사고하는 지성의 조화로운 활동은 '비대체성'이라는 반성 과정을 거치게 된다. 우리 모두는 그 누구와도 대체될 수 없으며 그 어떤 목적을 위한 수단이 될 수 없는 각자의 고유성을 지닌 인격체이다. 우리는 다른 사람의 입장을 상상해 볼 수는 있지만, 거기에는 자기와는 다른 그 어떤 것과도 대체 불가능한 고유한 인격적 가치와 삶이 있음을 깨닫게 된다. 그렇지만 결국 우리는 이러한 각자의 고유성과 복수성은 또한 보편적인 인간성에 근거해 있다는 것을 깨닫는다. 여기서 보편적 인간성이란 인간의 연약성과 사멸성이며, 이에 대한 인식은 인간 상호 간의 신뢰와 공감의 차원으로 나아가게 한다. 이렇듯 인간의 연약성과 사멸성을 인간관계 속에서 발견하는 것은 서로 간의 신뢰를 형성한다. 이와 관련하여, 돌봄의 실천 현장에서의 사례를 한번 살펴보기로 하자.

사례

의료 현장에서의 고통[33]

40세의 조각가인 유방암 환자는 항암 치료 과정에서 야기되는 결과로 인해 자신의 미래가 어떻게 될지 몹시 두려웠지만, 의료인들은 그에 대한 정보를 주지 않았다. 환자의 얼굴과 몸에는 남자처럼 털이 났고, 성욕은 사라졌으며, 암이 어깨까지 전이되자 조각할 때 사용하던 손에 힘을 줄 수 없게 되었고 그에 따라 심한 우울증에 빠져들었다. 하지만 의료인들은 그에 대해 말하기가 몹시 어려웠다. 설사와 요실금 현상이 일어

33 이는 공병혜, 「미감적 의사소통을 통한 배려의 윤리의 가능성」, 『칸트 연구』 제19집, 한국칸트학회, 2007, 117-122쪽의 임상 사례와 그에 대한 적용을 인용한 것이다.

났으나 의사는 약의 부작용이 두려워 그에 대한 약을 처방해 주지도 않았으며 그 이유를 설명하지도 않았다. 또한 뼛속까지 전이된 암 때문에 넓적다리뼈에 골절이 발생하여 극심한 통증을 겪었지만 수술 후 예후가 좋지 않을 것이라는 이유에서 수술이 계속 연기되었으며, 그동안 다른 쪽 다리에까지 암이 전이되어 골절이 발생될 것을 두려워하며 전전긍긍하였다. 그녀는 살고 싶은 욕망과, 희망을 가지면 치료가 실패했을 때 오히려 더 큰 절망에 빠지게 될 것이라는 두려움 사이에서 만신창이가 되어 갔으며 다시는 좋은 날들이 올 것 같지 않다는 생각을 하기에 이르렀다.

이 사례는 항암 치료 과정에서 극심한 고통을 겪은 환자의 상황을 기술하고 있다. 여기서 공통감이 계발된 의료인의 환자를 돌보는 태도에 대해 살펴보기로 하자. 돌보는 의료인은 우선 자신이 마주하고 있는 환자가 처한 직접적인 현실성으로부터 상상적 거리를 유지하면서 사적인 관심이나 욕구에 의한 편협성 및 편견으로부터 벗어나야 하며, 질병을 지닌 환자라는 고착된 의학적 시선으로만 그 개인을 보지 말아야 한다. 그래서 의료인은 암이라는 질병을 퇴치하는 목표 중심의 전략적 사고 방식에만 사로잡혀 그 환자가 삶의 의미를 추구하는 인격적 가치를 지닌 인간이라는 점을 잊어서는 안 된다. 치료 과정에서 곤경에 처한 환자를 이해하여 보살피기 위해서는 그 환자의 총체적 삶의 상황을 향해 개방적이며 호의적으로 다가가는 임상적 상상력이 열려야 한다. 그렇게 될 때 그는 눈에 잘 띄지 않는 신체적 지각과 움직임, 시선, 표정, 몸짓과 비유적 표현 등에 주목하면서 환자가 처한 총체적 삶의 현실과 곤경 상태를 상상하고 반성하면서 함께 대화하는 공감의 지평으로 나아갈 수 있다.

공통감이 계발된 의료인은 환자가 치료 과정과 그 결과로 인해 겪게 될 삶의 변화와 인격적 가치의 훼손을 가장 두려워하고 있음을 읽어 낸다. 그래서 치료 과정과 그 결과 발생할 수 있는 치료 효과 및 부작용 등을 설명하는 과정에서 내가 환자라면 어떠한 심경일 것이며 의료인에게 무엇을 원하겠는가 하는 입장 전환을 해 보며 상호적 대화 관계에 들어간다. 거기서 그는 환자의 질병 체험에 대한 기억을 교환하고 치료 과정과 그 결과로 인해 겪게 될 총체적 삶의 변화를 그려 보면서 그것을 은유적 암시나 언어적 표현을 통해 생생하게 전달하며 그에 대한 환자의 반응을 주시한다. 그는 질병의 치료 과정과 그 후유증에서 오는 신체적 제약 조건으로 인해 겪게 되는 생리적 욕구 충족의 어려움뿐만 아니라 조각가로서의 삶을 살 수 없다는 상실감과 더 이상 좋은 삶을 기대할 수 없다는 절망감을 감지한다. 이에 따라 그는 고통과 두려움에 싸인 개인의 운명을 깊이 생각하는 상상력으로 인격의 존엄성이 위협받는 취약한 상황에서도 환자가 삶의 소망과 계획을 가진 그 무엇과도 대체될 수 없는 자기와 같은 존엄한 인격적 가치를 지닌 존재라는 인식을 하게 된다. 그래서 진정한 배려는 자기 존중 능력이 상실되는 곤경 상태에 처한 환자 개인이 추구하고자 하는 삶의 총체적인 이미지를 상상하면서 인간의 연약성과 사멸성을 바탕으로 한 공감이 이루어질 때 가능한 것이다.[34]

살펴본 것처럼 취미의 계발은 의료 현장에서 의료인을 비롯한 돌보는 사람과 환자 사이에서 공감에 근거한 의사소통 능력을 함양하여 상호 인격 존중에 근거한 돌봄의 관계를 형성하는 데 기여할 수 있다. 취미가 계발된 의료인은 모든 사적인 편협한 이해관계나 기계론적인 과학

34 의사인 라운(B. Lown)은 환자는 의사가 자신의 질병만을 다루는 것이 아니라 자신을 한 사람의 인격체로 대하고 있다는 생각을 할 때 의사와 친밀해지고 공감대를 형성하며 자신이 겪고 있는 고통을 더 잘 전달할 수 있고, 이때 의사 또한 치유를 위해 더 나은 방법을 구상할 수 있다고 말한다. 버나드 라운, 서정돈 옮김, 『치유의 예술을 찾아서』, 몸과마음, 2003, 16-17쪽 참조.

주의에 물들어 개인을 질병을 지닌 대상으로만 보지도 않고, 실용적 관점에 의한 전략적 사고에 기초하여 환자를 대하지도 않기 때문이다. 취미는 의료인에게 환자에 대한 직접적 감응으로부터 어느 정도의 상상적 거리를 유지하게 하며, 환자를 과학적·의학적으로 범주화된 이론적 틀에 얽매이게 하지 않고, 또한 질병 치료만을 목적으로 환자의 인격을 수단화하려는 집착으로부터 자유롭게 한다. 돌보는 사람은 개인의 이기적 관점으로부터 벗어나 환자들의 관점에 서서 상상하면서 그들의 취약성을 보다 민감하고 세밀하게 수용하고 이해할 수 있는 상호 공감적 이해의 지평으로 나아갈 수 있다.

한편 의료인은 예술에 대한 감상과 문학작품을 통해서도 자신의 미적인 판단력을 훈육할 수 있다.[35] 예술의 경험이야말로 보편적인 인간성의 이념을 향해 우리의 상상력을 유동시키고 그 잠재성을 풍부하게 계발하여 환자의 마음을 읽어 상호 공감할 수 있는 사유 방식을 확장시켜 줄 수 있기 때문이다. 그는 인물들의 행위가 기술된 허구적인 문학작품에서 개인적인 편협성, 현실의 직접적인 감응, 욕망의 필연적인 강압에서 벗어나 허구 속의 인물들의 입장을 상상해 보면서 상호 주관적인 공감의 지평으로 나아가고 있음을 확인하게 된다. 이러한 미적 판단력이야말로 의료 현장에서 인간관계의 소외 현상을 부추기는 의료 행위의

35 문학작품과의 교류는 인간 행위를 이해하는 범위를 확장시켜 주는 상상력과 감정의 영역을 넓히고 다양한 상황에 대한 판단력이 민감하게 계발되도록 이끈다. 특히 허구적인 문학작품과의 교류는 의료 행위 영역에서 지각 능력의 섬세함에 기여한다. 그것은 예민한 전문적 치료 행위와 그에 대한 도덕적 책임감, 그리고 감정 이입 능력을 훈육하는 역할을 한다. M. C. Nussbaum, "Literatur, Moral und Ethische Empfindungfaehigkeit" in *Konstruktionen praktischer Vernunft. Philosophie im Gespraech* (von herlinde Puer-Studer (hrsg.)), Frankfurt am Main, 2000, pp. 129-152 참조.

상업화의 경향에 맞서 환자의 고유한 인격의 존엄성을 보호하고 유지하며 또 증진하기 위한 돌봄을 실천하는 데 필요한 자질인 것이다.

제8장

인간 고통과 예술, 그리고 자기 돌봄

삶에서 고통을 어떻게 체험하여 이해하고 극복할 수 있는가 하는 것은 우리 삶의 실존적 과제이다. 고통은 신체적 상해나 질병에 의한 통증뿐만 아니라 불안, 무의미, 낯섦, 외로움, 피로, 욕망의 좌절과 절망, 타자와의 관계에서 오는 폭력과 아픔 등 다양한 모습으로 우리 삶을 에워싸고 있다. 그러나 인간은 인류 역사 속에서 그 고통을 만나 해석하여 의미의 그물망을 짜는 방식을 통해 그 고통을 견디고 극복해 왔다. 인간은 주로 철학, 예술 등의 문화적 양식 통해 치유의 힘을 얻어 왔는데, 특히 예술은 인간 삶의 고통을 해석하는 세계 인식의 관점을 제시하거나 그 관점을 통해 삶을 변화시키는 실천 방식으로 자기 돌봄의 역할을 해 왔다.

쇼펜하우어와 니체는 삶의 고통을 극복하고 삶을 치유하는 예술의 실천적 역할에 대한 시각을 제시한다. 쇼펜하우어에게 고통은 인간 삶의 본질이며, 그 고통의 근원은 멈출 줄 모르는 맹목적인 삶에 대한 충동이다. 그에게 예술이란 인간 삶의 본질로서의 고통의 근원인 이 의지의 현상을 해석하는 세계 인식 방식으로 작용한다. 동시에 예술을 통한 자기 통찰은 결국 삶을 자기 집착에서 오는 고통의 현상으로부터 벗어나게 하고 윤리적으로 변화시키는 영향을 주어 자기 돌봄의 역할을 한다. 따라서 예술 감상이나 창작이 인간의 삶에 미치는 영향은 삶에서 경험하는 다양한 고통의 현상을 미학적·윤리적 체험으로 변용시키는 과정에 있을 것이다. 니체는 모든 고통과 고통받는 자를 전제로 하는 예술이나 철학은 고통받는 삶의 위로가 되거나, 성장하거나 하강하는 삶의 치유 혹은 영혼의 자기 돌봄이 될 수 있다고 말한다.[1] 니체에게 예술은 삶의 예술이다. 그가 말하는 삶의 예술이란 인간 삶의 다양한 고통을 적극적인 삶의 기제로 자기화하여 새로운 삶의 양식을 창조하는 인간의 실존 방식이다. 그것은 자기 삶의 관점을 변화시켜 건강을 향해 마치 예술작품처럼 자기 삶을 새롭게 조형하는 방식이기도 하다. 여기서 니체가 말하는 건강이란 고통에 반응하는 치유 본능을 통해 삶을 적극적으로 긍정하는 것을 의미한다. 따라서 삶의 예술이란 고통을 창조적으로 극복하여 새롭게 자기를 변형하는 자기 돌봄의 역할을 한다고 말할 수 있다.

이 장에서는 쇼펜하우어와 니체의 철학에 드러난 인간 삶의 근원으로서의 고통에 대한 해석을 통해 그 고통에 대처하는 의미 부여 방식으로서의 예술의 역할을 살펴볼 것이다. 그리고 고통에 대한 미학적 변형 과정이 어떻게 인간 삶에서 자기 돌봄과 치유의 역할을 하는지 또한 살펴볼 것이다. 나아가 자기 삶의 창조 과정으로서의 예술의 입장에 대해 고찰하고, 그리하여 쇼펜하우어와 니체의 예술의 역할을 통해 드러난 삶의 고통에 대한 이해와 그에 대한 대처 방식이 인간 삶에서 자기 돌

1 F. W. 니체, 백승영 옮김, 『바그너의 경우 외』, 니체전집 15권, 책세상, 2009, 529-530쪽. 한편 하이데거는 현존재의 이해 방식으로서의 불안이나 야스퍼스의 실존적 해명으로서의 한계상황 개념을 통해 인간의 자기 이해를 위한 고통에 대한 자각이 지속적으로 인간 삶에서 있어야 함을 간파하였다. 한국야스퍼스학회 엮음, 『칼 야스퍼스: 비극적 실존의 치유자』, 철학과 현실사, 2008, 161쪽 참조.

봄의 실천 방식이 될 수 있음을 보일 것이다.[2]

1. 쇼펜하우어의 예술의 역할과 자기 돌봄

1) 인간 고통과 예술

쇼펜하우어 철학의 핵심 주제는 궁극적으로 해소될 수 없는 인간 삶의 본질인 고통과 그 근원에 대한 탐구이다. 고통의 근원에 대한 탐구는 궁극적으로 인간 삶에서뿐만 아니라 우주 전체를 관통하는 삶의 맹목적인 충동인 '의지'에 대한 자기 통찰을 하는 데 목적이 있다. 그에게 예술은 이러한 세계의 본질로서의 고통과 그 고통의 근원으로서의 의지에 대한 자기 통찰을 가능하게 한다. 한편 이러한 자기 통찰은 고통의 원인인 현상에 얽매인 인간의 이기적인 요구에서 벗어나, 동정심에 의한 세계와 타자와의 연대적 감정을 통해 도덕적 삶으로 나아가게 할 수 있다. 우선 쇼펜하우어의 삶의 본질로서의 고통에 대한 해석과 예술의 역할에 대한 생각을 살펴보기로 하자.

쇼펜하우어에 따르면 이 세계는 맹목적으로 살고자 하는 충동으로서의 의지가 표현된 세계이다. 삶에의 의지가 표현된 이 세계에 속한 인간은 자신의 신체의 감응을 매개로 하여 시간과 공간, 그리고 인과 법칙을 통해 자기 의식 속에 주어진 이 세계를 표상한다. 이 삶에의 의지는 인간에게 구강, 식도, 창자, 생식기 등의 신체적 기관으로 가시화되

2 이 장은 공병혜, 「고통의 치유로서 예술과 자기 돌봄」, 『의철학연구』 제21집, 한국의철학회, 2016, 3-32쪽의 내용을 재정리하고 수정, 보완한 것이다.

어 배고픔, 갈증, 성욕 등의 신체적 작용을 통해 직접적으로 체험된다.[3] 인간 자신의 신체를 통해 경험하는 이러한 맹목적인 삶의 충동으로서의 의지란 다름 아닌 세계의 근원으로서, 마치 자연의 세계에서 발견할 수 있는 생명의 근원과 같은 의지이다. 즉 이러한 의지는 자연 세계에서 개별성이 희미한 무생물에서부터 생물, 동물, 그리고 가장 개별성이 뚜렷한 이성을 지닌 인간에 이르기까지 각자의 고유한 형식을 통해 생명력을 표현하는 세계의 근원으로서의 통일적인 의지이다.[4] 맹목적인 삶의 충동으로서의 의지는 무기물에서는 자연력의 긴장, 식물 세계에서는 지각력과 반응이라는 생명력으로 드러나며, 특히 동물과 인간의 성욕을 통해서 표현되는 삶에의 의지는 가장 강력하게 이 세상에서 생존하기 위한 종족 보존의 본능으로 이어진다.

인간의 맹목적인 삶의 충동으로서의 의지의 표현은 고도의 인식 능력인 지성과 이성을 수단으로 하여 인간 개별자의 개성 속에 뚜렷하게 출현한다. 그러나 인간만이 지니는 고도의 인식 능력은 맹목적인 생존의지에 종사하지만 채워지지 않는 욕구로 인해 지속적으로 행위의 동기를 부추기며 고통, 불만족, 고뇌를 낳는다. 그래서 직관적·반성적 인식을 포함한 모든 인간의 인식이란 궁극적으로 맹목적인 자연의 충동에 봉사하기 위한 자기 보존과 종의 번식을 위한 수단에 지나지 않음을 쇼펜하우어는 강조한다. 특히 자연이 인간에게 부여한 강한 삶에의 의지의 긍정으로서 성욕은 개체 자체의 보존을 위한 것이 아니라, 지속적으로 이어지는 새로운 개체로 넘어가는 종족 보존을 위한 장치이다.[5] 쇼펜

3 A. Schopenhauer, *Die Welt als Wille und Vorstellung* I (이하 *WV* I) in Zürcher Ausgabe, Werke in zehn Bände, Bd. I, Zürich, 1977, p. 73.

4 *WV* I, p. 185.

5 A. Schopenhauer, *Die Welt als Wille und Vorstellung* II (이하 *WV* II), zweister Teilband, in Zürcher Ausgabe, Werke in zehn Bände, Bd. IV, Zürich, 1977, p. 661.

하우어는 인간의 성 충동에는 인간의 시간적인 유한성을 극복하고 새로운 개체의 생산을 통해 존재를 영구화하려는 자연의 의도가 숨어 있다고 말한다. 유한한 인간으로 하여금 성 충동은 삶에의 의지에 봉사하는 생식이라는 방식을 취하게 하여 생성과 소멸이라는 거대한 시간적 고리 속에서 지속적으로 세대를 이어 가게 한다는 것이다.

그러면 인간 삶의 본질로서의 고통은 어떻게 드러나는가? 쇼펜하우어에 따르면 인간의 삶에서 고통의 원인은 현상의 사계에서 자기 의욕이 드러나는 개체성의 경험에 있다. 의지의 객관화된 현상으로서 인간의 의욕은 고도의 인식 능력을 수단으로 하여 지속적으로 자기 보존을 위한 행위의 동기로 작용하며 고통을 야기한다. 그래서 인간의 자기 보존의 이기적인 집착에서 오는 존재론적 고통은 육체적 자아에서 드러나는 표상의 세계에서 발생한다. 왜냐하면 인간의 삶에의 의지는 시간과 공간, 그리고 인과율에 의해 지배받는 육체적 자아의 자기 의식 속에서 자기 보존욕으로 표현되기 때문이다. 이러한 자기 보존욕은 자기를 위해서 다른 사람의 의지를 자신의 의지에 봉사하도록 강제하는 이기주의로 나아간다. 쇼펜하우어는 다음과 같이 말한다.

> 무한한 세계에서 아주 보잘것없고 미미한 각각의 개별자는, 그러나 자신을 세계의 핵심으로 삼고, 모든 다른 것들보다도 자신의 고유한 실존과 행복을 고려하며, 자연스런 자아의 출발점으로부터 다른 모든 것을 자신을 위한 제물로 삼을 준비를 하고 있고, 바닷속의 물방울인 자기 자

쇼펜하우어 철학에서는 전통적인 인식론에서의 두뇌에 대립되는 생식기가 의지 세계 본래의 초점으로서 생명 유지와 무한한 생명을 보증하는 원리로 파악된다. 김선희, 「인문치료, 고통에 대해 묻다? — 쇼펜하우어에 있어서 고통과 치료의 해석학」, 『동서철학연구』 제54집, 2009, 425쪽 참조.

신을 조금이라도 오래 보존하기 위해 이 세계도 멸망시킬 채비를 하고 있는 것이다.[6]

이기심은 나라는 주체의 자기 보존에 대한 욕망으로부터 나오며, 인간의 지성은 끊임없이 그 욕망을 부추기지만, 채워지지 않는 좌절로부터 고통은 지속된다. 존재론적 고통은 육체를 지닌 개인의 자기 보존욕에서 나온 삶에 대한 집착에서 생겨난다. 인간의 고도의 인식 작용은 오히려 자기 보존욕을 부추기는 수단으로 작용하며, 충족될 수 없는 것에 대한 인식과 욕구는 끊임없이 불화와 투쟁을 지속시킨다. 그래서 나라는 주체에 의해 표상된 세계는 온갖 악과 이기주의, 시기와 허욕, 미움과 복수, 파괴 욕구와 잔인성, 고통과 부조리, 삶과 죽음이 교차하는 세계이다. 인간이 잠시 머물다 가는 이 세계는 궁핍과 불안에서 야기되는 고통과 과잉에서 오는 권태, 이 양자 사이에서 약하게 혹은 강하게 진자 운동을 하는 혹은 욕망이 흔들리는 투쟁의 장소이다.

쇼펜하우어에게 있어서 이러한 자기 보존욕은 개별자의 육체의 죽음으로 사라지는 표상의 세계 속에서 일어나지만, 다른 한편으로 이 욕구는 성 충동의 이기심을 발현시켜 삶의 고통과 고뇌가 새로운 개체로 지속되어 세대로 이어진다. 육체를 지닌 존재의 사멸성에 대한 불안과 자기 보존욕이라는 이기심 사이에서 인간의 성 충동은 자기 보존의 지속을 생식으로 인한 종의 지속으로 이어지게 한다. 쇼펜하우어는 다음과 같이 말한다.

> 삶에의 의지, 그것의 현상으로서 생성되었다가 사라지는 개별자는

6 *WV* I, p. 415.

그것에 대한 하나의 실례에 지나지 않는다. … 그래서 자연은 한 개별자의 죽음으로는 병들지 않는다. 왜냐하면 자연에서 중요한 것은 종이기 때문이다.[7]

삶에의 의지는 인간 종의 지속이라는 이념 속에서 실현되며, 개별자는 성욕을 통해 인류의 보존에 기여한다. 즉 개별자가 성욕을 통해 새로운 개별자를 탄생시키고, 죽음을 통해서 다른 생명체를 위해 공간을 제공하면서 삶에의 의지는 시간 속에서 지속되는 것이다.[8] 그래서 성 충동은 끊임없이 발생하는 개별자의 사멸과 새롭게 태어나는 개별자 사이에서 지속되는 생존 투쟁의 고통을 인류라는 종의 본질로서 이어 나가게 한다. 성 충동은 무한한 시간적 지평 위에서 세대를 이어 가게 하는 삶에의 의지의 표현이기 때문에, 인류가 지속되는 한 자기 보존을 위한 그 고통은 지속될 수밖에 없다.

이렇듯 인간이 개별자로서 이 세상에 실존한다는 것은 현존재에 대한 중단 없는 싸움과 고통을 의미하며, 이 고통은 성욕을 통해 세대로 이어진다. 왜냐하면 육체를 지닌 인간이 개별자로서 자기 의식을 지니고 이 세상에 산다는 것은 시간과 공간, 인과 법칙에 따른 주관의 표상의 세계에서 산다는 것을 의미하기 때문이다. 거기서 개별자의 자기 의식 속에 의욕이 존재하고 인식이 지속적으로 의지의 수단이 되어 의욕이 일어나는 한, 고통은 벗어날 수 없는 본질적인 것이다.

7 *WV* I, p. 363.

8 S. Möbuß, *Schopenhauer für Anfänger, Die Welt als Wille und Vorstellung*, München: DTV, 1998; 수잔네 뫼부스, 공병혜 옮김, 『쉽게 읽는 쇼펜하우어의 의지와 표상으로서의 세계』, 이학사, 2002, 189쪽.

2) 예술의 역할과 비극적 세계 인식

그러나 인간에게는 이러한 고통으로부터 벗어나 자기 존재의 근원을 인식하는 예외적 인식 상태가 있는데, 그것은 미적 인식의 상태이다. 미적 인식이란 개인의 자기 의식 속에서 일어나는 자기 보존욕으로부터 해방되어 전체로서의 근원적 의지 그 자체가 표현된 세계의 본질을 직관적으로 인식하는 것이다. 이때 쇼펜하우어는 세계의 본질을 직관하는 미적 인식과 미적 인식을 가능하게 하는 예술을 통해서 고통으로부터 벗어나는 치유의 계기를 마련하고자 한다.[9] 그러면 우선 근원적 의지가 표현된 세계의 본질에 대한 인식과 그 인식을 통해서 인간 삶에 예술이 어떠한 영향을 미치는지 살펴보기로 하자.

쇼펜하우어에게 이 세계란 살고자 하는 맹목적인 충동으로서의 의지가 표현된 현상이다. 예술은 의지가 객관화된 세계의 본질을 직관적 방식으로 가장 직접적이며 투명하게 인식하게 해 준다. 예술에서의 미적 인식은 주관의 인과율로부터 벗어나 세계의 근원인 의지를 바라보게 함으로써 대상 속에서 몰입하는 정관의 순간을 경험하게 해 준다. 정관의 순간은 주관이 자신의 순수한 의식 속에서 의지가 객관화된 대상과 합일을 이루는 신비로운 순간이며, 마치 '익시온'의 수레바퀴처럼 지속되는 의지의 노예로부터 벗어나는 순수한 직관의 순간이다. 그런데 어떻게 의지가 표현된 세계에 대한 인식을 통해 미적 정관의 순간이 가능하단 말인가? 쇼펜하우어에 따르면 예술은 사물의 내적인 본질로 향

9 *WV* I, p. 219. 미적 인식의 대상은 '플라톤적인 이념'(die platonische Idee)이며, 그것은 근원적 의지가 가장 적합하게 객관화된 사물의 본질로서 보편적 이념이다. 미적 인식이란 의지의 '명석한 거울'(klarer Spiegel)로서 '플라톤적인 이념'에 대한 인식이 이루어지는 상태이다.

한 인식의 순간을 보존하여 순간의 무상성을 뛰어넘게 하며, "모든 삶의 흐름에서 금방 사라지는 사사롭고 개별적인 것은 예술을 통해 전체[보편적인 것]로 재현된다." 그래서 예술에서의 정관의 순간은 바로 현상의 세계에서 "왜, 무엇을, 어떤 목적에서"라는 관계의 사슬로부터 발생하는 개별적 고통이 존재하는 시간의 바퀴를 멈추게 하는 것이다.[10] 이러한 세계 전체의 명석한 거울로서의 예술의 인식 기능은 자기 의식 속의 자기 보존욕의 수단이 되기 않기 때문에 직접적으로 대상 속에 몰입할 수 있게 한다.

이러한 예술을 통한 미적 정관의 상태의 반복적 경험은 이 세계가 본질적으로 하나의 의지라는 사실을 명료하게 바라보게 할 뿐만 아니라, 개인의 자의식에서 벗어나 점차 세계와 하나가 되어 가는 방향으로 마음을 넓히게 한다. 왜냐하면 자의식에 갇혀 있는 사람은 오직 자기 보존욕을 충족시키기 위한 관계의 것으로서 개별 사물들을 인식하기 때문이다. 그리고 이러한 인식은 자신의 의욕을 부추기는 행위의 동기가 된다. 그러나 예술을 통한 이념에 대한 인식은 의욕을 점점 이러한 관계로부터 고개를 돌리게 하여 미적 무욕의 상태, 즉 평정의 상태로 이끈다. 그래서 쇼펜하우어는 예술만이 순수하고 진실한 심오한 세계의 본질에 대한 인식과 더불어 의욕의 휴식을 통해 자기 집착에서 비롯된 고통에서 벗어나는 위로(Trost)를 준다고 말한다.[11] 그러나 의욕이 일어나지 않는 미적 정관의 상태가 삶의 고통에 대한 단순한 도피나 순간적인 위로가 되지 않기 위해서는 반복적인 예술에 대한 미적 경험을 통해 의식에서 벗어나 전체 세계를 향해 심정을 넓히는 삶의 습관이 요구된다. 이러

10 *WV* I, p. 252. 쇼펜하우어는 대부분의 사람들은 이념에 대한 직관에는 관심이 없고, 구체적인 삶에 대한 욕구에 집착한다고 말한다.

11 *WV* I, p. 335.

한 미적 경험의 반복이 순간의 위로를 넘어서 일상적 삶에서 자기 보존을 위한 이기심을 부추기는 지속적인 관계의 사슬로부터 벗어나 세계가 본질적으로 의지라는 사실을 깨닫게 하고, 점차 전체 세계의 근원을 향해 나아갈 수 있는 마음의 확장을 가져다 줄 수 있기 때문이다.

쇼펜하우어에게 예술을 통한 세계 인식이 인간 삶에 미치는 영향은 그의 비극예술론에서 두드러지게 나타난다. 비극은 개별적인 육체적 존재로 현상의 세계 속에서 살아가는 인간의 고통의 본질을 더욱 명료하게 인식하게 하고 윤리적·실천적 치유로 나아갈 수 있는 계기를 마련해 준다.[12] 특히 비극예술에서의 숭고의 경험은 인간 삶의 본질로서의 고통에 대한 통찰과 더불어 금욕을 향한 윤리적 세계로 세계를 변화시킬 수 있는 실천적 영향력을 지닌다. 인간성의 본질을 표현한 비극의 최종 목적은 인류의 고뇌를 의도적으로 재현하여 삶에의 의지로부터 전향을 촉구하는 것이다. 왜냐하면 비극은 삶이 지닌 경악스런 측면을 재현할 뿐만 아니라, 그에 대한 인식을 통해 경악과 비참의 원인인 의지에 대한 집착을 정화하여 잠재우게 하는 윤리적 체념의 방향으로 마음의 변화를 일으키기 때문이다. 비극을 통해 개인의 의욕이 좌절된 가운데 드러나는 의지의 고유한 본질을 완전히 인식하게 되면, 사람들은 의지 스스로 자기 포기를 재현하는 진정 효과를 경험하게 된다. 쇼펜하우어가 시 예술 중에서도 비극을 최고로 인정하는 것은 비극이 큰 불행의 재현으로서 의욕과 자기 자신의 항쟁을 고통의 본보기가 될 수 있도록 가시화하

12 쇼펜하우어의 철학은 윤리적·미학적·종교적 치유술을 지니고 있다. 이때 윤리적 치유술은 인간 행위의 실천적 영역에서 개체의 이기주의를 극복하고, 사회 안에서 타자와의 연대적 삶 속에서 개체적인 고통을 극복하게 하는 치유 방식이다. 김정현, 「고통의 심층철학: 쇼펜하우어의 의지의 형이상학을 중심으로」, 『철학연구』 제68집, 1998, 140-142쪽 참조. 예술은 이러한 윤리적 치유로 나아가는 데 매개 역할을 한다고 할 수 있다.

기 때문이다. 비극을 관람한 관객이 고통의 원인인 모든 의욕과 모든 노력의 무의미성에 대한 인식에 도달하고, 그 결과 의지 자체가 폐기되는 지점까지 심화되면, 비로소 비극의 본래 목적이 성취된다. 비극은 세계의 본질에 대한 포괄적 인식을 매개로 하여 의지의 자기 부정에 도달하여 의지의 체념에 이르게 해 마음에 변화를 주는 치유의 과정과 동시에 금욕의 윤리적 세계로 나아가는 계기를 마련해 주는 것이다.[13]

비극은 이처럼 세계의 본질에 대한 포괄적 인식을 매개로 하여 관객으로 하여금 의지의 자기 부정을 통해 의지의 체념 상태에 도달하게 하지만, 동시에 무대 위에서 재현되는 타자의 고통에 직접 참여하는 동정심을 계발하게 하기도 한다. 이러한 표상의 세계로서의 인간 삶에 대한 비극적 통찰은 결국 의지의 체념이나 개인적인 금욕으로 나아가게 할 뿐만 아니라, 동시에 타자에 대한 동정심을 느끼게 하여 윤리적 실천을 가능하게 하는 것이다.[14] 타자에 대한 동정심은 똑같은 의지가 객관화된 삶의 고통에 대한 연대 의식을 통해 타자의 세계로 마음이 넓어지는 덕의 심성을 지니게 한다. 쇼펜하우어에 따르면 덕의 실행이란 타자의 고통을 경감시키는 훌륭한 행동과 자선으로 나아가는 것이다. 그리고 이러한 덕의 실행은 항상 타자의 고뇌를 자신의 고뇌와 직접적으로 일치시키는 동정심으로부터 비롯된다.[15] 동정심은 하나의 의지에 자신

13 Kong, B. H., "die Ideenerkenntnis in der Schopenhauerschen Kunstlehre im Vergleich zu Kants Lehre der aesthetischen Idee" in *93. Schopenhauer-Jahrbuch 2012*, Würzburg: Koenigshauesen & Neumann, 2013, p. 304.

14 F. 실러, 장상용 옮김, 『소박문학과 감상문학』, 인하대학교출판부, 1996, 196쪽. 비극적 감동을 일으키는 비극은 고뇌하는 인간을 보여 주는 행위의 모방이며, 그것이 동정심(Mitleid)을 일으키는 것은 고뇌하는 불행한 인간과 자신의 보편적 유사성을 발견하게 하기 때문이다.

15 *WV* II, p. 484.

과 타자가 굴복하고 있음을 인식하면서 모든 현존재가 고통이라는 것을 깨닫는 마음의 상태에서 생겨난다. 즉 동정심은 항상 자기 자신과 다른 사람으로부터 같은 삶의 본질을 인식하는 것에서 발생한다. 그래서 동정심은 개인의 이기심을 허물고 "심정의 진실한 선함"에서 오는 윤리적 행위, 즉 타자의 고통을 줄이는 자비로운 행위로 나아가게 하는 것이다. 쇼펜하우어는 이러한 동정심이 추상적 인식이 아니라 인간의 행위나 인생의 과정을 통한 직접적이며 직관적인 인식으로부터 발생한다고 말한다.[16] 이러한 의미에서 인간의 행위와 사건을 통한 인간 삶의 비극적 인식의 과정에서 일어나는 숭고의 감정은 고통의 근원으로부터 벗어나게 하는 동정심과 연민의 감정을 일어나게 하여 덕의 심정을 확장시키는 데 기여한다. 다름 아닌 예술이 개인을 고통의 원인인 자기 집착이나 이기심으로부터 벗어나게 하여 마음의 변화를 가져다주는 자기 돌봄의 실천적 방식에 기여할 수 있는 것이다.

2. 니체의 삶의 예술과 자기 돌봄

1) 고통과 건강

니체 철학에서도 쇼펜하우어 철학에서처럼 고통은 삶의 근본적 조건이다. 그래서 니체에게 예술과 철학은 고통받는 자를 전제로 "삶의 치료제나 구조책"이 된다.[17] 그러나 니체에게 고통은 자기 삶의 주인이 되어

16 수잔네 뫼부스, 공병혜 옮김, 『쉽게 읽는 쇼펜하우어의 의지와 표상으로서의 세계』, 227쪽.
17 F. W. 니체, 백승영 옮김, 『바그너의 경우 외』, 529-530쪽.

가치를 창조하는 자에게는 강화와 성숙의 계기로 작용한다. 자기 삶을 창조하는 자에게는 반드시 고통이 필요하며, 고통의 크기가 곧 삶의 크기에 비례한다. 이때 자기 삶을 조형하여 예술작품처럼 다시 태어나는 삶이 바로 예술로서의 삶이다. 그러면 자기의 삶을 예술작품과 같이 탄생하게 하기 위해 필요한 고통의 의미는 과연 무엇일까? 니체는 고통을 어떻게 이해하고 있는 것일까? 고통으로부터 어떻게 자기 변형이 일어날 수 있는가?

니체는 죽음만을 행복의 유일하고 참된 중재자로 보는 고대 그리스의 실레노스의 지혜나 이 세계란 집착할 가치가 없음을 강조하는 쇼펜하우어의 철학에 대해서 비판적이다. 니체가 그리스 비극에서 발견한 삶을 긍정하는 디오니소스적 고통은 광기와 도취를 통해 비로소 창조가 가능해지는 산고이며, 그것이야말로 부조리한 고통에 의미를 부여하여 삶을 적극적으로 긍정하도록 하는 것이다. 고통은 인간이 감당해야 하는 인간의 조건이며, 삶의 한계상황으로서의 고통에 대한 의미 파악만이 삶을 적극적으로 받아들이는 계기가 된다.[18] 니체는 다음과 같이 말한다.

> 인간은 자신의 의미의 문제 때문에 괴로워했다. 그는 그 밖의 문제로도 괴로워했다. 인간이란 대체로 보아 병든 동물이었다. 그러나 그의 문제는 고통 자체가 아니었고, '무엇 때문에 고통스러워하는가?'라는 물

18 F. W. 니체, 이진우 옮김, 『비극의 탄생 외』, 니체전집 2권, 책세상, 2005, 41쪽. 니체가 발굴한 그리스 비극에서 "실존의 경악스러운 것과 부조리에 관한 구토 사상"을 삶으로 변형시킬 수 있는 새로운 생각의 탄생은 예술적 산파술을 통해 가능하다. 디오니소스적 예술은 자연력의 강화, 삶의 긍정이다. 김선희, 「또 하나의 죽음, 자살에 대한 니체의 철학적 부검과 철학적 알리바이」, 『니체연구』 제22집, 2012, 121쪽 참조.

음의 외침에 대한 해답이 없는 것이었다. 가장 용감하고 고통에 익숙한 동물인 인간이 고통 그 자체를 부정하는 것은 아니다. 인간에게 고통의 의미나 고통의 목적이 밝혀진다고 한다면, 인간은 고통을 바라고 고통을 찾기도 한다. 지금까지 인류 위로 널리 퍼져 있던 저주는 고통이 아니라, 고통의 무의미였다.[19]

그러면 고통의 의미는 어떻게 밝혀지는 것일까? 니체는 인간이 오랫동안 깊은 고통에 시달린다고 할지라도, 그 고통을 통해 최고의 냉정함을 회복하게 되며, 오히려 고통에 저항하려는 지성의 엄청난 긴장으로 인해 새로운 빛 속에서 세상을 보게 된다고 말한다.[20] 이처럼 고통에 직면할 용기를 가지고 그에 저항하는 인간은 삶을 받아들이면서 자신을 강화하고 성숙시키며 자신의 치료자가 된다. 니체는 다음과 같이 말한다.

> 괴로움에 대한 용기 — 현재 우리가 그런 것처럼, 우리는 상당히 많은 불쾌를 견딜 수 있다. 그리고 우리의 위는 이 무거운 음식물을 소화하는 데 적합하게 만들어져 있다. 아마 그것이 없다면 우리는 인생이라는 식사 시간을 무미건조하게 생각하게 될 것이다. 고통을 기꺼이 견디려는 의지가 없다면 우리는 너무 많은 기쁨을 놓칠 것이 틀림없다![21]

니체에 따르면 고통을 받아들이는 용기는 삶에 필요한 덕목이며, 마치 생목이 불태워지듯이 느리게 오는 긴 시간에 걸친 커다란 고통은

19 F. W. 니체, 김정현 옮김, 『선악의 저편 외』, 니체전집 14권, 책세상, 2009, 540쪽.

20 F. W. 니체, 박찬국 옮김, 『아침놀』, 니체전집 10권, 책세상, 2008, 128-129쪽.

21 F. W. 니체, 박찬국 옮김, 『아침놀』, 305쪽.

우리의 최후의 심층에까지 내려가게 하여 정신의 궁극적 해방자가 된다. 여기서 커다란 고통은 인간에게 의혹을 갖게 하여 마음의 깊이와 삶 전반의 상황들의 깊이로 내려가게 하는 실제적인 스승이다. 따라서 니체에게 고통, 즉 근심, 권태, 욕망, 나약함, 야만성, 복수, 결핍, 상실, 질병 등은 거세해야 하는 부정적 질병이 아니다. 고통은 오히려 인간이 자신의 심연으로 내려갈 때 길잡이 역할을 하고 더 나아가 정신적 해방을 가능하게 하며 그를 고귀하게까지 한다.[22] 왜냐하면 인간은 그 자신의 내부에 이미 치유력을 지니고 있어 상처를 입어도 새로 태어날 수 있고, 오히려 그 상처로 인해 정신이 성장하고 새 힘이 솟기 때문이다.[23] 니체는 다음과 같이 말한다.

> 고통의 나락으로부터, 심각한 질병과 심각한 회의의 질병으로부터 회복한 사람은 낡은 껍질을 벗고, 더 민감해지며, 더 악의적으로 되고, 기쁨에 대한 더 세련된 취향을 지니며 모든 좋은 것에 대해 보다 섬세한 혀를, 그리고 더욱 쾌활해진 감각과 기쁨 안에서 … 이제 보다 위험한 두 번째의 순진함을 지니게 되며, 동시에 더 천진난만하고 이전보다 백 배나 더 영리해진 사람으로 다시 태어나는 것이다.[24]

이처럼 고통의 체험을 통해 마치 뱀이 허물을 벗듯이 낡은 존재의 껍질을 벗어던지고 인간 본연의 내면 세계를 심층적으로 이해하며 참된 인간으로 탄생하는 과정이 니체에게는 바로 자기 치료의 과정이며 동시

22 F. W. 니체, 김정현 옮김, 『선악의 저편 외』, 295쪽.
23 F. W. 니체, 백승영 옮김, 『바그너의 경우 외』, 73쪽.
24 F. W. 니체, 안성찬·홍사현 옮김, 『즐거운 학문 외』, 니체전집 12권, 책세상, 2005, 12-30쪽.

에 새로운 건강을 향한 과정인 것이다.[25] 자기 치료란 삶의 고통을 받아들여 자기 극복을 통해 건강하게 새로워지는 과정이다. 건강하게 새로워지는 인간은 원한, 원망, 죄의식 등의 자기 부정에 사로잡힌 병든 상태에서 벗어나 자기 형성을 촉진하는 힘의 고양으로 건강한 자연성을 회복하는 인간이다.[26] 자기 극복의 과정이란 "수많은 종류의 건강의 상태를 거듭해서 통과하고 또 통과하여" 자신의 상처를 정신적인 형식으로 바꾸어 가는 치유의 과정이다. 즉 자신의 고통스런 상태를 가장 정신적인 형식으로 운영하는 '변형의 기술'(Kunst der Transfiguration)이 치유의 기술이며, 바로 삶의 예술인 것이다.[27]

그러면 여기서 건강이란 무엇인가? 그는 건강과 병을 곧 삶의 가치 문제로 귀결시키는데, 건강이란 고통에 적극적으로 반응하는, 삶을 긍정하는 능력이며, 병든 상태란 긍정적 방식으로 고통에 반응할 수 있는 능력이 부재한 상황을 의미한다. 니체가 말하는 건강이란 지속적으로 고통에 반응하는 치유 본능을 통해 삶을 적극적으로 긍정하는 새로운 건강을 의미한다. 병든 인간은 자신의 빈곤함과 용기 부족으로 고통에 반응하지 못하지만, 건강한 인간은 고통에 직면할 용기를 가지고 고통에 반응하며 자기 자신의 의사가 될 수 있는 사람이다.[28] 그래서 니체에 따르면 건강과 병은 본질적으로 대립적이지 않다. 오히려 병이란 삶에 유용할 수 있으며 삶을 위한 자극제가 될 수 있다. "병 자체는 삶의 자극제가 될 수 있다. 단지 우리는 이러한 자극을 이겨 낼 정도로 충분

25 김정현, 「니체와 철학실천의 길」, 『니체연구』 제19집, 2011, 22쪽.
26 F. W. 니체, 안성찬 홍사현 옮김, 『즐거운 학문 외』, 134쪽.
27 김정현, 「니체와 철학실천의 길」, 20쪽.
28 T. A. Long, "Nietzsche's Philosophy of Medicine" in *Nietzsche Studien*, Bd. 19, 1990, p. 118.

히 건강해야 한다."[29] 병과 고통은 건강에 이르려는 자연의 시도이며 내적인 신호인 것이다. 그래서 오히려 이러한 신호에 반응함으로써 우리는 생리적 불균형이나 심리적 부조화의 상태, 혹은 삶의 잘못된 습관이나 자세를 점검하고 다시 건강을 추구하게 된다. 질병에 걸린 삶에 감사하며 스스로를 수양하고 단련하는 삶의 시도와 실험을 통해 지속적으로 삶의 가치에 대한 관점을 전환함으로써 병으로부터 회복될 수 있는 것이다.[30]

2) 망각과 고통의 치료술

니체는 이렇듯 새로운 건강을 향해 "이제 나는 지금 마음대로 관점을 전환할 수 있으며, 그러한 도구를 가지고 있다."라고 말한다.[31] 진정한 건강이란 관점의 전환을 통해 넓고 깊게 세계를 인식할 수 있는 열린 정신과 세계와의 진정한 화해, 그리고 일상과의 잘못된 교섭에서 벗어나 자유 정신을 이룰 때 얻어진다. 그렇다면 인간은 어떻게 새로운 건강으로 나아가는 치료의 기술 혹은 도구를 발견할 수 있는가? 니체는 고대 치유술과 연관된 기억과 망각의 관계를 통해 치료의 기술을 발굴한다. 고대 치유술에는 기억의 여신 므네모시네(Mnemosyne)를 체현하는 '기억의 기술'(die Kunst der Erinnerung)과 망각의 여신 레테(Lethe)에 의한 '망각의 기술'(Die Kunst des Vergessens)이 있는데, 이것을 니체는 건강과 질병의 치료 문제로 옮겨 놓는다. 니체는 기억을 통해 인간은 역사적 삶

29 F. W. 니체, 백승영 옮김, 『바그너의 경우 외』, 30쪽.

30 김성민·김성우, 「니체와 위대한 건강의 윤리학」, 『의철학연구』 제19집, 2015, 15쪽.

31 F. W. 니체, 백승영 옮김, 『바그너의 경우 외』, 333쪽.

뿐만 아니라 의미 있는 삶을 만들어 갈 수 있다고 보았다.[32] 그러나 그는 기억의 가치뿐만 아니라 망각할 수 있는 능력의 가치에 대해서도 다음과 같이 언급하고 있다.

> 망각이란 천박한 사람들이 믿고 있듯이 그렇게 단순한 타성력(vis inertiae)이 아니다. 오히려 이것은 능동적인, 엄밀한 의미에서의 적극적인 저지 능력이며, 이 능력으로 인해 단지 우리가 체험하고 경험하며 우리 안에 받아들인 것이 소화되는 상태(이것을 '정신적 동화'라고 불러도 좋다)에 있는 동안, 우리 몸의 영양, 말하자면 '육체적 동화'가 이루어지는 수천 가지 과정 전체와 마찬가지로, 이것이 우리의 의식에 떠오르지 않는다. … 이것이야말로 이미 말했듯이, 능동적인 망각의 효용이며, 마치 문지기처럼 정신적인 질서와 안정, 예법을 관리하는 관리자의 효용이다. 여기에서 바로 알 수 있는 것은 망각이 없다면 행복도, 명랑함도, 희망도, 자부심도, 현재도 있을 수 없다는 것이다. 이러한 저지 장치가 파손되거나 기능이 멈춘 인간은 소화불량 환자에 비교될 수 있다.[33]

니체에게 망각이란 인식 능력의 상실이 아니라 건강한 삶을 살기 위한 적극적인 저지 능력이며, 새로운 것을 만들기 위해 자리를 준비하는 능동적 정신 활동이다. 물론 기억을 통해 우리는 의미와 역사를 만든다. 그러나 과거의 고통의 상처에 대한 망각이 없다면 현재와 미래의 새로운 것을 만들 수 없게 되는 것이다. 니체에 따르면 고귀한 인간이란

32 니체에 따르면, 기억의 능력으로 약속할 수 있는 짐승은 오로지 주권적 개인에만 적용된다. 이러한 약속과 책임의 권리의 소유자는 자유로운 존재이다. F. W. 니체, 이진우 옮김, 『비극의 탄생 외』, 295쪽 참조.

33 F. W. 니체, 김정현 옮김, 『선악의 저편 외』, 395-396쪽.

"조형하고 형성하고 치유하고 또한 망각할 수 있는 힘을 넘치게 지닌 강하고 충실한 인간"이다.[34] 그래서 망각할 수 있는 힘은 고통에 반응하여 상처를 치유하고 그것을 새롭게 조형할 수 있는 능력이다. 망각을 통한 "조형하는 힘이란 스스로 고유한 방식으로 성장하고, 과거의 것과 낯선 것을 변형시켜 자신의 것으로 만들며, 상처를 치유하고 상실한 것을 대체하며 부서진 형식을 스스로 복제할 수 있는 힘을 말한다."[35] 망각의 능력은 과거의 상처나 고통을 시간의 간격을 두고 변형시키는 치유력이며, 새로운 것을 만드는 삶의 조형력의 토대가 되는 것이다.

니체의 '적극적 망각'의 능력은 억압이 아닌 억제(Hemmung)의 의미를 지닌다. 적극적 망각은 시간의 간격을 두고 낯선 것을 변형시키거나 동화시키고, 상처를 치유하며 상실된 것을 대치시키는 능력으로 새로운 삶을 조형하는 건강에 기여하는 것이다. 니체에 따르면 우리의 기억 속에 잠복해 있는 양심의 가책, 죄의식, 원죄 등 처벌에 대한 공포와 불안은 문명화된 도덕의 기원으로서 의무나 계약, 부채 등과 같은 약속을 의식 속에 각인시키는 기억의 훈련에서 비롯된 것이다. 그러나 적극적 망각의 능력은 개인뿐만 아니라 한 민족이나 한 문화를 형성하는 삶의 정

34 F. W. 니체, 김정현 옮김, 『선악의 저편 외』, 370쪽.

35 F. W. 니체, 이진우 옮김, 『비극의 탄생 외』, 293쪽. 여기서 망각 능력을 토대로 하는 조형 능력을 특히 회복탄력성(resilience)과 연관시켜 해석해 볼 수 있다. 회복탄력성이란 변화하는 환경에 적응하고 그 환경을 스스로에게 유리한 방향으로 이용하는 인간의 총체적 능력을 뜻한다. 그것은 어려움을 적응적 상태로 다시 되돌아오게 한다는 의미인 회복과 정신적 저항력의 향상, 즉 역경을 딛고 되튀어 오르는 성장을 의미하는 탄력성을 말한다. 이는 곧 니체의 '가치 전도'라는 관점의 변경과 관계한다. 김선희는 니체의 허무주의 진단에 따른 치료 패러다임이 회복탄력성이 추구하는 것과 공통점을 지니고 있다고 말한다. 김선희, 「가치의 무화에 대한 니체의 계보학적 물음의 철학 치료적 접목」, 『니체연구』 제25집, 2014, 136쪽 참조.

신과 신체의 위생에 필수불가결한 조건으로 삶의 유용성에 이바지한다.[36] 물론 니체에게서 내면 세계의 억제는 자기 무시, 자기 부정, 자기 증오, 자기 희생, 자기 학대 등의 퇴행적 힘으로 작용하거나, 양심의 가책, 자기 부정의 모습으로 표현되기도 한다. 그러나 내면 세계에서 적극적 망각의 힘은 건강한 영혼의 성장이나 정신적인 창의성을 위한 승화 과정에서 내재적 힘으로 작용한다.[37] 여기서 승화란 충동의 극복 및 정신화의 과정이다. 니체는 적극적으로 망각하여 내면으로 승화시키는 자기 변형의 과정을 건강의 회복 과정과 관계시킨다. 고통의 경험과 상처를 적극적으로 망각하여 내면적으로 승화해 예술로 표현하는 과정은 삶에의 의지를 건강하게 변형시켜 삶의 활력을 강화시켜 주는 역할을 한다. 이처럼 건강한 삶으로 회복시키는 삶의 조형의 과정은 과거의 상처와 고통을 내면화하는 적극적 망각의 과정을 통해 변형을 경험하는 승화의 관점에서 이해할 수 있다.

나아가 니체는 이러한 승화를 통한 자기 치유를 감정의 운동과의 적절한 교류에 대한 물음과 연결시킨다. 그는 불안, 걱정, 수치심, 모욕, 슬픔, 상심, 분노, 돌발적 분노, 시기심, 질투 등과 같은 정동을 절제하거나 억압하려는 것이 아니다. 오히려 그는 그것을 내면화하여 밖으로 능동적으로 열리게 하는 정화를 통한 승화의 방식에서 치유의 방향을 찾는다. 그래서 니체는 성욕의 억압이나 단절, 체념을 통해 고통으로부터의 윤리적 구원책을 제시하는 쇼펜하우어와는 달리 그러한 충동을 내면화하여 표현하는 승화의 방식을 제시한다.[38] 그에 의하면 정동의 억압은 영혼의 내면에 원한 감정, 죄책감, 양심의 가책 등을 발생시켜 병들

36 김정현, 「니체의 심층심리학」, 『철학』 제49집, 1999, 166쪽.

37 김정현, 「니체의 심층심리학」, 169쪽.

38 김정현, 「니체의 심층심리학」, 134쪽.

게 한다. 반면 정동의 능동적·적극적 표현인 예술을 통한 승화는 세계에 대해 열리게 하고 스스로에 대한 신뢰를 강화시키며 절제 있는 건강한 정서의 질서를 이루게 할 수 있다.[39]

3) 삶의 예술과 미적 실존

니체에 따르면 인간은 삶의 고통을 적극적으로 받아들여 자기를 극복하는 치유 본능을 지니고 있으며, 그를 통해 자신의 삶을 건강하게 조형하는 힘을 지닌다. 이때 고통을 창조적으로 변용하여 건강한 삶을 향해 자기를 극복하는 자기 돌봄의 과정이 예술로서의 삶, 삶의 예술이라고 말할 수 있다. 그러면 니체가 말하는 삶의 예술이 어떻게 건강을 향한 자기 치유와 자기 돌봄의 역할을 할 수 있는지 살펴보기로 하자.

니체의 실존미학에서 삶이 예술이 되는 과정은 고통을 적극적으로 받아들여 건강한 몸으로 회복되는 치유의 과정이다. 삶의 예술은 곧 주체의 변형이고 삶의 조형이다. 니체의 삶의 예술에 대한 논의는 우선 개인을 지배하고 있는 도덕적 규범과 그 규범이 뿌리를 두고 있는 힘에 대한 『도덕의 계보학』에서의 분석 작업으로부터 출발한다.[40] 니체에 따르면 미적으로 실존하는 주체는 억압적인 규범에 대항하면서 능동적인 힘에의 의지라는 자기 형성의 실천 방식을 통해 자기 삶의 양식을 창조한다. 니체는 도덕 대신에 우리가 자기 자신의 삶을 예술작품으로 창조해야 한다는 실존미학의 입장을 내 보인다. "나는 나를 어떤 주체로 만들 것인가?"라는 니체의 자연주의 계보학의 최종 물음은 곧 개인의 삶과 세계를 "스스로 분만하는 예술작품"으로 이해하고, 도덕을 삶의 미

39 김정현, 「니체의 심층심리학」, 172쪽.

40 이상엽, 「니체의 삶의 예술철학」, 『니체연구』 제17집, 2010, 96-98쪽.

학으로 환원한 실존미학으로 나아간 것이다.[41]

니체는 『도덕의 계보학』에서 삶의 가치를 도덕적 규범이 아니라, 주체의 능동적인 자기 조형의 힘이 발휘되어 '힘에의 의지'가 상승되는 자연의 유용성에서 찾는다. 삶의 고양이 일어나는 자연의 유용성은 좋은 것이고 그러한 기능을 하지 못하는 것은 나쁜 것이다. 행복한 것 역시 저항을 극복하는 힘의 행사에서 느껴지는 삶의 고양에 대한 체험이다. 예술로서의 삶을 사는 사람은 힘에의 의지의 주체이며 스스로 고통에 적극적으로 반응하며 자기 자신의 힘을 고양시키면서 자신과 자신의 삶을 조형해 가는 사람이다. 여기서 자신의 삶을 조형해 가는 사람은 외적 조건에 무기력하게 복종하는 존재가 아니라, 외적 관계망 속에서 부단한 힘의 투쟁을 통해 자기 자신을 능동적으로 구축하는 존재이다.[42]

그렇다면 인간은 어떻게 자기 삶을 창조적으로 이끌어 갈 수 있는가? 니체는 삶의 기술(ars vitae, ars vivendi)의 뿌리를 의식적으로 자신의 삶을 이끌어 가던 방법, 자기 돌봄, 쾌와의 관계, 우정, 침묵, 자기 점검 등 삶의 성찰과 훈련에 관심을 가졌던 고대철학, 특히 금욕을 강조한 스토아 철학에서 찾는다. 삶의 기술이며 실천인 예술로서의 삶은 니체에

41 F. W. 니체, 안성찬·홍사현 옮김, 『즐거운 학문 외』, 369쪽. 니체 사상을 이어받아 도덕에 삶의 기술과 실존미학이라는 특징을 부여한 푸코는 다음과 같이 말한다. "삶이 예술작품이 될 수는 없는 것인가? 램프나 집은 예술적 대상인데 왜 삶은 아닌가? … 우리에게 자기 자신이 주어져 있는 것이 아니라는 생각으로부터는 하나의 실천적 귀결만이 나온다고 생각한다. 그것은 우리가 자기 자신을 예술작품으로 창조해야 한다는 것이다." M. Foucault, " On the Genealogy of Ethics: An Overview of Work in Prosgress" in H. L. Dreyfus & P. Rabinow, *Michel Foucault: Beyond Structuralism and Hermeneutics*, University of Chicago Press, 1982; H. L. 드레퓌스·P. 라비노우, 서우석 옮김, 「윤리의 계보학에 대하여」, 『미셸 푸코, 구조주의와 해석학을 넘어서』, 나남, 1990, 332쪽 참조.

42 백승영, 「실존의 미학으로서의 삶의 윤리: 니체와 푸코」, 『니체연구』 제23집, 2013, 148-149쪽.

게서 금욕, 시도와 실험을 통한 자기 극복을 통해 실천된다.[43] 여기서 금욕이란 도덕 법칙이나 종교적 교리로부터 개인에게 부여되는 규정이 아니라 자기 자신을 극복하기 위한 훈련이며, 자기 형성의 능동적 실천 방식으로서의 예술적 삶을 창조하기 위한 준비 단계에 속한다. 그리고 시도와 실험은 자기 변형과 자기 구성을 위해 선과 악을 넘어서 다양한 관점을 수용하고 새로운 삶의 관점으로 전환하기 위한 과정이다. 삶의 예술에서는 진리는 존재하지 않고 지속적인 관점의 변경을 통한 진리의 해석만이 존재한다. 이에 따라 시도와 실험을 통한 관점의 변경은 곧 자기를 극복하는 창조적 행위이자 고통을 적극적으로 받아들여 삶을 긍정하는 최고의 예술이 된다. 이러한 관점의 변경을 통한 자기 변형 및 구성의 과정은 마치 예술작품을 창조하는 것과 같은 것이다.[44] 미적 실존의 주체는 평생을 훈련과 시도와 실험, 그리고 고통에 적극적으로 반응하는 자기 극복을 통해 삶의 수행의 조건이 되는 개인적 조건과 사회적 조건 일체를 자기화하면서 자기를 기술한다. 그는 실존적 결단을 위해서 여러 가지 삶의 기술들과 조건들을 활용하면서 자기를 훈련시키고 변화시킨다. 마치 예술가가 재료를 가지고 작품을 만들어 가듯이 여러 가지 삶의 조건들에서 시도와 실험을 행하면서 삶을 조형해 가는 것이다.

니체는 『이 사람을 보라』에서 섭생, 기후, 풍토, 생활 방식, 글쓰기와 글 읽기 등의 삶의 조건과 기술을 언급하면서 삶의 변형 과정에 대해 논한다.[45] 니체에게 실존적 예술의 과정이란 삶의 조건을 적극적으로 받아들여 자기화하며 변형하는 과정이다. 이러한 니체의 실존적 예술의 과정을 이어받은 슈미트(W. Schmid)에 따르면, 삶의 예술은 고통의

43 이상엽, 「니체의 삶의 예술철학」, 102쪽.
44 이상엽, 「니체의 삶의 예술철학」, 109쪽.
45 F. W. 니체, 백승영 옮김, 『바그너의 경우 외』, 276-295쪽.

극복을 통해 자기를 강화하고 다른 사람에게 자신을 열어 놓을 수 있는 적절한 자기 관계에 대한 배려이다.[46] 삶의 예술이란 개별적인 인간이 다양한 상황에서 자기 삶을 이해하고 자신을 선택할 수 있도록 스스로 강화하는 방법을 돕는 기술인 것이다.

이 밖에도 니체는 건강을 위해 자기 삶을 조형하고 치유하는 기술로서 영혼을 관리하는 법을 강조한다. 자신의 영혼을 치유하려는 사람은 가장 사소한 습관들을 고쳐야 한다.[47] 니체에 따르면, 인간관계에서 부정적으로 자신을 표현하는 것이나 거친 태도, 혹은 감정을 다스리지 못하는 마음의 습관, 게으름과 탐욕의 습관 등은 자신의 영혼을 손상시킬 뿐만 아니라 타자에게 상처를 주는데, 이때 자신의 사고 습관이나 생활 습관을 검토하고 교정하면 영혼의 치유가 일어날 수 있다. 니체의 이러한 습관의 훈련, 자기 관계에 대한 배려의 훈련은 개인이 다양한 상황에서 자신의 삶을 이해하고 스스로 선택할 수 있도록 하는 삶의 조력술이다. 즉, 그것은 긍정하는 가치로 조형하기 위한 일종의 삶의 예술이다.

3. 윤리적 치유와 자기 돌봄으로서의 삶의 예술

쇼펜하우어와 니체는 인간 삶의 조건으로서의 고통에 대한 해석을 통해 각기 다른 방식으로 그 고통에 대처하는 예술의 미학적·윤리적 치유의 역할과 건강한 삶의 조형으로서의 삶의 예술을 제시한다. 이러한 예술의 역할이 두 철학자에게서 어떻게 자기 돌봄의 실천 방식이 될 수 있는지, 그리고 양자의 차이는 무엇인지 살펴보기로 하자.

46 W. Schmid, *Philosophie der Lebenskunst*, Frankfurt am Main, 1998, pp. 325-398.

47 F. W. 니체, 박찬국 옮김, 『아침놀』, 355쪽.

쇼펜하우어는 삶의 본질로서의 고통에 대한 해석에 기초하여 예술의 영향력이 지닌 윤리적 치유의 측면을 강조한다. 예술을 통해 경험하는 미적인 무욕의 순간은 고통스런 삶으로부터의 도피나 휴식의 차원을 넘어서서 우리 모두가 의지의 현상이라는 통찰을 통해 세계의 근원과 타자를 향해 심정을 확장시킬 수 있는 계기가 된다. 고통으로 가득 차 있는 현상의 세계에 살고 있는 인간에게 진정한 예술작품을 통한 미적 경험은 예외적 경험이지만, 이러한 경험의 반복은 자기 보존의 목적을 위한 도구적 관계 속에서 사물을 바라보는 시선을 멈추게 하여 자기 집착에서 나오는 이기심에서 벗어나 전체 세계의 근원을 향해 나아가는 마음의 확장을 가져다 줄 수 있다.[48] 특히 예술을 통해 경험할 수 있는, 타자를 향해 넓어지는 심정의 변화는 동정심을 통해 타자의 고통에 동참하여 덕을 실행하는 윤리적 성숙을 위한 자기 돌봄의 과정으로 나아가게 한다.[49]

쇼펜하우어가 강조하는, 비극에서 전개되는 개별적 인간의 죽음은 자아와 타자가 똑같이 생성과 소멸이라는 의지의 현상이라는 깨달음을 준다. 이러한 비극적 통찰은 개인의 의지를 체념하게 하고 고통에 대한 동정심을 일으킨다.[50] 쇼펜하우어에게는 정의나 인간애의 덕을 위해서 오로지 동정심 그 자체가 도덕적 동인으로 작용해야 한다. 왜냐하면 동

48 쇼펜하우어의 미적 경험론은 지속적인 욕망의 수단으로서의 목적합리성으로 이루어지는 사회를 거부하고, 이기심을 극복하기 위한 진정한 도덕의 기초로서 고통에 동참하는 연대감에 대한 단초를 제공한다. Y. Kamata, "Kunst-zwischen Mitleidsgemeinschaft und Diskursgesellschaft" in *93. Schopenhauer-Jahrbuch* 2012, pp. 291-294.

49 이웃에 대한 고통에 동참하는 동정심은 의지에 대한 부정을 통해서 덕을 향상시키는 치유의 힘을 지닌다. G. Goedert, "Schopenaheur-Vorstufen der Willens-verneinung" in *93. Schopenhauer-Jahrbuch* 2012, p. 43.

50 A. 쇼펜하우어, 김미영 옮김, 『도덕의 기초에 관하여』, 161-162쪽.

정심에 뿌리를 두지 않는 덕은 이기주의에서 유래한 것이기 때문이다. 이러한 덕의 근원으로서의 동정심은 하나의 의지에 자신과 타자가 굴복하고 있음을 인식하면서 모든 현존재가 고통 속에 있다는 것을 깨닫는 마음의 상태에서 생겨난다. 쇼펜하우어가 주목하는, 비극 무대 위에서 전개되는 개인의 행위나 인생의 과정을 통한 비극적 통찰로 인해 일어나는 마음의 변화는 점차 고통에 대한 연민의 감정과 동정심을 일깨워준다. 타자의 고통에 동참하는 동정심이라는 윤리적 심성의 계발은 개인적인 금욕의 차원을 넘어서 타자의 고통을 덜어 주는 자비라는 덕을 실천하는 윤리적인 자기 돌봄으로 이어질 수 있다.

반면 니체에게 예술이란 예술가에 의한 예술작품이 아니라, 주체와 삶 그 자체를 마치 예술작품처럼 창조하는 삶의 조형을 의미한다. 삶의 윤리라는 자리에 들어선 삶의 예술은 고통에 반응하는 삶에의 의지를 강화함으로써 삶의 관점을 새롭게 변화시켜 삶을 조형하는 과정인 것이다. 그래서 그는 쇼펜하우어의 예술론이 고통스런 현실을 도피하게 하고 의지의 체념에 이르게 하는 약화된 생명력에 기인하는 데카당스의 철학에 속한다고 비판하면서, 적극적으로 고통과 대결함으로써 자신을 강화하여 새로운 가치를 창조하는 예술로서의 삶을 주장한다.

니체의 삶의 예술은 쇼펜하우어 철학에서처럼 고통의 근원에 대해 통찰함으로써 자기 집착에서 벗어나 금욕적 태도와 타자에 대한 동정심을 통해 윤리적 세계로 나아가게 하는 치유의 기술이 아니다. 니체에게 예술이란 고통을 삶을 긍정하여 강화하는 적극적 기제로 받아들여 삶을 건강하게 조형하는 자기 돌봄의 기술이다. 개인의 경험, 일상적 행위나 몸짓, 자기 자신과 타자, 그리고 세계에 대한 관계나 태도, 행동 방식 등 삶의 모든 것이 삶에의 의지를 건강하게 강화하여 자기를 변형시키는 일에 열려 있다. 따라서 니체의 삶의 예술이란 세계의 실존의 모순과 비극적 본질을 창조적으로 받아들여 자기 극복을 통해 스스로를 조형하

는, 현존재를 긍정하는 최고의 상태라고 말할 수 있다.[51]

살펴본 바와 같이 쇼펜하우어나 니체 모두 고통에 대한 해석 및 의미 부여를 통해 그에 대한 윤리적·미학적 치유 방식을 제시한다. 쇼펜하우어에게 예술은 삶의 본질로서 고통의 원인인 이기적 집착이나 의욕으로부터 벗어나게 하는 금욕이라는 윤리적 태도를 갖도록 변화하게 한다. 그뿐만 아니라 그에게 예술은 이러한 동정심을 계발하게 하여 자신의 이기주의에서 벗어나 타자의 고통에 동참하여 적극적인 자비를 실천하게 하는 것이다. 그의 동정심의 윤리에서 자비 행위란 타자에게 고통을 가하지 않고, 고통을 당하는 사람이 있으면 그 고통을 최소화하거나 그것으로부터 벗어날 수 있도록 도와주는 것이다.[52] 그러나 니체는 쇼펜하우어의 예술관이 인간의 비극적 삶의 원인인 고통으로부터의 도피이거나 일종의 체념이라는 소극적인 염세주의적 고통관에 기초한 것이라고 비판하였다. 그러나 쇼펜하우어가 말하는 예술의 역할에서 특히 주목해야 하는 것은 고통의 본질에 대한 통찰을 통해서 타자의 고통에 동참하는 동정심과 타자를 위한 배려라는 적극적인 덕행의 실천을 위해 타자를 향해 열리는 마음의 변화에 있다.

한편 니체의 삶의 예술은 쇼펜하우어에게서처럼 고통의 통찰을 통해 그 원인인 의욕 자체를 부정하거나 체념하는 금욕의 과정이나 동정심을 계발하는 과정으로 이끄는 것이 아니다. 니체에게서 고통은 오히려 창조적인 것으로서 삶에의 의지를 강화시키는 새로운 건강을 향한

51 세계와 삶의 실존을 긍정하는 니체의 사유는 삶의 미학뿐만 아니라, 세계와 인간의 삶의 놀이를 강조하는 유희미학의 성격을 지닌다. 귄터 볼파르트, 정해창 옮김, 『놀이하는 아이 예술의 신 니체』, 담론사, 1997, 20-21쪽.

52 쇼펜하우어는 타자의 고통에 동정한다 할 때 그것은 단지 느낌에 머물러서는 안 되며, 행동과 중단의 동기가 되어야 한다고 말한다. A. 쇼펜하우어, 김미영 옮김, 『도덕의 기초에 관하여』, 218-219쪽.

주체와 그 삶의 새로운 변형에 기여한다. 니체의 삶의 예술은 부조리한 고통을 견뎌 내야 하는 이 세계에서 삶의 실존적 조건들을 적극적으로 받아들여 스스로를 변형하는 자기 돌봄의 기술인 것이다.

참고문헌

가다머, H. G., 공병혜 옮김, 『고통: 의학적, 철학적, 치유적 관점에서 본 고통』, 철학과 현실사, 2005.

가다머, H. G., 이길우 외 옮김, 『진리와 방법 I — 철학적 해석학의 기본 특징들』, 문학동네, 1999.

가다머, H. G., 이유선 옮김, 『철학자 가다머, 현대의학을 말한다』, 몸과마음, 2002.

강영안, 「고통과 윤리」, 『서강인문논총』 제8집, 1998.

강영안, 『타인의 얼굴, 레비나스의 철학』, 문학과지성사, 2005.

강학순, 「하이데거의 보살핌에 관한 현상학적 존재 사유」, 한국현상학회 엮음, 『보살핌의 현상학』, 철학과 현실사, 2002.

고성희, 「문화간호를 위한 한국인의 민간 돌봄에 대한 연구: 노인 돌봄을 중심으로」, 『간호와 한국문화』, 수문사, 1992.

고성희 외, 『실버를 골드로: 고령화시대의 아름다운 노년 맞이 방안』, 하나출판사, 2006.

공병혜, 「간호에서의 감성과 타자를 위한 책임의 윤리: 레비나스의 윤리에 기초하여」, 『간호행정학회지』 제9권 제3호, 2003.

공병혜, 「간호에서의 보살핌에 대한 철학적 탐구: 리쾨르의 이야기 윤리에 기초하여」, 『대한간호학회지』 제35권 제7호, 2005.

공병혜, 「간호의 미학적 접근에 대한 비판적 해석」, 『대한간호학회지』 제33권 6호, 2003.

공병혜, 「간호의 정체성을 위한 철학적 탐구」, 『범한철학』 제30집, 2003.

공병혜, 「간호학과 현상학」, 『명상심리상담』 제11집, 2014.

공병혜, 「고통과 윤리적 삶」, 『인문의학』, 휴머니스트, 2008.

공병혜, 「고통의 치유로서 예술과 자기 돌봄」, 『의철학연구』 제21집, 한국의철학회, 2016.

공병혜, 「덕 윤리의 관점에서 본 간호실천과 보살핌의 태도」, 『범한철학』 제34집, 2004.

공병혜, 「돌봄의 윤리를 위한 미감적, 윤리적 패러다임」, 『대한간호학회지』 제32권 제3호, 2002.

공병혜, 「리쾨르의 이야기적 정체성과 생명윤리」, 『철학과 현상학 연구』 제24집, 한국현상학회, 2005.

공병혜, 「메를로-퐁티의 몸의 현상학과 간호에서의 실천적 지식」, 『철학과 현상학 연구』 제31집, 2006.

공병혜, 「미감적 의사소통을 통한 배려의 윤리의 가능성」, 『칸트 연구』 제19집, 한국칸트학회, 2007.
공병혜, 「보살핌의 학문과 철학」, 『범한철학』 제48집, 범한철학회, 2008.
공병혜, 「쇼펜하우어의 의지의 형이상학에서 이념론과 예술」, 『미학』 제32집, 한국미학회, 2005.
공병혜, 「실존적 현상학과 돌봄의 실천」, 『간호행정학회지』 제19권 제1호, 2013.
공병혜, 「인간의 고통과 예술의 역할」, 『인간연구』 제29집, 2015.
공병혜, 「인간의 교양과 취미」, 『인문학연구』 제43집, 조선대학교 인문학연구원, 2012.
공병혜, 「인터뷰: 실천적 해석학으로서의 대화」, 『범한철학』 제63집, 2011.
공병혜, 「칸트에 있어서 자연의 목적론과 문화의 의미」, 『헤겔연구』 제8집, 한길사, 1999.
공병혜, 「칸트의 미의 개념에 대한 발생론적 고찰」, 『칸트와 그의 시대』, 한국칸트학회, 1999.
공병혜, 「한국사회에서의 노인 돌봄」, 『한국여성철학』 제13권, 2010.
귄터 볼파르르, 정해창 옮김, 『놀이하는 아이 예술의 신 니체』, 담론사, 1997.
길리건, 캐롤, 허란주 옮김, 『심리이론과 여성의 발달』, 철학과 현실사, 1995.
김교빈, 「돌봄과 치유에 대한 유가정서의 철학적 기초」, 『의철학연구』 제4집, 2007.
김대오, 「아리스토텔레스 윤리학에서 실천지의 역할」, 『철학연구회』 제65집, 2004.
김문실 외, 『간호의 역사』, 대한간호협회, 1998.
김미영, 「덕과 공동체: 매킨타이어의 공동체주의」, 『사회와 이론』 제3집, 한국이론사회학회, 2003.
김석수, 「칸트의 반성적 판단력과 현대철학」, 『칸트와 미학』, 민음사, 1997.
김선욱, 「한나 아렌트 정치사상의 해석상의 문제」, 『철학연구』 제53집, 2001.
김선하, 「주체와 이야기: 언어분석철학과 해석학의 만남을 통한 리쾨르의 주체해명」, 경북대학교 박사학위논문, 2002.
김선희, 「가치의 무화에 대한 니체의 계보학적 물음의 철학 치료적 접목」, 『니체연구』 제25집, 2014.
김선희, 「또 하나의 죽음, 자살에 대한 니체의 철학적 부검과 철학적 알리바이」, 『니체연구』 제22집, 2012.
김선희, 「인격의 개념과 동일성의 기준」, 『철학연구』 제42집, 1997.
김선희, 「인문치료, 고통에 대해 묻다?—쇼펜하우어에 있어서 고통과 치료의 해석학」, 『동서철학연구』 제54집, 2009.
김성민·김성우, 「니체와 위대한 건강의 윤리학」, 『의철학연구』 제19집, 2015.
김순용 외, 「화병에서 돌봄의 본질: Transpersonal caring-healing model을 중심으로」, 『대한간호학회』 제35권 제2호, 2005.
김연숙, 「레비나스의 윤리적 주체에 대한 연구」, 『철학연구』 제53집, 철학연구회, 2001.
김연숙, 『레비나스 타자윤리학』, 인간사랑, 2001.

김재현, 「철학적 해석학의 간호학적 적용: 가다머 해석학을 중심으로」, 『계명간호과학』 제19권 제2호, 2015.
김정현, 「건강철학 — 병과 건강, 치료의 개념을 중심으로」, 『니체연구』 제7집, 2005.
김정현, 「고통의 심층철학: 쇼펜하우어의 의지의 형이상학을 중심으로」, 『철학연구』 제68집, 1998.
김정현, 「니체와 철학실천의 길」, 『니체연구』 제19집, 2011.
김정현, 「니체의 심층심리학」, 『철학』 제49집, 1999.
김정현, 「뽈 리쾨르의 도덕 철학 — 목적론적 윤리와 의무론적 도덕의 종합」, 서강대학교 박사학위논문, 2001.
김형효, 『메를로-퐁티와 애매성의 철학』, 철학과 현실사, 1999.
김혜숙·김혜련, 『예술과 사상』, 이화여자대학교출판부, 1995.
나이팅게일, F., 김조자 외 옮김, 『나이팅게일의 간호론: 참 간호와 그릇된 간호』, 현문사, 1997.
니체, F. W., 김정현 옮김, 『선악의 저편 외』, 니체전집 14권, 책세상, 2009.
니체, F. W., 박찬국 옮김, 『아침놀』, 니체전집 10권, 책세상, 2008.
니체, F. W., 백승영 옮김, 『바그너의 경우 외』 니체전집 15권, 책세상, 2009.
니체, F. W., 안성찬·홍사현 옮김, 『즐거운 학문 외』, 니체전집 12권, 책세상, 2005.
니체, F. W., 이진우 옮김, 『비극의 탄생 외』, 니체전집 2권, 책세상, 2005.
드레퓌스, H. L., 라비노우, P., 서우석 옮김, 「윤리의 계보학에 대하여」, 『미셸 푸코, 구조주의와 해석학을 넘어서』, 나남, 1990.
라운, 버나드, 서정돈 옮김, 『치유의 예술을 찾아서』, 몸과마음, 2003.
레비나스, E., 양명수 옮김, 『윤리와 무한』, 다산글방, 2002.
루딕, S., 이혜정 옮김, 『모성적 사유: 전쟁과 평화의 정치학』, 철학과 현실사, 2002.
마정희, 「돌봄의 정치적 윤리: 돌봄과 정의의 이원론을 넘어」, 『한국사회정책』 제17집 제3호, 2010.
매드저, I. & 월턴, J. A., 신경림 외 옮김, 『질병체험연구』, 현문사, 2001.
매킨타이어, A., 이진우 옮김, 『덕의 상실』, 문예출판사, 1997.
메를로-퐁티, 모리스, 권혁민 옮김, 『의미와 무의미』, 서광사, 1985.
메를로-퐁티, 모리스, 유의근 옮김, 『지각의 현상학』, 문학과지성사, 2002.
뫼부스, 수잔네, 공병혜 옮김, 『쉽게 읽는 쇼펜하우어의 의지와 표상으로서의 세계』, 이학사, 2002.
문손, R., 박석건 외 옮김, 『의료문제의 윤리적 성찰』, 단국대학교출판부, 2001.
박성호, 「프로네시스의 실천적 조건으로서 헥시스」, 『철학논총』 제10집, 1994.
박영선, 「숭고로서의 비극과 윤리: 쇼펜하우어를 중심으로」, 『대동철학회』 제50집, 2010.
박정순, 「현대사회의 도덕적 위기와 덕의 윤리의 부활」, 『철학과 현실』 제10집, 1991.

반덕진, 『히포크라테스의 발견』, 휴먼라이브러리, 2005.
백승영, 「가다머의 실천철학 기획과 해석학적 계몽의 의미」, 『해석학연구』 제16집, 2005.
백승영, 「도덕적 현상으로서의 해석학적 이해」, 『철학연구』 제71집, 2005.
백승영, 「실존의 미학으로서의 삶의 윤리: 니체와 푸코」, 『니체연구』 제23집, 2013.
백지은, 「한국노인들의 성공적 노화에 대한 인식: 비교 문화적 접근」, 이화여자대학교 박사학위논문, 2005.
베너, P., 지성애 외 옮김, 『해석학적 현상학과 간호연구』, 정담미디어, 2002.
변순용, 「휴머니즘, 타자와 나: E. Levinas를 중심으로」, 『철학연구』 제59집, 철학연구회, 2002.
볼파르트, 귄터, 정해창 옮김, 『놀이하는 아이 예술의 신 니체』, 담론사, 1997.
손효주, 「아리스토텔레스에 있어서 예술과 자연」, 한국미학예술학회 엮음, 『예술과 자연』, 미술문화, 1997.
쇼펜하우어, A., 김미영 옮김, 『도덕의 기초에 관하여』, 책세상, 2004.
쉘러, 막스, 조정옥 옮김, 『동감의 본질과 형태들』, 아카넷, 2003.
스피겔버그, 허버트, 최경호 옮김, 『현상학적 운동』 II, 이론과실천, 1992.
신국원, 「가다머 해석학의 사회 윤리적 의의」, 『문화와 해석』, 철학과 현실사, 2000.
신상희, 「사방세계 안에 거주함」, 『철학과 현상학 연구』 제29집, 2006.
신인섭, 「메를로-퐁티의 타자경험에 대한 레비나스와 리쾨르의 논쟁」, 『철학과 현상학 연구』 제20집, 2003.
신인섭, 「제2인칭을 위한 윤리학의 현상학적 근거」, 『철학연구』 제58집, 2002.
실러, F., 안인희 옮김, 『인간의 미적 교육에 관한 편지』, 청하, 1995.
실러, F., 장상용 옮김, 『소박문학과 감상문학』, 인하대학교출판부, 1996.
아렌트, 한나, 김선욱 옮김, 『칸트 정치철학 강의』, 푸른숲, 2000.
아리스토텔레스, 이창우 외 옮김, 『니코마코스 윤리학』, 이제이북스, 2006.
아리스토텔레스, 최명관 옮김, 『향연, 파이돈, 니코마코스 윤리학』, 을유문화사, 2003.
양대종, 「마음의 고통에 대한 윤리적 성찰」, 『니체연구』 제25집, 2014.
양해림, 「네오프래그머티즘의 해석학」, 『범한철학』 제43집, 2006.
에드워즈, S. D., 공병혜·홍은영 옮김, 『돌봄과 치유의 철학』, 철학과 현실사, 2004.
원키, 조지아, 이한우 옮김, 『가다머: 해석학, 전통 그리고 이성』, 민음사, 1999.
윤성우, 『폴 리쾨르의 철학』, 철학과 현실사, 2004.
윤성우, 「현대생명의료윤리학에서의 신체의 문제」, 『철학탐구』 제23집, 중앙철학연구소, 2008.
이남인, 『현상학과 질적 연구』, 한길사, 2014.
이상엽, 「니체의 삶의 예술철학」, 『니체연구』 제17집, 2010.
이유선, 『리차드 로티』, 이룸, 2004.

이종하, 「돌봄으로서 교양철학 교육의 가능성과 한계」, 『철학사상문화』 제14호, 2012.
이지애, 「철학적 돌봄으로서의 철학 교육」, 『철학윤리교육연구』 제23권 38호, 2007.
이혜정, 「여성주의 윤리학에 관한 연구 길리건, 노딩스, 러딕을 중심으로」, 한국외국어 대학교 박사학위논문, 2002.
이희용, 「해석학적 경험의 수행구조의 그 기초 해명」, 『해석학연구』 제16집, 2005.
정기철, 「리쾨르의 시간과 이야기 그리고 윤리」, 『현대 프랑스 철학과 해석학』, 철학과 현실사, 1999.
정연재, 「대화와 해체, 그 간극을 넘어서」, 『해석학연구』 제16집, 2005.
조관성, 「인격적 자아의 실천적 삶과 행위 그리고 신체」, 『몸과 현상학』, 철학과 현실사, 2000.
조광제, 『몸의 세계, 세계의 몸』, 이학사, 2004.
지페르트, G., 공병혜 옮김, 『미학입문』, 철학과 현실사 1998.
최남희, 「재난 생존자의 경험의 내러티브 분석」, 『대한간호학회지』 제35권 제2호, 2005.
최영희 외, 『간호와 한국문화』, 수문사, 2005.
최준호, 「숭고함의 체험과 호모폴리티쿠스」, 『철학』 제67호, 2001.
카나이, 히토에, 김병순 외 옮김, 『코미이론과 코미차트 시스템』, 대왕사, 2004.
카셀, 에릭, 강신익 옮김, 『고통 받는 환자와 인간에게 멀어진 의사를 위하여』, 코키토, 2002.
크베일, S., 신경림 옮김, 『인터뷰』, 하나출판사, 1998.
푀겔러, O. 엮음, 박순영 옮김, 『해석학의 철학』, 서광사, 1977.
프랑케나, W. K. 황경식 옮김, 『윤리학』, 종로서적, 1996.
하선규, 「자연과 상상력의 자유로움」, 『미학 예술학 연구』 제24집, 한국미학예술학회, 2006.
하이데거, M., 이기상 옮김, 『존재와 시간』, 까치, 1998.
하이데거, M., 이기상·신상희·박찬국 옮김, 「인간은 시적으로 거주한다」, 『강연과 논문』, 이학사, 2008.
하피터, 「하이데거와 역사학의 문제」, 『철학과 현상학 연구』 제40집, 2009.
한국야스퍼스학회 엮음, 『칼 야스퍼스: 비극적 실존의 치유자』, 철학과 현실사, 2008.
한성숙 외, 『간호윤리학』, 대한간호협회, 2004.
한전숙, 『현상학』, 민음사, 1999.
한정선, 「습관과 습관적 앎에 대하여 — 메를로-퐁티와 신경과학과의 대화」, 『철학과 현상학연구』 제29집, 2006.
허란주, 「도덕적 성숙에 대한 한 페미니스트의 관점」 『심리이론과 여성의 발달』, 철학과 현실사, 1995.
홍경자, 「몸철학과 여성주의 철학상담」, 『한국여성철학』 제12집, 2009.

홍성하, 「간호학에서의 돌봄에 대한 현상학적 연구」, 『철학과 현상학 연구』 제50집, 2011.
후설, E., 이종훈 옮김, 『데카르트적 성찰』, 철학과 현실사, 1993.

Bahr, H. D., *Das gefesselte Engagement. Zur Ideologie der kontemplativen Ästhetik Schopenhauer*, Bonn, 1970.

Baumgarten, A. G., *Theoretische Ästhetik. Die Grundlegende Abschnitte aus der "Aesthetica" (1750/1758)*, Hamburg: Philosophische Bibliothek, 1983.

Benner, P., *From Novice to Expert, Excellence and Power in Clinical Nursing Practice*, Menlo Park, CA: Addison-Wesley Publishing Company, 2001.

Benner, P., Tanner C. A. & Chesla C. A., *Expertise in Nursing Practice, Caring, Clinical Judgment and Ethics*, New York: Springer, 1996.

Benner, P., "The Role of Experience, Narrative, and Community in Skilled Ethical Component, *Advances in Nursing Science*, 14(2), 1991.

Benner, P. & Wrubel, J., *The Primacy of Caring, Stress and Coping in Health and Illness*, Menlo Park, CA: Addison-Wesley, 1989.

Bishop, A. H. & Scudder, J. R., "A Philosophical Interpretation of Nursing", *Scholarly Inquiry for Nursing Practice*, 13(1), 1999.

Bishop, A. H. & Scudder, J. R., "Nursing as Practice rather than an Art or Science", *Nursing outlook*, 45(2), 1997.

Bishop, A. H. & Scudder, J. R., *The Practical, Moral, and Personal Sense of Nursing*, Albany: State University of New York Press, 1990.

Blondeau, D., "Nursing Art as Practical Art: The Necessary Relationship between Nursing Ethics", *Nursing Philosophy*, 3(3), 2002.

Blum, A., *Friendship, Altruism and Morality*, London: Routledge & Kegan Paul, 1980.

Cagle, R., "Becoming a Virtuous Agent: Kant and the Cultivation of Feelings and Emotions", *Kant-Studien*, 96(4), 2005.

Canguilhem, G., *Gesundheit-eine Frage der Philosophie* (von H. Schmidgen (Uebersetzt)), Berlin, 2005.

Carper, B. L., "Fundamental Pattern of Knowing in Nursing", *Advances in Nursing Science*, 1(1), 1978.

Chan, G. K., "Understanding End Life Caring Practices in the Emergency Department: Developing Merleau-Ponty's Notion of Intentional Arc and Maximum Grip through Praxis and Phronesis", *Nursing Philosophy*, 6, 2005.

Chinn, P. L & Kramer, M. K., *Theory and Nursing Theory and Nursing*, St. Louis: Mosby-

Year Book, 1995.

Collingwood, R. G., *The Principles of Art*, Oxford: Oxford University Press, 1958.

Dastur, F., "Das Problem des Anfangs. Willen und Freiheit bei Paul Ricoeur" in *Facettenreiche Anthropologie* (S. Orth (hrsg.)), München, 2004.

De Raeve L., "The Art of Nursing: An Aesthetic?", *Nursing Ethics*, 5(5), 1998.

Derek, S., "Towards an Understanding of Nursing as a Response to Human Vulnerability", *Nursing Philosophy*, 6(1), 2005.

Dewey. J., *Art as Experience*, New York: Pedigree, 1934.

Dreyfus, H. L., Dreyfus, S. E. & Benner, P., "Implication of the Phenomenology of Expertise for Teaching and Learning Everyday Skillful Ethical Comportment" in *Expertise in Nursing Practice, Caring, Clinical Judgment and Ethics*, New York: Springer 1996.

Dreyfus, H. L. & Dreyfus, S. E., "The Challenge of Merleau-Ponty's Phenomenology of Embodiment for Cognitive Science" in *Perspective of Embodiment: The Intersections of Nature and Culture* (G. Weiss & H. F. Habor (eds.)), New York: Routledge, 2004.

Dreyfus, H. L. & Rabinow, P., *Michel Foucault: Beyond Structuralism and Hermeneutics*, Chiago: University of Chicago Press, 1982.

Edwards, S. D., *Philosophy of Nursing: An Introduction*, London: Palgrave, 2001.

Edwards, S. D., "The Art of Nursing", *Nursing Ethics*, 5(5), 1998.

Forrest, D., "The Experience of Caring", *Journal of Advanced Nursing*, 14(10), 1989.

Fry, S. T., "Toward a Theory of Nursing Ethics", *Advanced Nursing Science*, 11(3), 1989.

Foucault, M., " On the Genealogy of Ethics: An Overview of Work in Prosgress" in H. L. Dreyfus & P. Rabinow, *Michel Foucault: Beyond Structuralism and Hermeneutics*, University of Chicago Press, 1982.

Gadamer, H. G., "Die Unfaehigkeit zum Gespraech" in *Gesammelte Werke* 2, Tübingen: Mohrsiebeck, 1986.

Gadamer, H. G., "Freundlichkeit und Selbsterkenntnis" in *Gesammelte Werke* 7, Tübingen: Mohrsiebeck, 1986.

Gadamer, H. G., *Schmerz: Einschätzung aus Medizinischer, Philosophischer und Therapeutischer Sicht*, Heidelberg: Universitätverlag Winter, 2004.

Gadamer, H. G., "Sprache, Verstehen" in *Gesammelte Werke* 2, Tübingen: Mohrsiebeck, 1986.

Gadamer, H. G., *Wahrheit und Methode, Grundzuege einer Philosophischen Hermeneutik*, Tübingen: Mohrsiebeck, 1975.

Gadamer, H. G., "Was ist Praxis" in *Gesammelte Werke* 4, Tübingen: Mohrsiebeck, 1986.

Gadow, S., "Clinical Subjectivity: Advocacy with Silent Patients", *Nursing Clinics of North*

America, 24(2), 1989.

Gadow, S., "Ethical Narratives in Practice", *Nursing Science Quarterly*, 9(1), 1996.

Gadow, S., "Existential Advocacy: Philosophical Foundations of Nursing" in *Nursing Images and Ideals: Opening Dialogue with Humanities* (S. F. Spiker & S. Gadow (eds.)), New York: Springer, 1980.

Gadow. S., "Nurse and Patient: The Caring Relationship" in *Caring, Curing, Coping: Nurse, Physician, Patient Relationships* (A. Bishop & J. R. Scudder JR. (eds.)), Birmingham: University of Alabama Press, 1987.

Gadow, S., "Relational Narrative: The Postmodern Turn in Nursing Ethics", *Scholarly Inquiry for Nursing Practice*, 13(1), 1999.

Gastmans, C., "A Fundamental Ethical Approach to Nursing: Some Proposals for Ethics Education", *Nursing Ethics*, 9(5), 2002.

Gastmans, C., "Care as Moral Attitude in Nursing", *Nursing Ethics*, 6(3), 1999.

Gilligan, D., *In a Different Voice: Psychological Theory and Women's Development*, Harvard University Press, 1994.

Goedert, G., "Schopenaheur-Vorstufen der Willensverneinung" in *93. Schopenhauer-Jahrbuch 2012*, Würzburg: Koenigshauesen & Neumann, 2013.

Groenhout, R., "Care Theory and the Ideal of Neutrality in Public Moral Discourse", *Journal of Medicine and Philosophy*, 23(2), 1988.

Gröschke, D., "Leiblichkeit, Interpersonalität und Verantwortung-Perspektiven der Heilpädagogik" in *Pflege und Philosophie* (M. W. Schnell (hrsg.)), Bern: Hans Huber, 2002.

Heidegger, M., "Bauen, wohnen, Denken" in *Vortrage und Aufsaetze*, Pfullingen, 1985.

Heidegger, M., *Sein und Zeit*, Tübingen: Max Niemeyer Verlag, 1984.

Heidegger, M., *Unterwegs zur Sprache*, Stuttgart: Neske, 1993.

Illhardt, Franz-Josef, "Schmerz als Ausdruck der Person" in *Leib, Körper Maschine: Interdisziplinaere Studien ueber den bedüerftigen Menschen* (M. W. Schnell (hrsg.)), Düsseldorf, 2004.

Jaeger, S. M., "Teaching Health Care Ethics: The Importance of Moral Sensitivity for Moral Reasoning", *Nursing Philosophy*, 2, 2001.

Jameton, A., *Nursing Practice: The Ethical Issues*, New Jersey: Prentice-Hall Inc., 1984.

Jung, W., *Schöner Schein der Häßlichkeit oder Häßlichkeit der schönen Scheins: Ästhetik im 19 J.H.*, Frankfurt am Main: Athenäum, 1987.

Kamata, Y., "Kunst-zwischen Mitleidsgemeinschaft und Diskursgesellschaft" in *93. Schopenhauer-Jahrbuch 2012*, Würzburg: Koenigshauesen & Neumann, 2013.

Kant, I., *Grundlegung zur Metaphysik der Sitten*, Hamburg: Felix Meiner Verlag, 1965.

Kant, I., *Kritik der reinen Vernunft*, Akademie-Ausgabe, Berlin, 1968.

Kant, I., *Kritik der Urteilskraft*, Hamburg: Felix Meiner Verlag, 1974.

Kneller, J., "The Aesthetic Dimension of Kantian Autonomy" in *Feminist Interpretations of Immanuel Kant* (R. M. Schott (ed.)), Pennsylvania State, 1977.

Kong, B. H., "die Ideenerkenntnis in der Schopenhauerschen Kunstlehre im Vergleich zu Kants Lehre der aesthetischen Idee" in *93. Schopenhauer-Jahrbuch 2012*, Würzburg: Koenigshauesen & Neumann, 2013.

Langer, S., *Problem of Art*, New York, 1957.

Levinas, E., "das Sinnlose Leiden" in *Zwischen Uns* (M. Krueger (ed.)), München, Wien: Carl Hanser Verlag, 1995.

Levinas, E., *Otherwise than Being or Beyond Essence* (A. Lingis (tr.)), Dordrecht: Kluwer Academic Press, 1974.

Levinas, E., *Totality and Infinity*, (A. Lingis (tr.)), Netherlands: Kluwer Academic Publishers, 1991.

Long, T. A., "Nietzsche's Philosophy of Medicine" in *Nietzsche Studien*, Bd. 19, 1990.

MacDonald, C., "Nurse Autonomy as Relational", *Nursing Ethics*, 9(2), 2002.

Maclntyre, A., *After Virtue: A Study in Moral Theory*, Notre Dame, Indiana: University of Notre Dame Press, 1984.

Madjar, I., *Giving Comfort and Inflicting Pain*, Alberta: Qual Institute Press, 1998.

Madjar, I. & Walton, J. A., *Nursing and the Experience of Illness, Phenomenology on Practice*, London: Routledge, 1999.

Malmsten, K., *Reflective Assent in Basic Care*, Uppsala University Press, 1999.

Manen, M. V., "The Pathic Nature of Inquiry and Nursing" in *Nursing and the Experience of Illness, Phenomenology in Practice* (I. Madjar & A. Walton (eds.)), London: Routledge, 1999.

Meininger, H. P., "Narrative Ethics in Nursing for Persons with Intellectual Disabilities", *Nursing Philosophy*, 6(2), 2005.

Merleau-Ponty, M., *Phenomenology of Perception* (C. Smith (tr.)), New York: Routledge, 2001.

Mireille, L. & Danielle, D., "The Nature of Care in light of Emmanuel Levinas", *Nursing Philosophy*, 7(4), 2003.

Möbuß, S., *Schopenhauer für Anfänger, Die Welt als Wille und Vorstellung*, München: DTV, 1998.

Morse, J, M., "Concepts of Caring and Caring as a Concept", *Advanced Nursing Science*, 13(1), 1990.

Nerheim, H., *Die Wissenschaftlichkeit der Pflege,* Bern, Göttingen: Hans Huber, 2001.

Nietzsche, F., *Kritischen Gesamtausgabe,* III 1, Walter de Gruyter Verlag, 1968.

Nietzsche, F., *Kritischen Gesamtausgabe*, V2 Walter de Gruyter Verlag, 1968.

Nietzsche, F., *Kritischen Gesamtausgabe*, VI, Walter de Gruyter Verlag, 1968.

Nietzsche, F., *Kritischen Gesamtausgabe*, VI2, Walter de Gruyter Verlag, 1968.

Nietzsche, F., *Kritischen Gesamtausgabe*, VI3, Walter de Gruyter Verlag, 1968.

Nightingale, F., *Note on Nursing: What is, and What it is not* (Commemorative Edition), Philadelphia, 1992.

Noddings, N., *Caring: A Feminine Approach to Ethics and Moral Education*, Berkeley: University of California, 1984.

Nortvedt, P., "Sensitive Judgement: An Inquiry into the Foundations of Nursing Ethics", *Nursing Ethics*, 5(5), 1996.

Nortvedt, P., "Subjectivity and Vulnerability: Reflections on the Foundation of Ethical Sensibility", *Nursing Philosophy*, 4(3), 2003.

Nussbaum, M. C., "Literatur, Moral und Ethische Empfindungfähigkeit" in *Konstruktionen praktischer Vernunft. Philosophie im Gespräch* (von herlinde Puer-Studer (hrsg.)), Frankfurt am Main, 2000.

Pamela, J., "Professional Advocacy: Widening the Scope of Accountability", *Nursing Philosophy*, 2(2), 2001.

Peggy, P. W., "The Ethical Context of Nursing Care of Dying Patients in Critical Care" in *Interpretative Phenomenology, Embodiment, Caring, and Ethics in Health and Illness*, (P. Benner (ed.)), CA: Sage, 1994.

Pellegrino, E. D., "The Caring Ethic: The Relation of Physician to Patient" in *Caring, Curing, Coping: Nurse, Physician, Patient Relationships* (Bishop A. H. & Scudder JR (eds.)), Birmingham, Ala: University of Alabama Press, 2001.

Prammer, F., "Von der 'naiven' zur kritischen Phronesis" in *Das herausgeforderte Selbst, Perspektiven auf Paul Ricoeurs Ethik* (A. Breitling, O. Stefan & B. Schaaff (eds.)), Würzburg: Konighausen & Neumann, 1999.

Reich, W. R., "Sorge in Goethes Faust: Goethe als Moralist" in *Erzählen und Moral: Narrativitaet im Spannungsfeld von Ethik und Aesthetik* (D. Mieth (hrsg.)), Attempo: Tübingen, 2000.

Ricoeur, P., *Das Selbst als ein Anderer*, Aus dem Franz. von J. Greisch, München: W. Fink Verlag, 1996.

Ruddick, S., *Maternal Thinking: Toward a Politics of Peace*, Boston: Beacon Press, 1989.

Schiller, F., *Über die ästhetische Erziehung des Menschen*, Stuttgart: Reclam, 1990.

Schmid, W., *Philosophie der Lebenskunst*, Frankfurt am Main, 1998.

Schnell, M. W., "Ethik als Lebensentwurf und Schutzbereich" in *Pflegen und Philosophie* (M. W. Schnell (hrsg.)), Göttingen, 2002.

Schnell, M. W., "Leiblichkeit-Verantwortung-Gerechtigkeit-Ethik. Vier Prinzipien einer Theorie des Bedürftigen Menschen" in *Pflegen und Philosophie* (M. W. Schnell (hrsg.)), Göttingen, 2002.

Schnell, M. W., "Narrative Identität und Menschenwürde" in *Das herausgeforderte Selbst, Perspektiven auf Paul Ricoeurs Ethik* (A. Breitling Stefan Orth Birgit Schaff (hrsg.)), Würzburg: Konighausen & Neumann, 1999.

Schopenhauer, A., *Die Welt als Wille und Vorstellung* I, in Zürcher Ausgabe, Werke in zehn Bände, Bd. I, Zürich, 1977.

Schopenhauer, A., *Die Welt als Wille und Vorstellung* II, zweister Teilband, in Zürcher Ausgabe, Werke in zehn Bände, Bd. IV, Zürich, 1977.

Schopenhauer, A., *Preischrift über die Grundlage der Moral*, Hamburg, 2006.

Schopenhauer, A., *Über die vierfache Wurzel des Satzes vom zureichenden Grunde*, in Zürcher Ausgabe, Werke in zehn Bände, Bd. V, Zürich, 1977.

Sellman, D., "Alasdair Maclntyre and the Professional Practice of Nursing", *Nursing Philosophy*, 1, 2000.

Sellman, D., "The Virtues in the Moral Education of Nurses: Florence Nightingale Revisited", *Nursing Ethics*, 4(1), 1997.

Siefert, G., *Einführung in die Ästhetik*, München: W. Fink Verlag, 1995.

Stefan, O., "Spuren des Denkens von Jean Nabert in Paul Ricoers Kleiner Ethik" in *Das herausgeforderte Selbst, Perspektiven auf Paul Ricoeurs Ethik* (A. Breitling Stefan Orth Birgit Schaaff (hrsg.)), Würzburg, 1999.

Tong, R., "The Ethics of Care: A Feminist Virtue Ethics of Care for Healthcare Practi-tioner", *Journal of Medicine and Philosophy*, 23(2), 1998.

Trine, M., "The Exclusion of the Other: Challenges to the Ethics of Closeness", *Nursing Philosophy*, 4(1), 2003.

Wainwright, P., "Towards an Aesthetics of Nursing", *Journal of Advanced Nursing*, 32(3), 2000.

Watson, J., *Nursing: Human Science and Human Care*, New York: National League for Nurs-ing, 1988.

Watson, J., *Postmodern Nursing and Beyond*, London, 1999.

찾아보기

[ㄹ]

[ㅁ]

[ㅇ]

[ㅈ]

[ㅊ]

[ㅋ]

[ㅌ]

[ㅍ]

공병혜

고려대학교 의과대학 간호학과를 졸업하고 독일 만하임대학교에서 철학과 독문학 석사 학위를, 독일 하이델베르크대학교 철학과에서 철학 박사 학위를 취득하였다. 2001년부터 조선대학교 의과대학 간호학과 교수로 재직했으며, 현재는 조선대학교 명예교수이다. 저서로는 *Die Aesthetische Idee in der Philosophie Kants. Ihre Systhematische Stellung und Herkunft*, 『삶과 죽음』, 『탄생 철학과 생명윤리』, 『칸트, 판단력 비판』, 『칸트와 윤리학』(공저), 『칸트와 미학』(공저), 『미학대계』(공저), 『생명윤리』(공저), 『생명, 인간의 경계를 묻다』(공저), 『몸, 이미지, 권력』(공저) 등이 있고, 역서로는 『미학입문』, 『쉽게 읽는 쇼펜하우어: 의지와 표상으로서의 세계』, 『돌봄과 치유의 철학』, 『고통: 의학적, 철학적, 치유적 관점에서 본 고통』, 『탄생철학: 죽음의 철학을 넘어서』, 『돌봄의 중요성』 등이 있다.